考古·黑龙江

黑龙江省文物考古研究所 编著

文物出版社

图书在版编目（CIP）数据
考古·黑龙江 ／ 黑龙江省文物考古研究所编著. —
北京：文物出版社，2011
ISBN 978-7-5010-3357-7

Ⅰ. ①考… Ⅱ. ①黑… Ⅲ. ①考古工作－研究－黑龙江省 Ⅳ. ①K872.35

中国版本图书馆CIP数据核字(2011)第248876号

考古 黑龙江

黑龙江省文物考古研究所 编著

装帧设计 刘　远
责任印制 梁秋卉
责任编辑 李缙云

出版发行 文物出版社
地　　址 北京市东直门内北小街2号楼
邮　　编 100007
网　　址 http://www.wenwu.com
E-mail:web@wenwu.com

制版印刷 北京圣彩虹制版印刷技术有限公司
开　　本 889毫米×1194毫米　1/16
印　　张 19
版　　次 2011年12月第1版
印　　次 2011年12月第1次印刷
书　　号 ISBN 978-7-5010-3357-7
定　　价 280.00元

考古·黑龙江

编辑委员会

考古·黑龙江

目 录

前　言

“黑龙江考古”作为一区域考古概念，有着双重的涵义。区域即空间取样范围，因不同的取样指标而有不同的划分方法，它包括自然取样指标和人文取样指标两个方面。就自然取样指标的含义而言，黑龙江是流经中国、蒙古和俄罗斯的界河，据此黑龙江考古应是全部黑龙江流域之考古。本文所采用的是人文取样指标，即主要界定于现今黑龙江省辖区范围，凡在这一行政区内的文化遗存，均属黑龙江考古之研究对象。个别论述稍涉相邻地区之遗存对象。

黑龙江位于我国东北端，地处东北亚区域中心。现有考古学资料表明，至少从旧石器时代中晚期始，黑龙江就有人类活动的遗迹。进入新石器时代以来，这里逐渐演变成为渔猎民族活动的广袤舞台。据历史文献记载，东北古老的三大族系：东胡、涉貊、肃慎民族及其后裔，先后交错活动于黑龙江区域的山水之间，勾勒出一幅幅复杂壮丽的历史画卷。黑龙江考古学实践表明，黑龙江古代文化历史悠久，内涵丰富。据第三次全国文物普查统计，全省共有不可移动文物10700余处，其中古遗址6500余处、古墓葬340余处、古建筑址120余处、石刻30余处、近现代重要史迹及代表性建筑3400余处、其他类230余处。这些类型多样的物质文化遗存，成为探索黑龙江历史发展脉络和文明化进程演变的重要实物资料。

进入21世纪，文化遗产保护的理念逐步深入到社会的各个层面。时代在进步，人们越来越认识

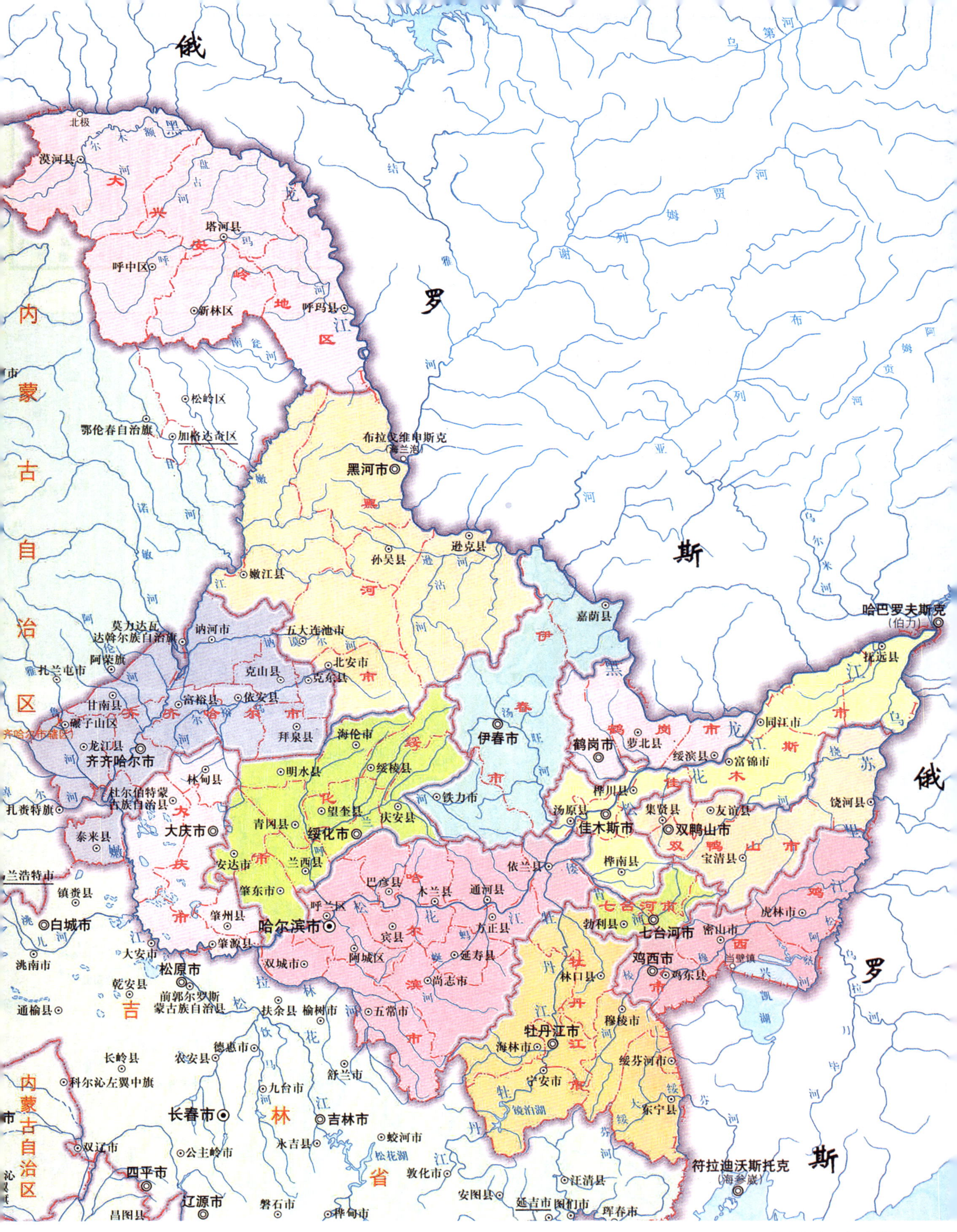

俄
罗
斯
内蒙古自治区
大兴安岭地区
漠河县
北极
塔河县
呼中区
新林区
呼玛县
松岭区
加格达奇区
鄂伦春自治旗
布拉戈维申斯克
(海兰泡)
黑河市
黑河市
逊克县
孙吴县
嫩江县
五大连池市
北安市
讷河市
克山县
克东县
莫力达瓦
达斡尔族自治旗
阿荣旗
扎兰屯市
甘南县
富裕县
依安县
齐齐哈尔市
碾子山区
拜泉县
龙江县
齐齐哈尔市
林甸县
杜尔伯特蒙古族自治县
扎赉特旗
泰来县
大庆市
大庆市
安达市
海伦市
明水县
绥棱县
绥化市
望奎县
青冈县
庆安县
绥化市
兰西县
肇东市
伊春市
伊春市
铁力市
嘉荫县
鹤岗市
鹤岗市
萝北县
绥滨县
同江市
富锦市
抚远县
哈巴罗夫斯克
(伯力)
佳木斯市
佳木斯市
桦川县
汤原县
集贤县
友谊县
双鸭山市
双鸭山市
饶河县
宝清县
桦南县
依兰县
哈尔滨市
巴彦县
木兰县
通河县
呼兰区
哈尔滨市
方正县
宾县
延寿县
阿城区
双城市
尚志市
五常市
肇州县
肇源县
七台河市
勃利县
七台河市
鸡西市
鸡西市
鸡东县
密山市
虎林市
当壁镇
兴凯湖
牡丹江市
林口县
穆棱市
牡丹江市
海林市
绥芬河市
宁安市
镜泊湖
东宁县
符拉迪沃斯托克
(海参崴)
白城市
洮南市
大安市
松原市
乾安县
前郭尔罗斯蒙古族自治县
通榆县
扶余县
榆树市
德惠市
农安县
长岭县
舒兰市
九台市
科尔沁左翼中旗
长春市
吉林市
吉林省
蛟河市
永吉县
松花湖
双辽市
公主岭市
敦化市
汪清县
四平市
辽源市
磐石市
安图县
延吉市
图们市
珲春市
桦甸市
昌图县
乌兰浩特市
镇赉县

黑龙江省区域地理图

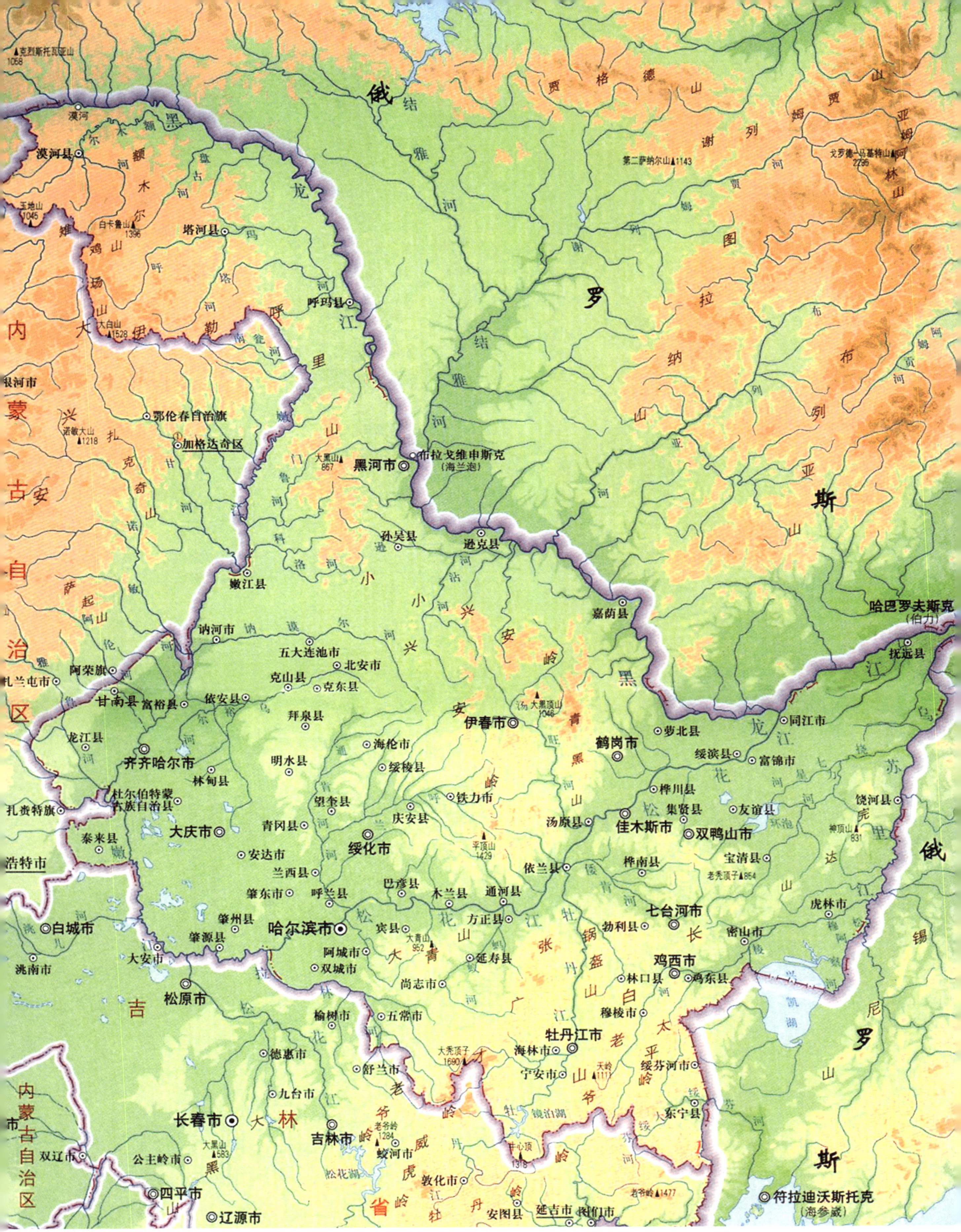
俄罗斯
内蒙古自治区
吉林省
黑龙江
大兴安岭
小兴安岭
伊勒呼里山
张广才岭
老爷岭
完达山
兴凯湖
镜泊湖
松花湖
克列斯托瓦亚山 1058
漠河
漠河县
白卡鲁山 1396
塔河县
呼玛县
大白山 1528
根河市
鄂伦春自治旗
加格达奇区
诺敏大山 1218
大黑山 867
黑河市
布拉戈维申斯克
(海兰泡)
孙吴县
逊克县
嫩江县
嘉荫县
哈巴罗夫斯克
(伯力)
抚远县
讷河市
五大连池市
北安市
阿荣旗
扎兰屯市
克山县
克东县
甘南县
富裕县
依安县
拜泉县
伊春市
大黑顶山 1046
同江市
萝北县
龙江县
海伦市
鹤岗市
绥滨县
富锦市
齐齐哈尔市
明水县
绥棱县
林甸县
杜尔伯特蒙古族自治县
铁力市
桦川县
扎赉特旗
望奎县
庆安县
汤原县
佳木斯市
集贤县
友谊县
饶河县
泰来县
大庆市
青冈县
绥化市
平顶山 1429
双鸭山市
神顶山 831
安达市
兰西县
依兰县
桦南县
宝清县
老秃顶子 854
巴彦县
木兰县
通河县
肇东市
呼兰县
七台河市
虎林市
白城市
肇州县
哈尔滨市
方正县
宾县
勃利县
密山市
肇源县
大青山 952
阿城市
延寿县
鸡西市
洮南市
大安市
双城市
林口县
鸡东县
松原市
尚志市
穆棱市
榆树市
五常市
牡丹江市
德惠市
大秃顶子 1690
海林市
舒兰市
宁安市
绥芬河市
九台市
东宁县
长春市
吉林市
老爷岭 1284
双辽市
大黑山 583
公主岭市
蛟河市
敦化市
老爷岭 1477
四平市
辽源市
安图县
延吉市
图们市
符拉迪沃斯托克
(海参崴)

黑龙江省地形图

到文化遗产在社会发展中的推进作用。考古学研究成果显示，我省古代文化遗存特征鲜明，地域特色显著。三江平原汉魏遗址群、渤海上京城、金上京城等一批不同时代的大遗址成为文物保护工作的重中之重。建立考古学与文化遗产保护相结合的发展模式，成为今后黑龙江文化遗产研究和保护目标实现的有效途径。

无论是考古学研究，还是文化遗产保护目标的实现，目的之一就是实现文化遗产的可持续利用。在这个过程中，还需要建立和完善公众考古学传播体系。通过公众考古学的传播，逐步满足公众对于考古学的精神需求，提高公众的人文素养；通过公众考古学的传播，也逐步扩大和完善考古学自身发展的基础，形成良好的学术与社会发展的互动。

基于以上理念，从考古学视角出发，我们初步梳理了黑龙江古代文化的演进序列。一方面，是对黑龙江考古学的发展做一次阶段性的学术总结和检阅；另一方面，也是把阶段性的成果向社会做一公布和普及，引领大众对黑龙江区域古代文化和文明化进程产生科学的认识和较深层次的思考。从而进一步激发公众认识黑龙江，热爱黑龙江，献身黑龙江的豪情和壮志。为全面推进黑龙江文化遗产保护事业的发展和构建和谐黑龙江，奠定坚实的学术文化基础。

考古
·黑龙江

上篇

黑龙江考古概述

壹

黑龙江省概况

壹

黑龙江省概况

黑龙江省由东北区域最大的河流 —— 黑龙江而得名。黑龙江隋唐以前称“黑水”，唐代曾在黑龙江中下游地区置羁縻州 —— 黑水都督府。辽代出现“黑龙江”称谓，为契丹语的音译。明清时期，黑龙江又称“萨哈连乌拉”。满语“萨哈连”是“黑”之意，“乌拉”是“江”之意。由此可见，黑水 — 黑龙江 — 萨哈连乌拉，其义一脉相承。

黑龙江省位于中国的东北部，是中国位置最北、纬度最高的省份，是东北亚区域中心。地理坐标为东经121°11'～135°05'，北纬43°25'～53°33'之间。北部和东部隔黑龙江、乌苏里江与俄罗斯相望，西部与内蒙古自治区毗邻，南部与吉林省连接。南北相距1120公里，跨10个纬度；东西相距930公里，跨14个经度。土地总面积约47.30万平方公里（含加格达奇和松岭区）。中国疆域的最东点（黑瞎子岛）和最北点（北极村）都在黑龙江省。

黑龙江省地形地貌复杂，有山地、丘陵、台地、平原等多种类型。境内山环水绕，山地与平原相间错落，构成了独具一格的自然地理景观。地貌分布为：西北部为大兴安岭北段；北部是沿黑龙江干流自西北向东南延伸的小兴安岭；东南部是由张广才岭、老爷岭、太平岭、那丹哈达岭和完达山构成的东部山地。东部为三江平原，西部为松嫩平原，松花江谷地使两大平原相连通。三大山地和两大平原相间排列，构成黑龙江省最基本的地貌轮廓。黑龙江流域水系众多，构成三横三纵的水域网，三横即黑龙江、松花江、绥芬河；三纵即嫩江、牡丹江、乌苏里江。总观黑龙江省地势，从西北到东南，由山地贯穿全省，西部与东部为平原。丘陵山地海拔在300～1780米左右，约占全省总面积的70％，平原海拔在50～250米左右，约占全省总面积的30％。山地和平原的这种分布特点，构成了黑龙江省西北至东南向较高，而东西两侧较低的地形态势。

黑龙江属中温带 — 寒温带、湿润 — 半湿润的大陆性季风气候。冬季漫长寒冷，夏季短促，年平均气温在－4℃～5℃，气温由东南向西北逐渐降低，西北部气温最低，南北温差近10℃。夏季气温高，降水多，光照时间长。年平均降水量50 ~ 700毫米之间，以小兴安岭、张广才岭迎风坡最多。春季大风日最多，多在松嫩平原和三江平原。

黑龙江省土地条件居全国之首，全省现有耕地990.5万公顷，土壤有机质含量高于全国其他地区，黑土、黑钙土和草甸土等占耕地的60 %以上，是世界著名的三大黑土带之一。黑龙江省盛产大豆、小麦、玉米、马铃薯、水稻等粮食作物以及甜菜、亚麻、烤烟等经济作物。

黑龙江省蕴藏丰富的矿产。已发现各类矿产132种，占全国已发现234种各类矿产的56.4 %。已查明储量的矿产有81种，占全国已查明矿产资源储量种数（223种）的36.3 %。矿产资源总的特点是品种齐全、储量丰富。保有储量位居全国首位的有10种，分别为：石油、晶质石墨、颜料黄黏土、长石、铸石玄武岩、岩棉玄武岩、火山灰、水泥用大理岩、矽线石、铼矿；保有储量位居第2位的有2种，即：玻璃用大理岩、浮石；保有储量位居第3位的有6种，即：硒矿、珍珠岩、玻璃用脉石英、陶粒用黏土、制灰用石灰岩、泥炭；保有储量占前10位的矿产共有42种。

黑龙江省拥有种类众多的生物资源。全省野生动物共476种，其中兽类88种、鸟类361种、爬行类16种、两栖类11种。属国家一级保护的兽类有东北虎、豹、紫貂、貂熊、梅花鹿5种，鸟类有丹顶鹤、大鸨、白鹳、中华秋沙鸭等12种；属国家二级保护的兽类有马鹿、黑熊、雪兔等11种，鸟类有大天鹅、花尾榛鸡、鸳鸯等56种。其中有许多都是本省乃至全国十分珍贵的野生动物，如东北虎、紫貂、梅花鹿、马鹿等。鸟类中久负盛名的“飞龙”即是分布在全省的花尾榛鸡。

黑龙江区域历史久远，据文献史料考，其地商周时为肃慎地；汉魏时东部属挹娄地，中部为夫余地，西部有鲜卑部落；隋唐时，西部主要是室韦部落，东部为靺鞨部族。唐朝在此置室韦都督府、黑水都督府和渤海都督府；辽朝属东京道、上京道；金朝属上京路；元朝属岭北和辽阳行省，下设开元路和水达达路；明朝为女真地，设奴尔干都指挥使司统辖；清朝初年先后置盛京昂邦章京、宁古塔将军、黑龙江将军管辖。清末（1907年），清廷裁撤黑龙江将军，实行行省制，置黑龙江省，省会齐齐哈尔城，省以下设道区分辖，分设府、厅、州、县，这是黑龙江设省之始。1908年，裁撤墨尔根、呼伦贝尔、黑龙江（瑷珲）副都统，将呼伦贝尔、瑷珲两处改设呼伦、瑷珲兵备道。1911年，黑龙江全省共设3道（兴东、瑷珲、呼伦）。1912年1月，中华民国成立，黑龙江行省及其行政区划仍旧。1931年“九·一八”事变后，黑龙江省被日本帝国主义侵占。1945年抗日战争胜利后，设有黑龙江、嫩江、松江、合江、牡丹江五省，不久合为黑龙江、松江两省。1954年又合并成为黑龙江省，省会为哈尔滨市。

黑龙江省境内，除汉族外，尚有满、朝鲜、回、蒙古、达斡尔、鄂温克、鄂伦春、赫哲、锡伯、柯尔克孜10个世居少数民族。现辖十二地级市、一地区，即哈尔滨市、齐齐哈尔市、牡丹江市、佳木斯市、大庆市、伊春市、鸡西市、鹤岗市、双鸭山市、七台河市、绥化市、黑河市、大兴安岭地区。全省共包括132个县、区。

贰

黑龙江考古简史

贰

黑龙江考古简史

考古学是近代发展起来的一门科学。《中国大百科全书·考古学》一书对这门学科有详细的阐释:“其任务在于根据古代人类通过各种活动遗留下来的物质资料,以研究人类古代社会的历史。实物资料包括各种遗迹和遗物,它们多埋没在地下,必须经过科学的调查发掘,才能被系统地、完整地揭示和收集。因此,考古学研究的基础在于田野调查发掘工作。”这也是其与历史学的基本区别之所在。作为一门独立的学科,考古学有其自身科学的理论和一套完整、严密的研究方法。黑龙江区域考古活动起步较早,黑龙江省是中国最早开展考古活动的省份之一。回顾黑龙江的考古历程,可将其考古活动的发生发展大致划分为四个阶段。

一 肇始阶段

(20世纪20 ~ 40年代)

早在20世纪20年代之前,考古活动就已经出现在黑龙江,主要是一些外国机构及个人的考察活动。较为重要的有:1894年,俄国的H·P·斯特列里比茨基调查了金东北路界壕;1909年,日本的白鸟库吉考察渤海上京城和金上京城遗址。

1923年,在哈尔滨成立了以俄侨为主的东省文物研究会。该会的成立被认为是黑龙江考古学诞生的标志。黑龙江考古虽属边疆考古,但起步却与中国考古学大抵同时。东省文物研究会成立不久,便增设考古学股(部),由俄国考古学家B·Я·托尔马乔夫任负责人。在20 ~ 30年代初的10年间,考古部的研究人员进行了一系列有组织的田野考古工作。B·Я·托尔马乔夫于1923、1924、1926年多次考察阿城金上京遗址;B·B·包诺索夫于1927年考察洮南附近古城址;A·C·卢卡什金于1928年发现并试掘齐齐哈尔昂昂溪遗址。规模最大的一次田野考古工作,当推1931年由 З · З ·阿聂尔特率领的综合考察团,在黑龙江东部地区进行的考察活动。此次考察活动在牡丹江北岸发现“东边墙”和多处古城址、古遗址；在镜泊湖附近发现多处古遗址，并发掘宁安渤海上京龙泉府遗址。这一系列的田野考古工作，在黑龙江考古学史上具有开创性意义，30年代和40年代的考古工作基本上是在这一基础上展开的。

1931年，东省文物研究会改为东省特别区文物研究所，后又改称为北满特别区文物研究所。这不仅是研究机构名称的更易，更是主体研究人员格局的改变。在此后东北沦陷的十四年时间里，日本学者扮演了黑龙江考古的主角。其中影响最大的当推对宁安渤海上京龙泉府遗址的发掘。1933 ~ 1934年，东京帝国大学考古研究室原田淑人以东亚考古学会的名义，领衔对遗址内的城墙、宫殿、寺院等遗迹做了大规模的清理，基本搞清了城址的布局。参加这次发掘工作的知名学者还有驹井和爱、三上次男、水野清一等。发掘工作结束后，这些人还在齐齐哈尔、海拉尔等地对细石器遗存进行考察。此外，比较重要的工作还有：1933 ~ 1934年，直良信夫等发掘哈尔滨顾乡屯旧石器地点；1941年，鸟居龙藏考察阿城金上京会宁府遗址。此间，留在所内的俄侨学者B・B・包诺索夫等，也陆续做过一些田野考古工作。

20世纪前半期的黑龙江考古学具有强烈的殖民色彩。俄国学者在黑龙江从事考古活动，是沿其殖民大动脉 — 中东铁路进行的；日本学者在黑龙江开展大规模的考古工作，更是在其武力强占黑龙江后实现的。这一时期，中国学者的工作则以梁思永、尹赞勋等开展的学术研究最为典型而具意义。

1930年，中央研究院历史语言研究所梁思永调查并发掘昂昂溪史前遗存。这是我国学者首次在黑龙江进行的科学考古发掘，同时也是首次对我国北方的细石器遗存进行的科学发掘。以此次发掘所获资料命名的昂昂溪文化，也是黑龙江最早认定的新石器时代考古学文化。1931年国立地质调查所尹赞勋对哈尔滨顾乡屯遗址进行了调查发掘，出土了一批第四纪哺乳动物化石，这也是黑龙江旧石器考古工作的肇始。

20世纪前半期，作为黑龙江考古学研究主体的外国学者，对考古遗存的研究主要是对标本的形态描述、功能推测和年代判定，以及与相关遗存联系的分析；进行田野考古活动的范围，也主要局限于东省特别行政区管辖的中东铁路沿线。因此，这一时期的黑龙江考古学尚处在资料的原始积累阶段。1930年，梁思永在发掘昂昂溪遗址时，在第三岗开8条探沟，发现黑沙层叠压在黄沙层之上，文化遗物全都出在黑沙层里。可见梁思永是依土质土色划分地层的。在20年代和30年代的全球范围内，以“地质地层学”为基础的水平地层发掘方法是考古地层学的主流，依土质土色划分地层，只是在新大陆的考古学中有少量的应用。梁思永是中国第一位接受美洲田野考古训练的学者，归国后立刻把世界最先进的考古地层学应用到中国考古实践中，奠定了中国考古地层学的基础。20世纪前半期，中国学者虽然在黑龙江做的考古工作不多，但从其掌握的方法论看，却处于学科的领先地位。

二 初步发展阶段

（20世纪50 ~ 70年代中期）

新中国成立以后，黑龙江考古进入了全新的发展时期。从新中国成立后至1976年，黑龙江省的考古工作以发现为主，主要是考古调查，并辅之于一些规模较小的考古发掘。

1950年，东北文物保管委员会派李文信等，到依兰抢救清理倭肯哈达洞穴遗存，从而拉开了新中国黑龙江考古的序幕。1953年，黑龙江省博物馆派员前往逊克、泰来、龙江等地进行考古调查与试掘。这是黑龙江考古学史上，首次由本土学者做的田野考古工作。自1952年始，我省相继派出了赵善桐等人参加全国考古训练班、东北人民政府文化部考古训练班、中国科学院古脊椎动物与古人类研究所培训班的学习，培养出新中国从事黑龙江考古的第一代学者。1957年后，我省又陆续接收了干志耿等来自东北人民大学历史系、北京大学考古专业和西北大学考古专业的本科毕业生，加强了考古队伍的力量，提高了考古队伍的素质，形成了我省考古队伍的规模。50 ~ 60年代前期，这两批学者集中在黑龙江省博物馆考古部，进行了大规模的流域调查和小规模的清理发掘工作。流域调查主要有：1957、1960、1964年的嫩江流域调查；1958、1959年的牡丹江下游和中游调查；1960年的松花江下游右岸调查；1961、1962年的阿什河中游调查；1962年的拉林河右岸调查；1964年的松花江中游调查；1959、1960年的讷河、甘南、龙江县境内的金东北路界壕与边堡的调查。小规模的清理发掘主要有：1956年的泰来平等村辽墓清理；1957年的泰来后窝堡屯辽墓清理，宾县老山头遗址发掘；1958年的哈尔滨东郊辽金墓和林口头道河子渤海墓清理，宁安牛场遗址发掘等。1960年，黑龙江省博物馆会同吉林省博物馆、黑龙江大学历史系、哈尔滨师范学院等，对宁安大牡丹屯遗址进行了较大规模的发掘工作，揭露面积250平方米，这是新中国成立后黑龙江省第一次较大规模的发掘工作。此后，又有1963年的对宁安莺歌岭遗址发掘和1964年的对宁安东康遗址发掘等。此外，1964年中国科学院考古研究所还对宁安渤海上京龙泉府遗址进行了大规模的发掘工作。

70年代开始，根据国家关于加强边疆考古的要求，在中苏边境地带开展了较多的调查和发掘工作。大规模的流域调查工作主要有：1971年的乌苏里江左岸和乌苏里江源头兴凯湖北岸调查；1972年的绥芬河上游两岸及其支流瑚布图河左岸调查；1973、1975、1976年的黑龙江右岸调查。主要发掘工作有：1971年发掘饶河小南山遗址；1972年，发掘密山新开流新石器时代遗址，并将其命名为"新开流文化"。1972年发掘东宁大城子遗址；1973年发掘宁安东康遗址、绥滨同仁遗址、绥滨中兴金代墓群；1974年发掘绥滨蜿蜒河遗址、绥滨奥里米金墓、绥滨永生辽金墓；1975年发掘绥滨三号辽墓；1976年发掘塔河十八站旧石器地点等。中国科学院考古研究所、中国科学院古脊椎动物与古人类研究所等科研单位参与了这一阶段的考古工作。

这一阶段工作的主要内容是以摸清家底为目标的考古调查，开展的主要是以流域为中心的区域考古调查，考古发掘多是一些小规模的试掘。"文化大革命"开始后的60年代后期，黑龙江考古曾一度中断。到70年代初，我省由于特殊形势的需要，率先在全国恢复了田野工作，主要是在靠近黑龙江中下游和乌苏里江的三江平原开展的一些考古发掘。这些考古工作基础较为扎实，弄清了一批遗存的性质和年代，命名了几支考古学文化（类型），初步奠定了黑龙江考古学研究的基础。

三 快速发展阶段

（20世纪70年代末期～90年代中期）

从20世纪70年代后期开始，黑龙江考古工作者根据黑龙江考古工作实际和研究的现状，确定了在大规模发掘的基础上，开展系统和有计划的考古学研究的工作方针，明确了以构建考古学文化谱系为主的工作目标。

1977年，黑龙江省文物考古工作队、吉林大学考古专业联合发掘东宁团结遗址，命名了"团结文化"。在发掘期间，张忠培在发掘工地和省博物馆作了两次学术报告，介绍了苏秉琦新近形成的关于考古学文化的区系类型理论，并应用这一理论，具体分析了东北地区的考古材料。自此，在改革开放的20年中，黑龙江考古以区系类型理论为指导，进入了有计划地构建考古学文化谱系的阶段。这一时期，松嫩平原的发掘工作主要有：1981年，省博物馆发掘齐齐哈尔大道三家子墓地；

1982～1983年，省考古队发掘肇东东八里墓地；1984年，省考古队发掘泰来平洋砖厂墓地、肇源卧龙遗址；1985年，省文物考古队发掘泰来平洋战斗墓地、富裕小登科墓地，省博物馆发掘讷河二克浅墓地；1986年，省考古所发掘望奎厩家围子墓地，省考古所与吉林大学考古专业联合发掘肇源白金宝遗址；1992年，省考古所与吉林大学考古学系联合发掘肇源小拉哈遗址等。三江平原的发掘工作主要有：1978年，省文物考古队发掘绥滨四十连遗址；1983年，省文物考古队发掘萝北团结墓地；1984年，省文物考古队发掘双鸭山滚兔岭遗址。在牡丹江流域，为配合莲花水电站工程建设，1992～1996年，省考古所与吉林大学考古学系合作，进行了连续5年的大规模发掘，主要遗址有海林东兴、河口、振兴、渡口、兴农、细鳞河、木兰集、望天岭等；为配合同三公路工程建设，1997年，省考古所发掘依兰桥南遗址等。这一时期考古发掘的规模大大超过了以往任何时期，肇东东八里墓地、泰来平洋墓地、肇源白金宝遗址、肇源小拉哈遗址、海林河口遗址、海林振兴遗址等，都是揭露面积超过1000平方米的大型发掘。这一时期识别出一批新的考古学文化，主要有"团结文化"、"滚兔岭文化"、"东兴文化"等。

这一阶段的起始时间是自1977年黑龙江省文物考古工作队和吉林大学考古专业联合发掘东宁团结遗址为节点，以张忠培在发掘工地和省博物馆所作两次学术报告，介绍苏秉琦的关于考古学文化区系类型理论为起始标志。黑龙江考古工作者花费了20余年的时间，来建立黑龙江区域考古学文化的时空框架。到1997年年底，为纪念苏秉琦先生逝世，杨志军、许永杰、李陈奇、刘晓东联合在《北方文物》发表《二十年来的黑龙江区系考古》一文，文中较为详细地阐述了黑龙江考古区系类型研究取得的成果，标志着黑龙江区域谱系框架初步构建起来。

纵览20世纪后半期，黑龙江考古学发展的动因是构建区域考古学的体系。50～60年代前半期，黑龙江形成了本土考古队伍，与国家的社会主义建设相适应，通过大规模的流域调查和小规模的发掘清理，极大地丰富了境内古代文化遗存，对古代文化遗存的认识和掌握，突破了中东铁路沿线的局限。70年代前期，以加强边疆考古为契机，加大了发掘工作在田野考古中的比率，积累了边疆地区的考古资料。黑龙江考古学发展到这一时期，考古资料的积累程度已提出了建立考古学文化谱系的要求。在改革开放的20年中，省考古所以区系类型理论为指导，以考古层位学和类型学为基本方法，进行典型遗址的发掘和典型资料的积累，至本世纪末，基本构建了自新石器至早期铁器时代的黑龙江考古学文化的区系框架。作为边疆考古的黑龙江考古学，能够与中国考古学大抵同步完成考古学文化区系框架的建立，应是从事黑龙江考古事业的几代学者的共同骄傲。

四　系统研究阶段

（20世纪90年代末期以来）

以1992年开始的莲花水库淹没区考古为起点，黑龙江考古逐步步入了科研与大型基建考古紧密结合的工作转变时期，同时，黑龙江考古也正经历和完成考古队伍梯队交替的时期。到1998年，黑龙江省第一代考古学者全部退出一线田野工作，改革开放后大学毕业的专业学者成为了科研学术的领军人物。这一年，考古所承担了两项国家重点科研课题，即“渤海上京城考古”和“七星河流域汉魏遗址群聚落考古计划”的实施，标志着黑龙江考古工作正式进入了第四个发展阶段，即有计划的主动科研和大规模考古发掘结合的系统研究阶段。

在“保护为主，抢救第一，加强管理，合理利用”的文物工作方针指导下，黑龙江考古坚持将课题研究与配合大规模基本建设考古相结合，取得了一批重大的考古发现和重要科研成果，使我省的考古学研究进入了新的阶段。

这一阶段，主动性研究考古工作主要有两项。

一项是“渤海上京城考古”。从1998～2007年，黑龙江省文物考古研究所根据国家文物局关于加强大遗址保护的指示，将渤海上京城考古作为重点科研项目，连续10年对其进行了大规模发掘和调查，在此基础上，重新绘制了渤海上京城平面图。这一阶段的工作即被称为渤海上京城考古发掘的第四阶段。

渤海上京城宫城中心区内共有5座宫殿，自南向北排列在中轴线上，按排列顺序编为1～5号。郭城城垣有11座门，南墙3、北墙4、东西墙各2座。皇城城垣有3座门，南、东、西墙各1座。宫城城垣有5座门，南墙4、北墙1座。10年中，先后大面积揭露了第2号宫殿基址、第3、4号宫殿建筑群基址、第5号宫殿基址、宫城第50号建筑基址、郭城正南门基址、郭城正北门基址、皇城南门基址、第1号街基址，并且解剖了城墙。

另一项是作为国家文物局边疆考古课题的《七星河流域汉魏遗址群聚落考古计划》，自1998

年至2003年，黑龙江省文物考古研究所经过跨世纪的六载操作实践，取得了阶段性的学术成果。“七星河计划”是以重建七星河流域汉魏文明为最终学术目标。采取的工作方法包括：（1）田野考古，包括区域调查、遗址测绘、典型试掘和重点发掘；（2）环境考古，包括现有成果的资料收集和试掘、发掘中的样本采集；（3）航空遥感考古，包括现有成果的资料收集和独立航飞拍摄。

在20世纪80年代和90年代前半期工作的基础上，七星河流域的田野考古进行了两部分基础工作。第一部分是1998 ~ 2002年，黑龙江省文物考古研究所对三江平原的腹地 —— 七星河流域的汉魏遗址群开展多年连续性的考古调查，发现遗址近500处；第二部分是作为聚落考古重要内容之一的田野考古，1998 ~ 2000年连续三年对友谊凤林城址进行了大规模的发掘，发掘面积2300平方米，出土器物千余件。同时对宝清炮台山城址和双鸭山保安二号城址进行试掘。这些工作，不仅丰富了对滚兔岭文化内涵的认识，同时又识别出属于魏晋时期的一种新的考古学文化，命名了“凤林文化”。

这一阶段，配合基本建设考古成为我省工作的主要内容之一。省考古所适应新形势的需要，及时调整工作思路，确立了“配合基本建设考古为新时期考古工作的主战场”的工作目标，加大了基建考古工作力度。先后完成了对嫩江尼尔基水库淹没区、拉林河磨盘山水库淹没区、松花江大顶子山航电枢纽工程区等数百处遗址的抢救性考古发掘；并配合数百处公路工程、发电场等基建工程进行考古勘探与发掘。在配合基建考古的工作中，注重强化课题意识。发现并深化了对一些史前时期考古学文化及相互关系的研究。如“桥南文化”、“红马山文化”、“于家屯遗存”、“索离沟遗存”等考古学遗存的识别，进一步完善了黑龙江史前考古学文化的序列。历史时期考古学研究也有重大发现和推进。主要体现在金代考古和清代考古两个方面。

2002年考古工作者在对绥满公路进行基建考古勘查时，在阿城亚沟镇刘秀屯发现了一处大型建筑基址。2002 ~ 2003年黑龙江省文物考古研究所连续两年对其进行发掘。刘秀屯大型建筑基址，朝向正东南，由主殿（前殿）、过廊、后殿、正门及回廊组成，占地面积5万余平方米。该建筑基址朝向正东南向，与其他宫殿的方向有着显著的差异。从该建筑基址本身特点、出土文物、地理位置、周边重要遗迹考察，并结合有关文献记载，应是一处金代皇家宫殿建筑。初步认为其为金熙宗时期所建用于郊祀的“朝日殿”，其建筑年代和使用年代均在金朝早期。

2001 ~ 2004年，黑龙江省文物考古研究所对尼尔基水库淹没区的一批清代墓葬进行了考古发掘。有两类墓葬，一类是清代“将军”墓，包括讷河市托拉苏将军墓、威远将军墓、多福村将军墓、富源村将军墓、嫩江县太子少保京口副都统海全墓、傲拉氏副都统墓等；另一类是中下级官员和普通平民墓，有讷河市工农墓葬、沿江墓葬、全发墓葬、团结墓葬、开花浅墓葬、嫩江县铁古拉墓葬等。这是我省为数不多的对清代墓葬的大规模的发掘，在国内也是率先将清代纳入考古学研究体系的重要发掘与实践，取得了清代考古史上的又一重大成果。

这个阶段，黑龙江考古工作者在不断加强自身业务建设和学科建设的同时，亦加强了同国内、国际考古机构的合作交流。“请进来、走出去”的工作思路在这一时期得到了有力的贯彻，极大地推动了黑龙江考古学的深入发展。

在配合国家大型基建工程考古的时代背景下，省考古所多次组队赴三峡库区和南水北调工程区，参加全国性的考古会战。正是这些跨省区的合作交流与学习，锻炼了新一代黑龙江考古工作的科研队伍，提升了黑龙江考古队伍的整体素质。

与此同时，省考古所进一步拓展国际间的合作。在上一阶段广泛开展国际交流的基础上，2001年，省考古所又走出国门，赴俄罗斯哈巴罗夫斯克，与俄罗斯学者共同发掘了亥赫清尔考古区域奥西诺瓦亚列西卡遗址群第10、11号遗址。这次发掘所获成果，推进了黑龙江流域旧石器时代晚期向新石器时代早期过渡的学术研究。黑龙江赴俄考古发掘，在黑龙江考古学发展史上具有重大的历史意义，也是这一阶段黑龙江考古学走向成熟与壮大的标志性事件。

回顾近一个世纪的发展历程，黑龙江考古学经历了由肇始、初步发展、快速发展至系统研究四个阶段的漫漫之路。

经过近百年的资料积累，在黑龙江区域，从20世纪70年代后期始，在区系类型理论的指导下，通过20年的有目的有计划的工作，至20世纪末初步构建了新石器至早期铁器时代考古学文化的时空框架体系。进入21世纪，黑龙江考古学发展战略的目标就是实现考古学发展历程的阶段性转变，即由考古学文化谱系的建立时期进入对考古学文化的阐释研究时期。围绕着这一战略目标的实现，我们正在一步步地努力推进黑龙江考古学研究及学科体系建设的向前发展。

叁 旧石器时代考古

叁

旧石器时代考古

学术界对旧石器时代（Palaeolithic Age）的定义，是指以使用打制石器为标志的人类物质文化发展阶段。地质时代属于更新世，年代从距今约260万年延续至距今1万年左右。

黑龙江省的旧石器时代考古起步较早，20世纪30年代就开始了这一领域的工作。80多年来、特别是新中国成立以后，中外学者在全省境内相继发现了哈尔滨顾乡屯、黄（荒）山、阎家岗、漠河老沟河、塔河十八站、呼玛老卡、饶河小南山、五常学田、齐齐哈尔大兴屯、碾子山区遗址群、龙江缸窑、景星、讷河清河屯、神泉、阿城交界洞穴址、海林海浪河遗址群、嘉荫常兴屯等数十处遗址（地点），并对其中大部分进行了不同规模的揭露。这些遗址的年代大多属旧石器时代晚期，约在距今5～1万年左右。其中对阿城市交界镇洞穴址发掘获得近百件动物化石和若干石制品。在动物化石中，最重要的是梅氏犀标本，意味着这处洞穴遗址的年代可能比较久远。通过考古技术测定，其年代数据为距今17.5万年。

据目前发现，我省旧石器时代遗存分布主要集中于中西部的松嫩平原及以北山区。前者的特点是年代相对较早，均出土大量第四纪哺乳动物化石，常见人工打击的碎骨和骨器，石制品较少、类型单调且加工技术不够规范；后者年代相对较晚，动物化石少见，地层堆积较薄，石制品数量大、特别是细小石器类型复杂且加工技术成熟，不乏精品。

进入21世纪，我省加强了旧石器时代方向的考古学研究，加大了田野考古力度，组织了多次考古调查，使旧石器时代遗址的发现和分布范围进一步扩展。

一 遗存发现与分布

依据对已发现的旧石器地点遗存分布范围及地理环境的差异，将黑龙江省旧石器遗存的发现划分为六个区域，即黑龙江上游、黑龙江中游、乌苏里江流域、嫩江中下游、松花江流域、牡丹江流域。以下按区域分述各区的重要发现。

（一）黑龙江上游

老沟河遗址\

遗址位于大兴安岭漠河县南约40公里的老沟河右岸阶地上。地理坐标为东经122°30′，北纬53°20′，海拔为447 ~ 450米。地层由上至下为：第1层，黑色腐殖质层，厚0.3米；第2层，黄土状亚黏土夹碎石层，厚2.5米，含石器；第3层，沙砾石层，厚2.6米；第4层，灰绿色石英岩基岩层，出露0.31米。在第2层共出土石制品14件，包括石核1件、刮削器1件、普通尖状器4件、三棱大尖状器3件、大砍砸器2件、石片3件等。石制品尺寸较大，长度一般为8 ~ 20厘米；质料不佳，多以当地产出的黄色砂岩为原料；加工方法以直接打击法为主，有些石制品能看出打片后再在刃口处多次单、双向加工痕迹，其中的3件三棱大尖状器很典型。从文化传统看，漠河老沟河遗址与十八站遗址明显不同，应属于大石器文化类型。据地层对比，遗址年代应在距今4 ~ 3万年，属于旧石器时代晚期。

十八站遗址\

十八站是以清代驿站而得名。遗址位于大兴安岭塔河县十八站鄂伦春族乡南侧呼玛河左岸二级阶地上，地处大兴安岭北坡山地。地理坐标为东经125°25′，北纬52°25′，海拔约300米。共发现四个地点，其中第一地点遗物较丰富，地层自上而下为：第1层，灰黑色砂质黏土，偶见素面灰砂红褐陶片；第2层，灰黄色砂质黏土，含石制品；第3层，黄褐色沙砾石层，含石制品；第4层，花岗岩及片麻岩风化层。1975年 ~ 1976年，中国科学院古脊椎动物与古人类研究所和

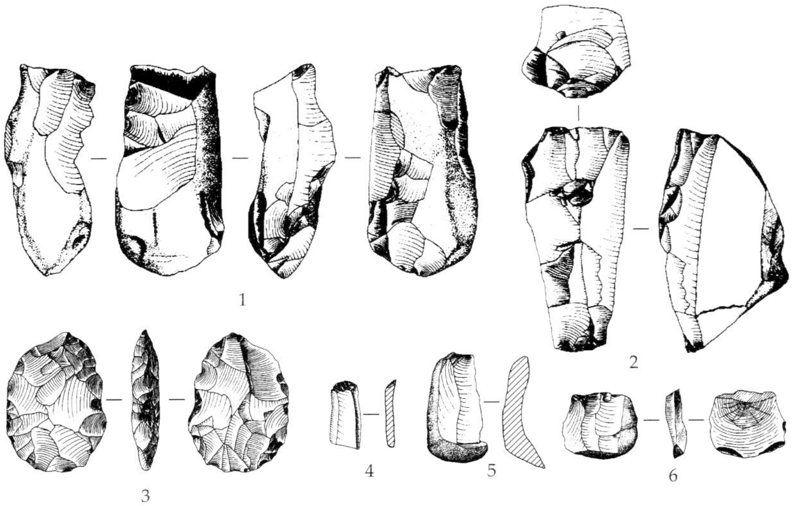

十八站遗址石器

1、2.石核 3.两面器 4.刮削器 5、6.石片

黑龙江省文物考古工作队共同调查并发掘，出土石制品1070件。1979年中国社会科学院考古研究所和黑龙江省文物考古工作队又于此采集到一批石制品。石制品均出于第2层和第3层，多用硅质岩、燧石、流纹岩和砾石等制成。在制作方法上，底部出土者以直接打击法为主，中部出现间接打击法和横向交错加工技术，上部则出现了压制法和细琢加工等技法。文化层中的石制品也有自下而上由大变小迹象，说明这处遗址持续时间较长。器物大小一般为5～8厘米。主要类型有半月形、圆头、龟背状、长方形刮削器，各式尖状器、雕刻器、石叶、长石片等。石器多在长石片和石核基础上再修理加工制成。从制作工艺特点和器物类型看，这批石制品与华北下川、虎头梁地点的石制品有很多相似之处，与“周口店第一地点 —— 峙峪系”的文化传统有密切联系。有学者根据地层和器物对比认为遗址年代应在旧石器末期。2005年中国科学院古脊椎动物与古人类研究所和黑龙江省文物考古研究所组成考古调查发掘队，对该遗址进行了复查和小规模发掘，获得了一批石材良好、打片和加工痕迹十分清晰的石制品，并进一步确认了该遗址的地层堆积情况和文化遗物分布范围。此次发掘出土的文化遗物均为石制品，石制品形体较大，未见细石器。通过此次对十八站遗址的复查和发掘，不但获得了一批石器标本，更重要的是找到了单纯的旧石器时代晚期原生文化层堆积。在地层上将旧石器时代晚期的石制品组合与相对较晚的细石器和陶片区别开来，对该遗址的进一步深入研究有重要意义。

老卡遗址 \

遗址位于大兴安岭呼玛县三卡乡老卡村西北200米，黑龙江右岸的阶地上，地理坐标为东经126°54′，北纬51°7′。遗址于1989年由黑龙江省文物考古研究所进行文物普查时发现，并采集石制品53件。其中有石核3件、石片35件、砍砸器1件、刮削器12件、尖状器2件。石制品多数以

石核
旧石器时代 呼玛老卡遗址

石核
旧石器时代 呼玛老卡遗址

石核
旧石器时代 呼玛老卡遗址

石片
旧石器时代 呼玛老卡遗址

石片
旧石器时代 呼玛老卡遗址

石片
旧石器时代 呼玛老卡遗址

石片
旧石器时代 呼玛老卡遗址

砍砸器
旧石器时代 呼玛老卡遗址

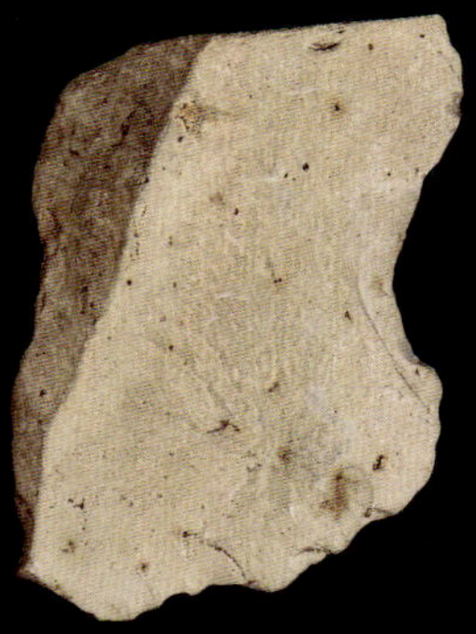

砍砸器
旧石器时代 呼玛老卡遗址

砍砸器
旧石器时代 呼玛老卡遗址

砍砸器
旧石器时代 呼玛老卡遗址

尖状器
旧石器时代 呼玛老卡遗址

尖状器
旧石器时代 呼玛老卡遗址

双边刃刮削器
旧石器时代 呼玛老卡遗址

双边刃刮削器
旧石器时代 呼玛老卡遗址

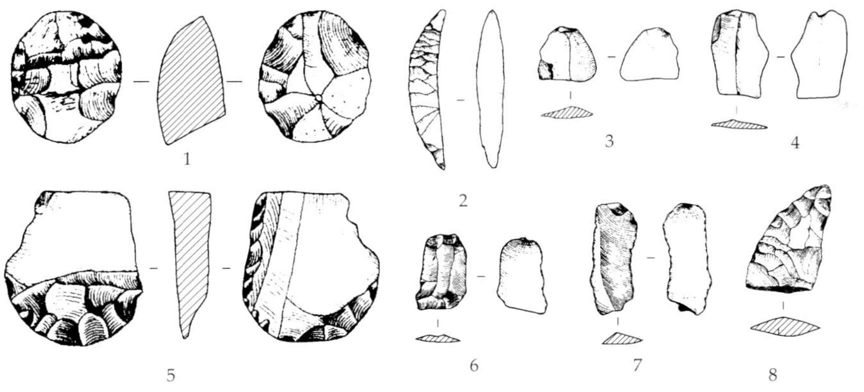

老卡遗址石器

1. 石核 2~4. 石片 5. 砍砸器 6、7. 刮削器 8. 尖状器

硅质岩、流纹岩、蛋白石、玛瑙等制成。加工方法既用直接打击法，也用间接打击法和压制修整等技法。刃部以单向修理为主，也有双向交互琢修；背部常用多向打击加工修理。石片和石核中自然台面较少，多为打击台面，石片长大于宽者居多，许多石片属长石片类型。从制作工艺、石制品类型和大小等分析，该遗址应归属“周口店 — 峙峪系”文化传统。通过对比研究，推定老卡遗址年代大致为旧石器时代晚期。老卡遗址的石制品的制作技法明显比大兴屯和十八站的石制品具有原始性，其年代亦应比二者略早。

（二）黑龙江中游

常兴屯遗址 \

遗址位于嘉荫县保兴乡东兴村常兴屯，黑龙江右岸的二级阶地上。2008年10月文物工作者进行文物普查时发现，面积约3万余平方米。为了进一步深入研究，2010年10月，黑龙江省文物考古研究所对该遗址进行了复查和试掘，先后共采集和发掘石制品100余件，并确定了遗址的原生文化地层。遗址地层分为黑土、黄土状亚黏土和砾石层三层，其中砾石层为石器出土的原生文化地层。石制品的质料以浅黄色酸性火山岩为主，还有少量灰色次火山岩、安山岩等。石材质地坚硬且相对细腻，是制作石器比较理想的原料。石制品的类型包括砍砸器、大尖状器、刮削器、斧形器和一些石片等。

根据出土的石制品标本特征和地层对比分析，初步推定该遗址年代约为距今3 ~ 2万年，属旧石器晚期遗址。其石制品的特征比塔河十八站遗址的石制品略显原始。该遗址的发现填补了黑龙江省东北部小兴安岭一带没有发现旧石器遗址的空白，为研究我国东北地区以及东北亚的旧石器时代文化和古人类的活动历史提供了新的材料和线索。

（三）乌苏里江流域

小南山遗址 \

遗址位于饶河县饶河镇南约1公里的小南山脚下，地貌表现为完达山脉残丘与乌苏里江左岸河谷阶地的交界地带。地理坐标为东经134°01′，北纬46°47′，海拔60米。遗址于1980年调查发现，地层比较清楚，由上至下可分为6层。其中第5层出土较多真猛犸象骨骼化石，经碳十四测定，年龄为距今13000±60年。文化遗物主要为石器和骨器。石器有一件单刃刮削器和一件斧形石核。刮削器系火山凝灰岩制成，是用原始石块在一侧打片后，再在另一侧边缘修理成凸刃和直刃；斧形石核与刮削器质料相同，系由石锤直接打击一侧，再交互打击成形，刃缘前端突出，后端平直厚钝，便于手握。骨器一件，系用猛犸象肩胛骨制成的尖状器，两端均有打击痕迹，外侧较薄的一面有加工痕迹，上下端均有人工刻痕。遗址中出土许多不同年龄个体的猛犸象碎骨，而没有完整骨架，有研究者认为这可能是古人吃肉后抛弃的碎骨堆。从石器的性质看，可能与中原地区大石器文化传统有联系。初步推定遗址年代为距今3万年左右，属于旧石器时代晚期遗址。

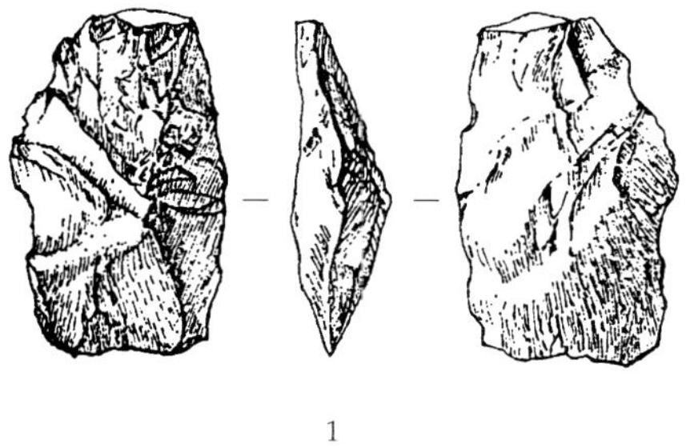

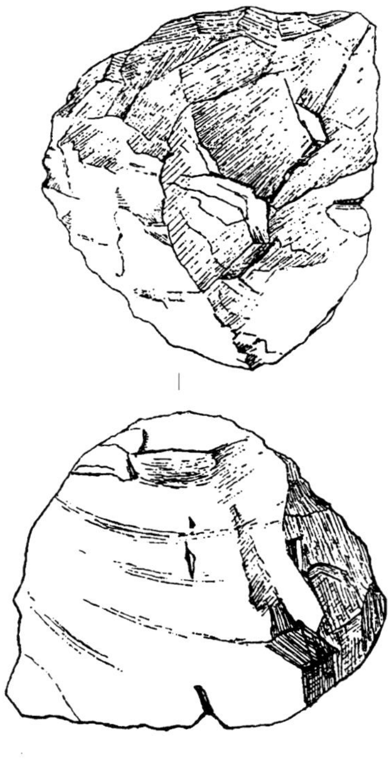

小南山遗址石器

1.刮削器 2.石核石器

（四）嫩江中下游

清和屯遗址 \

遗址位于讷河市清和乡清和屯西北2公里，嫩江上游左岸的残丘岗地上。地理坐标为东经124°43′，北纬48°49′，海拔高度为280 ～ 290米。遗址于1960年考古调查时发现。1993年，在此又找到一批打制石器，在其南500米处发现了第二地点。同年对第二地点进行了试掘，探察到地层层位，又获若干石制品。清和屯遗址第一地点表土较薄，下即基岩；第二地点地层共分三层，自上而下为：第1层，黑色耕土层，厚25厘米，含石制品；第2层，黄土状亚砂土，厚33厘米，含石制品；第3层，风化基岩碎石层，厚度不详，不含石制品。两个地点发现的石制品共72件。其中第一地

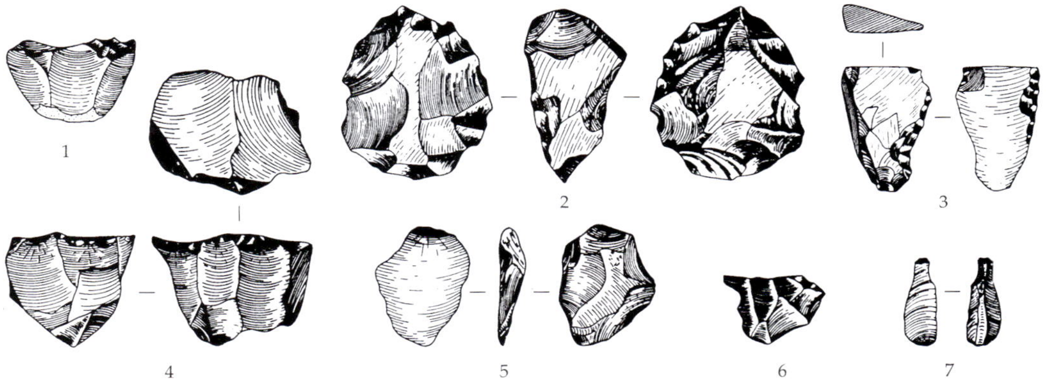

清河屯遗址石器

1、4. 石核 2. 砍砸器 3、6. 刮削器 5. 石片 7. 雕刻器

石片

旧石器时代 讷河清和屯遗址

石片

旧石器时代 讷河清和屯遗址

石片
旧石器时代 讷河清和屯遗址

石片
旧石器时代 讷河清和屯遗址

石片
旧石器时代 讷河清和屯遗址

雕刻器
旧石器时代 讷河清和屯遗址

砍砸器
旧石器时代 讷河清和屯遗址

砍砸器
旧石器时代 讷河清和屯遗址

刮削器
旧石器时代 讷河清和屯遗址

刮削器
旧石器时代 讷河清和屯遗址

双边刃刮削器
旧石器时代 讷河清和屯遗址

双边刃刮削器
旧石器时代 讷河清和屯遗址

石核
旧石器时代 讷河清和屯遗址

单直刃刮削器
旧石器时代 讷河清和屯遗址

点10件，第二地点62件（有14件石片出于第2层，余在耕土层中或地表采集）。石制品种类有砍砸器、刮削器、石核、石锤、石片等。主要器物特征如下：砍砸器5件（第一地点3件、第二地点2件），均以砾石为原料，用锤击法在刃缘处双面或单面打击加工并修整，柄部多次打击修整以便于持握；刮削器8件（第一、第二地点各4件），以砾石片为原料，多借助砾石节理面，再单面修整刃缘，长3 ~ 7厘米，宽3 ~ 6厘米，厚度小于3厘米；石核共发现19件。有多面体石核15件，船底形石核3件，锥形石核1件。均由砾石打击而成，以锤击法为主，多面体石核形状不规则，虽打击痕迹清楚，但打击方向不一致。船底形石核和锥形石核均沿台面向下锤击剥离石片又多次修整台面；石锤共发现2件。形体近似石球，柄部保留打片和自然破裂后的疤痕和小棱角，工作面见有多次锤击和砸击疤痕；石片共发现37件。均为锤击法打制的石片。石片劈裂面多留有明显的半锥体凸起、同心波纹等，台面多为小台面或线台面，台面角一般为90° ~ 110°。清和屯遗址未见陶片和细石器，亦未找到可做年代测定的材料，从石制品性质和地层对比推测，该遗址的年代属旧石器时代晚期。

神泉遗址 \

遗址位于讷河市学田镇多福村神泉屯东北0.4公里，嫩江左岸二级阶地上。地理坐标为东经124°35′，北纬48°31′，海拔高度为224米。2002年黑龙江省文物考古研究所对该遗址进行了发掘。发掘面积1500平方米，获得石制品3029件。石器可分为两大类：一类是“粗大”石器，即大型打制石制品。石料以神泉遗址下部出露的基岩 —— 黄褐色火山岩为主，也有少量较大而光滑的砾石。加工方法主要是使用直接打击法中的锤击法。类型有石片、石核、砍砸器、锛形器、大尖状器、刮削

砍砸器
旧石器时代 讷河神泉遗址

砍砸器
旧石器时代 讷河神泉遗址

砍砸器
旧石器时代 讷河神泉遗址

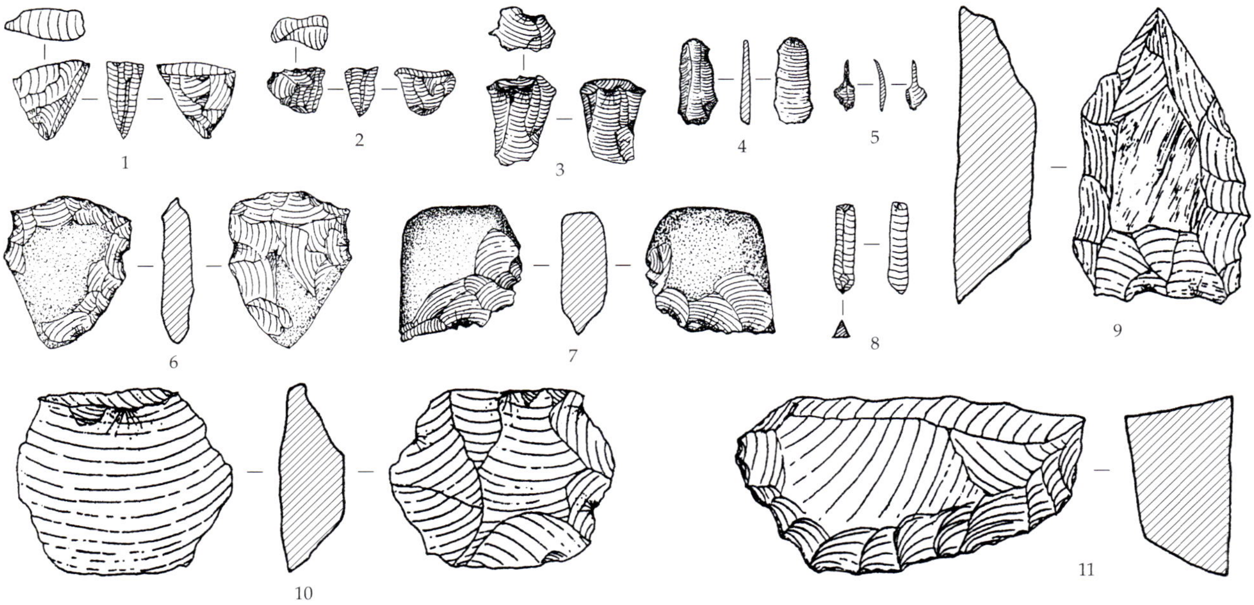

讷河神泉遗址石器

1~3．石核　4、6．刮削器　5．钻器　7、11．砍砸器　8．细石叶　9．锛形器　10．石片

讷河神泉遗址发掘现场

砍砸器
旧石器时代 讷河神泉遗址

砍砸器
旧石器时代 讷河神泉遗址

石片
旧石器时代 讷河神泉遗址

锛形器
旧石器时代 讷河神泉遗址

锛形器
旧石器时代 讷河神泉遗址

锯齿形器
旧石器时代 讷河神泉遗址

尖状器
旧石器时代 讷河神泉遗址

大尖状器
旧石器时代 讷河神泉遗址

大尖状器
旧石器时代 讷河神泉遗址

舟状石片
旧石器时代 讷河神泉遗址

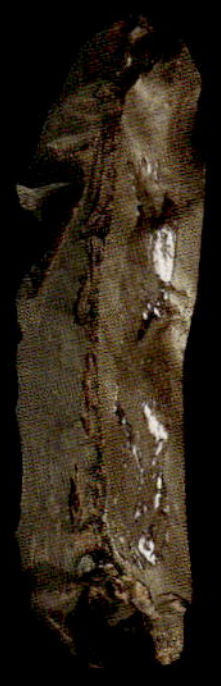
舟状石片
旧石器时代 讷河神泉遗址

舟状石片
旧石器时代 讷河神泉遗址

舟状石片
旧石器时代 讷河神泉遗址

石核式石器
旧石器时代 讷河神泉遗址

石核式石器
旧石器时代 讷河神泉遗址

锥形石核
旧石器时代 讷河神泉遗址

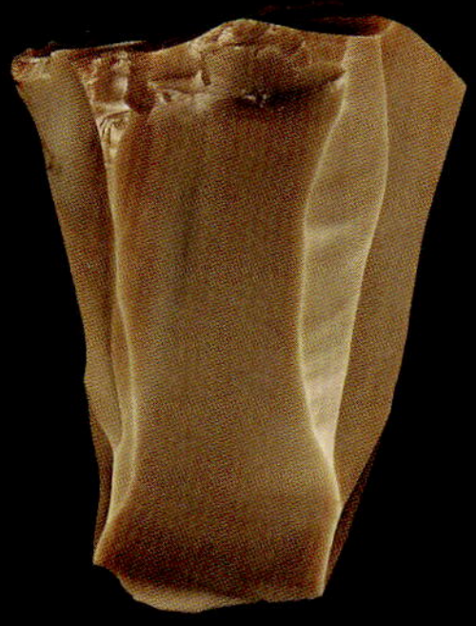

锥形石核
旧石器时代 讷河神泉遗址

楔形石核
旧石器时代 讷河神泉遗址

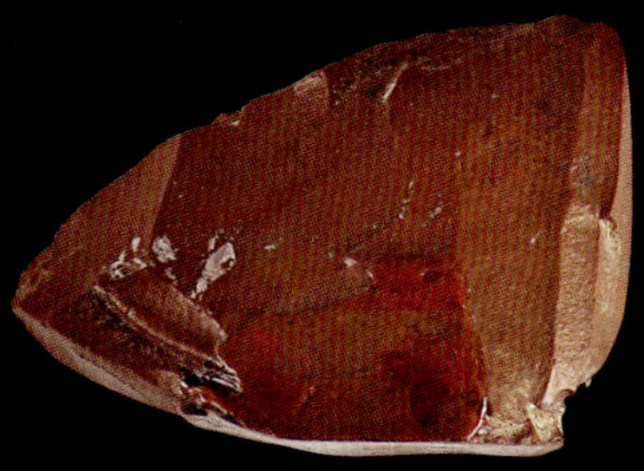

楔形石核
旧石器时代 讷河神泉遗址

楔形石核
旧石器时代 讷河神泉遗址

锐尖石钻
旧石器时代 讷河神泉遗址

扁尖石钻
旧石器时代 讷河神泉遗址

雕刻器
旧石器时代 讷河神泉遗址

雕刻器
旧石器时代 讷河神泉遗址

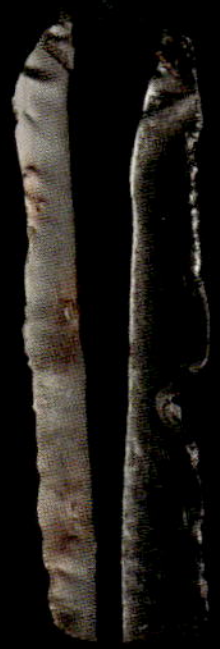

细石叶
旧石器时代 讷河神泉遗址

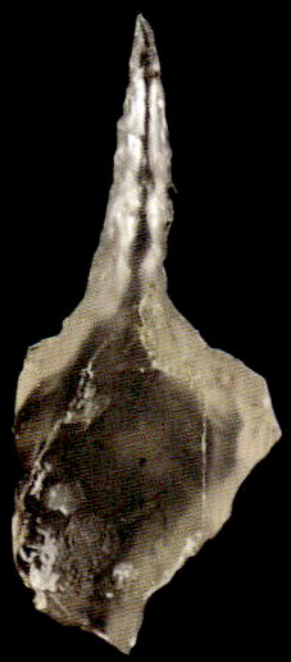

石锥
旧石器时代 讷河神泉遗址

石锤
旧石器时代 讷河神泉遗址

石锤
旧石器时代 讷河神泉遗址

短身圆头刮削器
旧石器时代 讷河神泉遗址

长身圆头刮削器
旧石器时代 讷河神泉遗址

长身圆头刮削器
旧石器时代 讷河神泉遗址

双刃刮削器
旧石器时代 讷河神泉遗址

单凸刃刮削器
旧石器时代 讷河神泉遗址

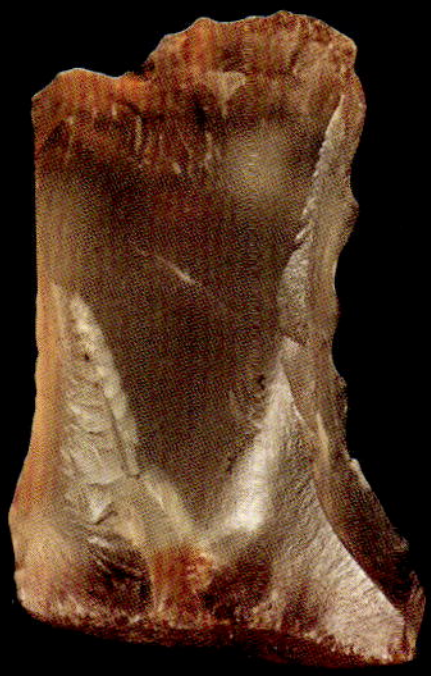

单凹刃刮削器
旧石器时代 讷河神泉遗址

复刃刮削器
旧石器时代 讷河神泉遗址

器、锯齿形器、石锤等。另一类是“细小”石器，即嫩江沿岸典型的细石器。石料以玛瑙、玉髓、燧石、水晶、蛋白石为主。细石器的种类丰富多样，类型有细石叶、舟状石片、半边石片、楔形石核、石核式石器、盘状石核、龟背状石核、尖状器、石锥、石钻、刮削器、雕刻器等，其制作工艺娴熟而精湛。神泉遗址是迄今黑龙江省发现石制品最多的一处旧石器时代晚期遗址。

大兴屯遗址 \

遗址位于齐齐哈尔市昂昂溪区东南18公里的大兴屯南部，嫩江左岸的高河漫滩上，地理坐标为东经123°51′，北纬47°02′，海拔157.2米。地层自上而下分四层。第1层，黄色细砂，厚0.2 ~ 1.5米；第2层，黑色亚砂土，厚0.2 ~ 1.0米；第3层，黄土状亚砂土含哺乳动物化石，厚0.5 ~ 1米；第4层，黄色细砂夹淤泥，亚砂土透镜体可见3米，上部含哺乳动物化石、石器、灰烬和烧骨等。1981年调查发现，并采集到若干动物化石和石制品。1982年又进行调查发掘，出土哺乳动物化石9种，石制品68件。之后，中国科学院古脊椎动物与古人类研究所与黑龙江省文物考古研究所又联合对该地点进行调查，发现2种新的哺乳动物化石和若干石制品及一件骨器。遗址先后出土石制品128件，哺乳动物化石11种。石制品类型包括砍砸器、刮削器、尖状器、石核、石叶等；原料大多为玉髓、玛瑙、燧石，少数火成岩和石英岩。打片方法既有锤击法、砸击法，也出现了间接打击法和压制法。绝大多数器物由石片制成，自然台面与打击台

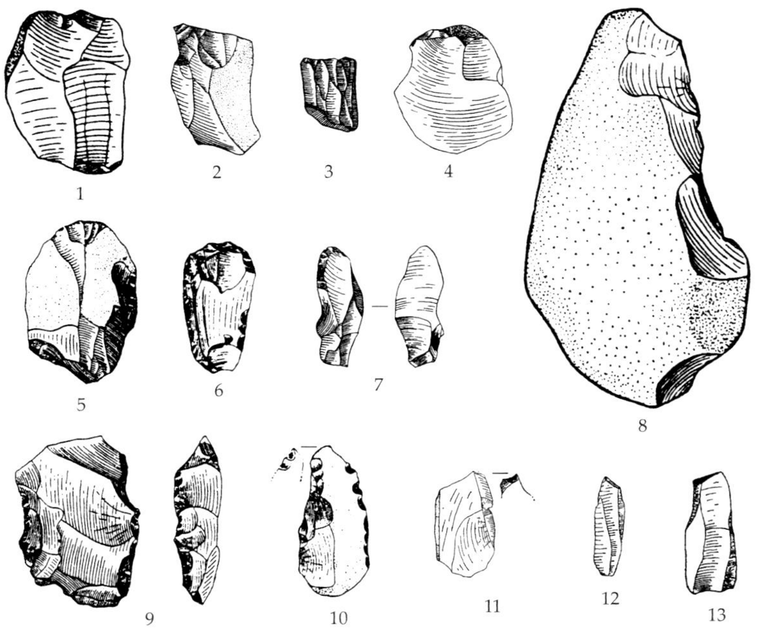

大兴屯遗址石器

1~3.石核 4.石片 5~7、9、10.刮削器 8.砍砸器 11~13.雕刻器

面同时存在。刮削器型式有单刃、双刃、端刃、复刃、琢背和吻状等类型；雕刻器也有双面双刃、截顶雕刻器、修边雕刻器等多种类型；石片长宽比大于1∶2者很多，三角形断面和梯形断面的长石片特征明显，尤其出现了截断细石叶和各式小石核，反映出较高的加工技术水平。从遗址中出土的灰烬及烧骨等遗物遗迹看，遗址堆积是原生的。遗址出土古生物化石计11种，均为草原型动物，种类有野兔、达乌尔鼠兔、蒙古黄鼠、灰仓鼠、上头田鼠、普氏野马、野驴、东北野牛、原始牛、鹿和麅等。地层中的孢粉主要有蒿、藜、葎草、禾本科、菊科、桦属等，反映出干冷疏林草原环境。通过对遗址中出土动物化石做碳十四测定，年代为距今11800±150年，属旧石器时代晚期末段。

碾子山遗址\

遗址位于齐齐哈尔市碾子山区东南端，其周围约10平方公里范围内有25个地点构成一个遗址群，其地貌为大兴安岭东麓低山区。遗址中心位置地理坐标为东经122°55′，北纬47°26′。遗物多出自原始山洞口附近和山坡台地上。出土物主要为石制品和动物化石。1983～1984年由齐齐哈尔市文物管理站发现，并与省博物馆共同调查核实了25个地点，先后获石制品321件，动物化石30件。化石和石制品多采自地表，少数遗物出自0.2～0.3米厚的耕土层及0.3～0.5米厚的黑色或红黄色亚砂土层之下的浅色亚黏土层中。发现的动物化石至少有6种，主要为猛犸象、东北野牛、普氏羚羊、盘羊、野猪和鹿等，均属猛犸象—披毛犀动物群成员。321件石制品中有石核8件，砍砸器50件，尖状器15件，切割器10件，刮削器59件，石网坠1件，石片168件和有打片疤的石块10件。从石制品体量、加工技法以及石料选择上，可将上述石制品分成两大类。一类是以锤击法或直接打击法制作的石制品，共有77件。它们体量硕大，加工粗糙，石料质量较差，多为长石斑岩和变质凝灰岩等，主要器形有大砍砸器和大尖状器和石片等。这类石制品还应包括1件石网坠和10件石料，石网坠由一椭圆形扁砾石腰部两侧敲击出豁口而成；10件石料

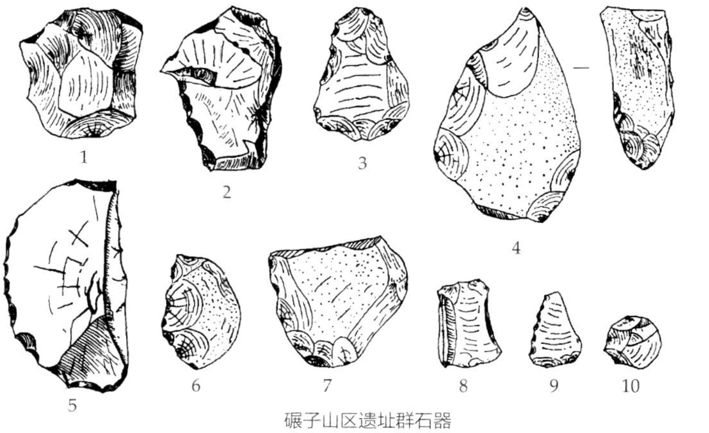

碾子山区遗址群石器

1、8.石核 2～5.砍砸器 6、7、9、10.刮削器

多为表面留有打片疤痕的砂岩、火山岩块及砾石、燧石等，从石料上可以看出打片技法和水平。另一类是既用直接打击法，也用间接打击法及压琢等多种较高级技法制作的石制品，共计244件。它们选料较佳，尺寸较小，器形完整，有的可称“细石器”，多由燧石、石髓、玛瑙和硅质岩等制成。此外，发现的百余件石片亦属此类，它们均选料较好，一部分石片刃部有使用疤痕。硕大的打制石器与精细的压琢石器同时出现，可能反映出这个区域的人类活动延续了较长一段时间。由于这些石制品是在遗址中10余平方公里范围内的25个地点汇集而成，对每个地点的遗物并没有进行区分对比和研究，因此各地点间是否存在早晚关系，或同一地点是否存在不同类型文化的叠压关系尚不清楚，有待进一步开展工作。

（五）松花江流域

顾乡屯遗址 \

遗址位于哈尔滨西郊，松花江右岸一级阶地上，海拔125 ~ 140米，地理坐标为东经126°34′，北纬45°43′。遗址附近地层较复杂。20世纪20年代以来，顾乡屯附近就经常发现古生物化石。1930年7月由国立地质调查所尹赞勋与俄国的B·B·包诺索夫等到顾乡屯进行发掘，准确地找到了化石层位，发掘出土大批第四纪哺乳动物化石等遗物，确认东北有猛犸象—披毛犀动物群的存在，并认为有些出土物之痕迹系人工所为。之后在顾乡屯温泉河采集到零碎化石骨片，又从当地居民手中购得一些披毛犀、鹿和野牛化石，其中一部分似有人工痕迹。30年代，日本学者也对遗址进行了发掘。新中国成立后，中国学者做了大量工作，对遗址的研究有了突破性的认识，纠正了先前日本学者在化石鉴定方面的错误。1975 ~ 1978年在距瓦盆窑川和温泉河堆积层较远地方的阶地堆积中开凿地下工程，又发现大量古生物化石。顾乡屯地层出土的化石经鉴定至少有哺乳动物45种，鸟类2种，龟鳖类1种，鱼类4种，软体动物29种。这个动物群落

顾乡屯遗址石器

石片

被确认为东北晚更新世的标准化石群，称猛犸象 — 披毛犀动物群。顾乡屯遗址发现的文化遗物有两类，一类是有人工痕迹的动物骨骼，这些骨骼可见打击、砸击或切割痕迹，也有些骨骼有似啃咬的痕迹；另一类是石制品，主要是石片制品，大多以锤击法或砸击法制成。石制品的石料成分较杂，质地粗糙。根据地层时代和化石群年代，及其人工制品特征和多种测年数据综合判断，顾乡屯遗址年代为距今4 ~ 2万年，属旧石器时代晚期。

黄(荒)山遗址\

黄山位于哈尔滨市东郊约6公里处，俗称荒山嘴子，是一座由黄土状土等地层构成的断崖土山。地貌表现为松嫩平原东缘与东部山地相衔接的地带。黄山顶最高处海拔194米，相对高度60 ~ 80米，地理坐标为东经126°47′，北纬45°46′。由于冲沟侵蚀，地层中的遗物经常被暴露出来。自1936年以来，不断发现古动物化石和人工石制品。黄山遗址出土的石制品均为较小型的石片和石块，一般长度在6厘米以下，以锤击法或砸击法制作，工艺较原始，有的石片具有修理台面，二次加工不明显。石料多为石英岩等，质地粗糙，选择性差。遗址出土的骨制品也都是用砸击法和锤击法制成，有的存在二次加工。从文化性质看，黄山遗址应属于小石器文化类型。根据对遗址出土石片及地层土壤所作测年数据综合对比，遗址的年代约在距今4万年左右，属旧石器时代晚期。

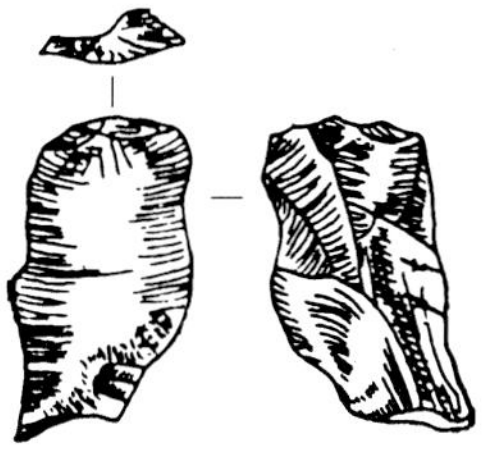

黄山（荒山）遗址石器

石片

阎家岗遗址\

遗址位于哈尔滨市西郊阎家岗农场内，松花江右岸一级阶地上。地理坐标为东经126°18′，北纬45°36.5′，海拔140 ~ 146米。1982 ~ 1985年，考古部门对阎家岗遗址进行了连续四年较系统的发掘。发掘布局分为南北二区，两区地层相同，共分4层，由上至下为：黑土，黄土状土，砂质黏土，粉细砂层等。化石和遗物均出自下部两层。遗址共出土标本2500余件，其中石制品9件，脊椎动物化石31种和若干骨器、烧骨和炭屑等。从出土的古生物化石看，以哺乳动物体骨和碎骨片最多，化石均为猛犸象 — 披毛犀动物群成员骨骼。文化层孢粉组合，以草本植物花粉为多，约66.4％，反映出疏林草原环境和较寒冷的气候。出土的人工制品主要有石制品和骨制品两种。骨制品100余件，多为有明显人工打击痕迹的骨片或碎骨，可分为有尖类、有刃类和非骨片

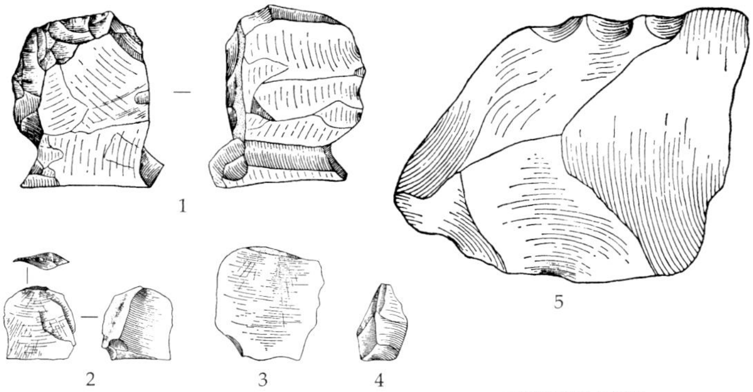

阎家岗遗址石器

1.刮削器 2~4.石片 5.砍砸器

类三种。这些骨制品的人工痕迹与动物咬啃所形成的垂直对应圆状缺口痕迹有明显区别。石制品共出土9件，其中1件为较大的砍砸器，1件似单刃刮削器，其余7件皆为石片（有2件痕迹不清），质料为燧石者3件，玢岩、凝灰岩、花岗岩和长石岩各1件，它们均为直接打击剥落的石片。从石制品种类和加工特点看，这个遗址既有加工粗糙的大型石制品，也有细致打击的小石片，文化类型可能受到多种文化因素影响。经碳十四测定，文化层共获五组年代数据，即距今22370 ± 300、26460 ± 670、30700 ± 1100、32300 ± 1400、41300 ± 3500等，因而遗址年代大体可确定在距今4 ~ 2.2万年，属于旧石器时代晚期。

学田遗址 \

遗址位于五常市龙凤山乡学田村南约0.5公里处，东距松花江二级支流牤牛河3公里。地理坐标为东经127°33′，北纬44°47.5′，海拔高度为215 ~ 220米。该遗址自1986年发现以来共进行了四次发掘，其中有三次是与加拿大阿尔伯塔省博物馆进行的联合发掘。发掘总面积达300余平方米。地层由上至下可分四层：第1层，黑褐色耕土；第2层，黄土状亚黏土；第3层，古壤化亚黏土；第4层，淤泥质亚黏土等。遗物和遗迹多出自第3、4层。遗址中出土古动物化石计2300余件，大多为晚更新世猛犸象 — 披毛犀动物群成员的骨骼，主要有猛犸象、披毛犀、野牛、野马、鹿、鼢鼠等动物的骨骼、骨片及牙齿等。地层中孢粉有云杉、冷杉、松、榆、桦、胡桃、栎、栗属、柳、蔷薇科、忍冬科、莎草科、伞形科、禾本科、蓼、石竹科、蒿属、眼子菜、藜科、蒲草、水

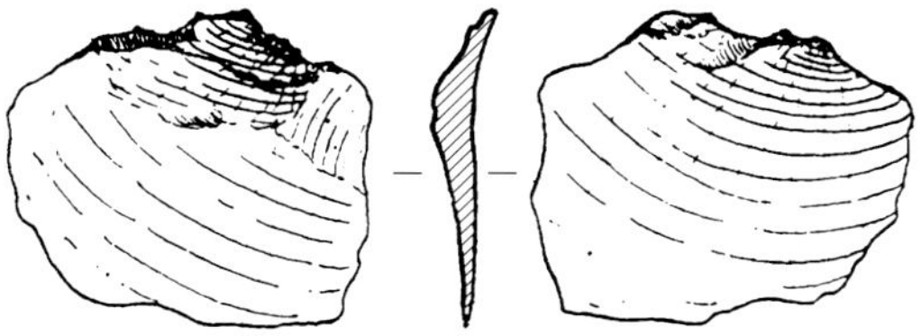

学田遗址石器

石片

龙骨、双星藻等，反映较寒湿的森林—草原自然景观。出土的人工制品有石、骨制品两类。石制品为1986年发现3件，1993年发现10件（另在探方外的冲沟里采集到几十件标本），均用直接打击法制成，除几件可算做石片外，大多是石屑，石料除2件基性脉岩和石英岩外，余为淡黄色霏细岩。骨制品仅6件。此外还有4件，其中3件是用猛犸象门齿制成的片状骨器，1件是有较清晰人工修理痕迹的骨标本。在学田村遗址文化层中上下取样共获四组年代数据：距今24500±400、38800±3500、39600±3500、40200±3500。由此推定遗址年代大体为距今4～2.4万年，属于旧石器时代晚期。

交界洞穴遗址\

遗址位于阿城区交界镇东北0.5公里的一个石灰岩采矿场内，其地貌为东部山地西缘与松嫩平原东缘的接触部位。遗址为一石灰岩自然洞穴，地理坐标为东经127°06′，北纬45°21′。遗址于1996年秋发现，1997年黑龙江省文物考古研究所对其进行发掘，发掘面积约100平方米。洞穴呈南北走向，部分洞顶被采石破坏，暴露出洞深长20余米，宽5～7米，洞内堆积物达7米。由上至

阿城交界洞穴遗址发掘现场

石核
旧石器时代 阿城交界洞穴遗址

石核
旧石器时代 阿城交界洞穴遗址

石核
旧石器时代 阿城交界洞穴遗址

石制品
旧石器时代 阿城交界洞穴遗址

梅氏犀化石
旧石器时代 阿城交界洞穴遗址

梅氏犀化石
旧石器时代 阿城交界洞穴遗址

梅氏犀化石
旧石器时代 阿城交界洞穴遗址

下分六层，第三至六层出土古生物化石和石制品。发掘出土古生物化石2000余件，可鉴定出12个种类，主要有梅氏犀、鹿、狍子、獾、兔、熊、旱獭、貂、鼬及中型食肉类动物化石。骨骼中有幼年个体，碎骨较多，有的骨片上有明显砍砸切割痕迹。这些化石的石化程度较高，呈灰白色，有较强的吸湿性。从化石种群和石化程度看，其年代比“顾乡屯化石群”为早。遗址出土石制品100件，大多以黑色板岩制成，加工方法主要为锤击法和砸击法，有二次加工疤。种类主要有石片、石核、刮削器、砍砸器、石块等，石制品工艺粗糙，形体都较大。用地层中出土的梅氏犀牙齿进行铀系法测定，年代为距今17.5万年（+2.2万年～－1.8万年）。如果这个年代无误且石制品可靠的话，那么其意义非同寻常。其一，这是我省迄今发现的最早的遗址，说明这一地区旧石器时代早期就已有了人类活动；其二，这是我省首次发现的旧石器时代洞穴遗址，也是目前发现的我国最东北的一处旧石器时代早期遗址；其三，梅氏犀生活在温暖湿润的气候环境中，在我国北纬45度以北系首次出土，说明距今20万年左右我省气候还处于较温暖的时期，这对于研究我国东北地区古气候和古地理环境的变迁亦有重要价值。

（六）牡丹江流域

杨林南山遗址 \

2008年黑龙江省文物考古研究所对牡丹江支流海浪河流域进行了专题考古调查，发现8处旧石器时代遗址，杨林南山遗址是其中发现石器数量和类型最为丰富的遗址之一。

杨林南山遗址位于海林市西南约30公里处，海浪河下游右岸的三级阶地上，地理坐标为东经129°05′，北纬44°22′，海拔高度320米。

遗址地层分三层：第一层为黑色腐殖土层；第2层为褐色砂质黏土，含正岗砂眼角砾。此层是石器的原生层位；第3层为红褐色正岗砂岩，为风化壳。共发现石制品97件，出自地层中的有13件，其余84件皆为采集品。石制品原料以角岩为主，其他有板岩、黑曜岩、凝灰岩、安山岩、流纹斑岩、石英岩、水晶和霏细岩。包括石核、石片、石叶、砍砸器、矛形器和尖刃器。石器以中小型为主，但在工具中以大中型为主。通过综合对比，推测其年代大致为距今5 ~ 2万年间，属于旧石器时代晚期。该遗址的发现，不仅对认识海浪河流域旧石器时代文化具有开创意义，也为研究黑龙江流域及东北亚旧石器文化的交流与传播增添了重要的资料。

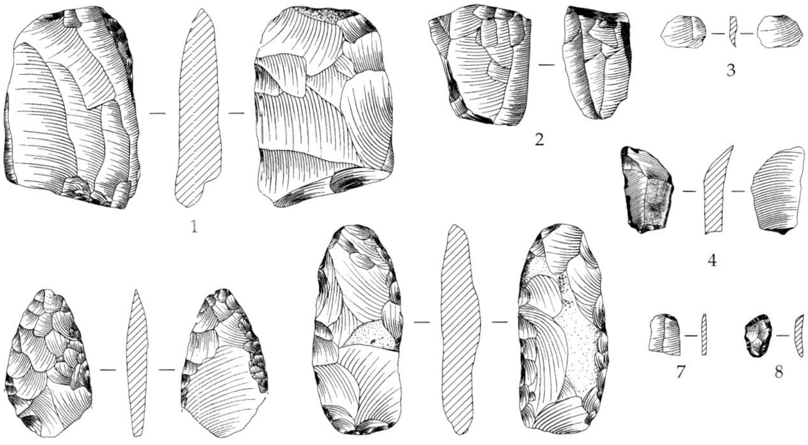

杨林南山遗址石器

1、2. 石核　3. 石片　4、8. 尖刃器　5、6. 两面器　7. 石叶

除上述重要遗存外，在黑龙江地区尚有零星发现旧石器遗物的地点

十几处。它们仅偶见遗物，多采自地面，多无地层，只能视作遗物点，有待进一步调查研究。这些地点多分布在松嫩平原和东部山地两个区域。

二 黑龙江旧石器遗存的总体特征

从发现情况来看，目前我省旧石器遗存分布并不均匀。西部和中部地区发现旧石器遗存较多，东部地区考古工作较少，目前仅有几处地点。从地质地层分布看，东部地区晚更新世地层发育良好，应该会有更多的新的重要发现。

通过八十余年的资料积累与相关研究，目前对黑龙江地区旧石器时代文化遗存研究已逐步趋于深入，学界形成了一些共同的认识。

黑龙江地区旧石器遗存主要有三种文化类型。即以大石器为主的文化类型和以小石器为主的文化类型及具细石器特征的文化类型。以大石器为主的文化类型主要有阿城交界遗址、讷河清河屯遗址、漠河老沟河遗址和饶河小南山遗址；以小石器为主的文化类型主要有哈尔滨黄山遗址、顾乡屯遗址、阎家岗遗址和五常学田遗址等；具有细石器特征的文化类型主要有塔河十八站遗址、呼玛老卡遗址、昂昂溪大兴屯遗址和龙江景星遗址等。

在遗存的时空分布规律上，除阿城交界遗址距今17万年外，以大石器为主的文化类型遗存，年代大多为距今5 ~ 3万年，它们主要分布在大兴安岭东麓和东部山地西麓的山间洞穴、山前平原及残丘台地上，地貌位置相对较高。以小石器为主的文化类型，年代为距今4 ~ 2万年，主要分布于松花江干流以东的松花江阶地和山前平原河口冲积扇上，地貌位置较前者为低。具有细石器特征的文化类型时代较晚，年代均为距今2 ~ 1万年，主要分布于松花江干流以西的嫩江中下游河漫滩和黑龙江中游低阶地上，地貌位置比前者更低。总体看，以松花江干流为界，东、西部文化差异性明显。

关于三种文化类型的关系及源流方面，可以认为以大石器多为主的文化类型是中原“大石片砍砸器 — 三棱大尖状器文化传统”向北的延伸。它在区内的进一步发展可能有两个方向，一是发展为东部山地新石器时代常见的有大型打、磨制石器的类型；二是随人类活动范围和生产方式的变化，作为生产生活工具的石制品亦随之向小型化变化，形成了既保留有大石器文化传统，又具小石器文化风格的特殊类型——即松花江干流东岸分布的以小石器为主的文化类型，其类型在形成中或许不同程度地受到邻区小石器文化的影响。从目前资料看，这种文化类型没有延续下来，而是在距今2万年左右悄然匿迹于区内。具有细石器特征的文化类型，目前基本可以认为是华北小石器文化传统的北延。

值得注意的是黑龙江省境内不少遗址均出土有楔形石核。从世界范围看，楔形石核的分布仅限于东亚、北亚和北美，几乎成为这些地区的共同的文化特征。1925年，美国学者纳尔逊根据蒙古人民共和国大戈壁和美国阿拉斯加费尔班克斯校园同出楔形石核的现象，提出亚洲和美洲在石器时代曾经有过联系的观点。此后，这一观点逐渐为中外学界所接受。我国一些考古学者认为，细石器文化源于中国华北，经过东北传入西伯利亚、日本和北美洲。黑龙江省位于我国和俄罗斯远东、西伯利亚以及蒙古高原的交汇处，即东北亚的中心地带。如果上述观点成立的话，那么从人文地理角度观察，黑龙江地区可能是古人类从亚洲腹地向北迁移扩散并进入北美洲的重要通道之一。

需要指出的是，目前我省旧石器时代遗址的发现相对来说并不为少，但迄今尚未发现确凿的古人类化石，这需要在未来的工作中着力加强相关的调查与探索性研究。

关于旧石器时代向新石器时代转型期的遗址目前还没有明确发现或辨识出来，因此这方面的研究一直是我省的薄弱环节。近年来，黑龙江左岸的考古资料，特别是我省与俄罗斯哈巴罗夫斯克地志博物馆联合调查发掘的属于奥西波夫卡文化的奥西诺瓦亚列西卡10、11号遗址等，为我们对这方面的研究提供了有力的线索。

肆 新石器时代考古

肆

新石器时代考古

学术界对新石器时代（Neolithic Age）的定义，是指以使用磨制石器为标志的人类物质文化发展阶段，在考古学上是石器时代的最后一个阶段。地质年代已进入全新世，年代大约从距今1万年左右至距今4000年。

传统意义上的新石器时代的开始，多以陶器、磨制石器、农业和家畜饲养业的出现为标志。但各地区的起始和结束时间并不完全一致，文化特征也不相同。

1930年，我国著名考古学家梁思永先生发掘了齐齐哈尔昂昂溪遗址，这不仅是我省新石器时代考古的起步，亦是我省现代考古学开端的标志。

从考古发现情况看，新石器时代遗存已遍及全省各个区域，迄今已发现百余处遗址。

一 考古学文化分布与特征

以自然地理指标为依据，结合古代文化分布情况，黑龙江区域内，可划分为松嫩平原区、三江平原区和牡丹江—绥芬河区。

（一）松嫩平原区

松嫩平原地区，以小拉哈一期甲组遗存和昂昂溪文化为代表。

小拉哈一期甲组遗存\

小拉哈遗址位于肇源县义顺乡。1992年对该遗址进行考古发掘，揭露面积1100平方米，发现三个不同时期的文化堆积，其中第一期属于新石器时代。小拉哈一期甲组遗物全部混出于遗址晚期地层和遗迹当中，未发现原生堆积。甲组遗存，数量和种类很少，只有陶器一种，并且不见完整器，均为残片。陶器质地以夹砂灰褐陶为主，少数为红褐陶。陶土含沙性较大。多为直口筒腹罐，

陶器口沿
新石器时代 肇源小拉哈遗址

陶器口沿
新石器时代 肇源小拉哈遗址

陶器口沿
新石器时代 肇源小拉哈遗址

陶器口沿
新石器时代 肇源小拉哈遗址

陶器口沿
新石器时代 肇源小拉哈遗址

陶器口沿
新石器时代 肇源小拉哈遗址

陶器口沿
新石器时代 肇源小拉哈遗址

陶器口沿
新石器时代 肇源小拉哈遗址

陶器口沿
新石器时代 肇源小拉哈遗址

陶器残片
新石器时代 肇源小拉哈遗址

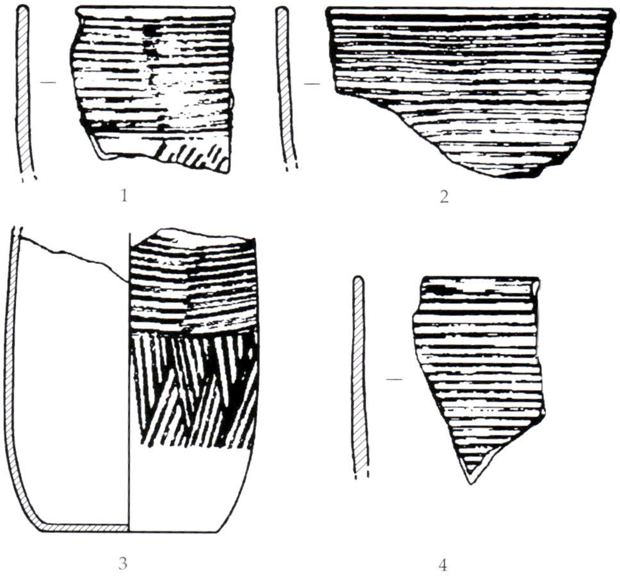

小拉哈一期甲组遗存陶器
1～4.罐口沿及器底

器表普遍施纹，多装饰有凹弦纹和刻划席纹或斜向戳印纹组成的复合纹饰。器表近底部打磨光滑，底与壁结合处弧圆。通过与周邻地区已知考古学对比研究，推定小拉哈一期甲组遗存的年代约在公元前4500～4000年，属于新石器时代早期晚段至中期阶段。

昂昂溪文化 \

昂昂溪遗址位于齐齐哈尔西南约25公里处。1930年由中东铁路雇员路卡徐金（Lukashkin）发现，同年9月，梁思永先生进行了调查和发掘。昂昂溪文化，是指以梁思永和路卡徐金在昂昂溪五福Ⅲ号沙丘发现的M1和M2为代表的遗存，同类遗存还包括小拉哈一期乙组遗存等。从目前的研究进展和认识来看，该文化墓葬均为长方形土坑竖穴式，无葬具。流行单人仰身直肢一次葬。随葬品较少，多以石器、骨器、陶器构成基本组合。其陶器基本组合有侈口圆腹罐、直口筒腹罐、带流盆、平底钵，罐类器的表面装饰细窄的附加堆纹，其上常见戳印纹和刻齿纹。骨器磨制精细，最为典型的有单排倒刺穿孔鱼镖、曲柄骨枪头和侧边带凹槽的骨刀柄。石器中多为压制而成的“细石器”，主要器类有三角形石镞、石叶、刮削器、尖状器、切割器和石片等。长期以来对于昂昂溪文化的年代认识并不统一，通过对小拉哈一期乙组所出陶片和动物骨骼所作测年，初步认定其年代约在公元前2500～前2000年间，属于新石器时代晚期阶段。

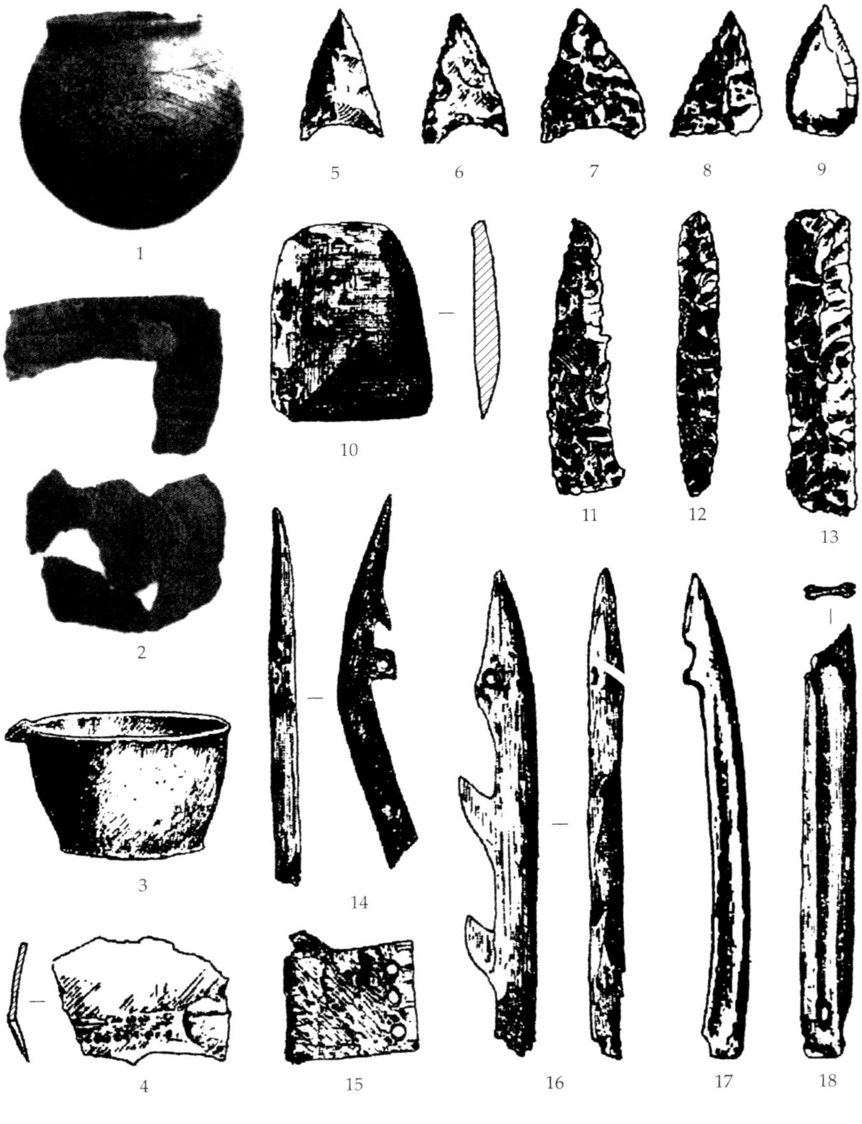

昂昂溪文化器物

1.圜底陶罐　2、4.陶器残片　3.带流陶盆　5～13.石器　14～18.骨器

（二）三江平原区

三江平原地区，以新开流文化、小南山遗存和倭肯哈达洞穴遗存为代表。

新开流文化 \

新开流遗址位于密山县兴凯湖畔。遗址面积约2.4万平方米。1972年对该遗址进行了发掘，命名了新开流文化。遗址中发现鱼窖10座和墓葬32座。鱼窖分圆形和椭圆形两种。窖内堆放层层鱼骨。墓葬排列有序，为土坑竖穴式，无葬具。有一次葬和二次葬两种。一次葬为单人葬，分仰身直肢

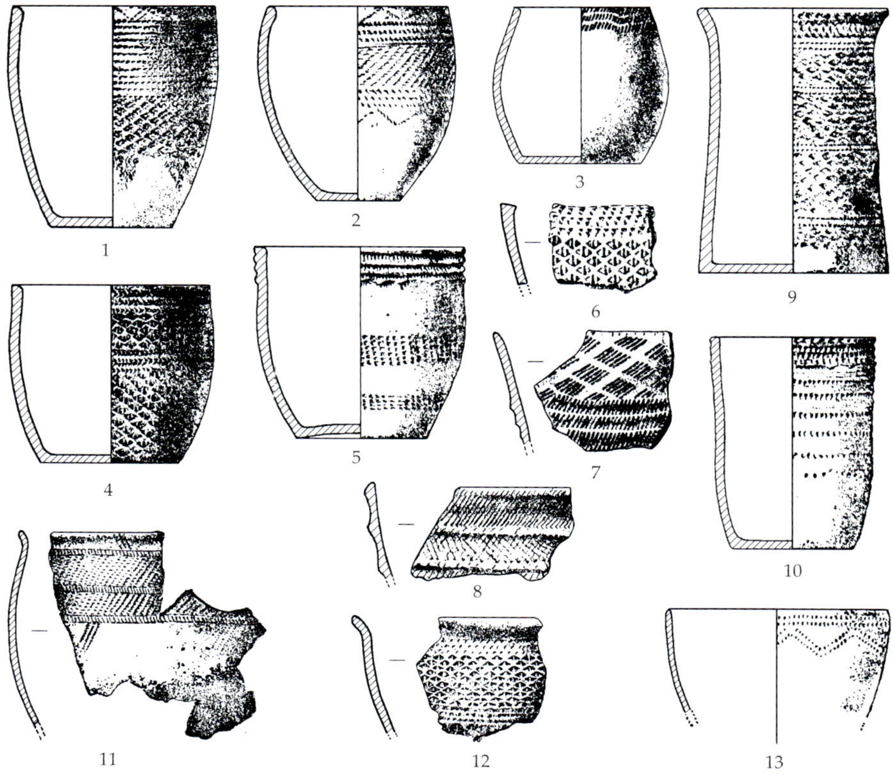

新开流文化陶器

1~5、9、10．罐　6~8、11、12．陶器口沿　13．钵

陶器口沿
新石器时代 密山新开流遗址

陶器口沿
新石器时代 密山新开流遗址

陶器口沿
新石器时代 密山新开流遗址

陶器口沿
新石器时代 密山新开流遗址

陶器口沿
新石器时代 密山新开流遗址

陶器口沿
新石器时代 密山新开流遗址

陶器口沿
新石器时代 密山新开流遗址

陶器口沿
新石器时代 密山新开流遗址

陶器口沿
新石器时代 密山新开流遗址

陶器口沿
新石器时代 密山新开流遗址

陶器口沿
新石器时代 密山新开流遗址

陶器口沿
新石器时代 密山新开流遗址

陶器口沿
新石器时代 密山新开流遗址

陶器口沿
新石器时代 密山新开流遗址

陶器口沿
新石器时代 密山新开流遗址

陶器口沿
新石器时代 密山新开流遗址

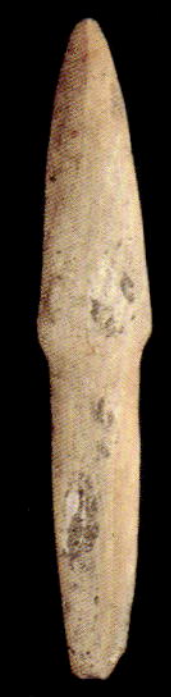

骨投枪头
新石器时代 密山新开流遗址

牙刀
新石器时代 密山新开流遗址

骨匕
新石器时代 密山新开流遗址

骨凿
新石器时代 密山新开流遗址

骨鱼镖
新石器时代 密山新开流遗址

和屈肢两种。二次葬以单人葬为主，也有2～4人的合葬墓。新开流文化的陶器主要是夹砂灰褐陶，其次是夹砂黄褐陶。少量泥质红陶，素面陶极少。器类单一，基本组合有敛口筒形罐、直口筒形罐、侈口筒形罐和钵，器表多为复合纹饰，主要有鱼鳞纹、菱格纹、席纹、篦点条带纹、圆窝纹、方格纹等。石器以压制而成的细石器为主，少量的打制石器和磨制石器。压制石器有镞、尖状器、刮削器、石矛、石叶、石片和石核等，其中石镞数量多，形式多样。磨制石器制作粗糙，有镞、斧、凿、磨盘等。打制石器有矛、斧、网坠等。此外，骨角牙器数量多，类型丰富。有鱼镖、鱼叉、鱼卡、鱼钩、投枪头、镞、刀柄、匕、锥、针等。通过对比研究，新开流文化的分布范围较为广阔，主要分布范围是，北到黑龙江下游，南到兴凯湖，东达日本海，西止老爷岭一带。通过对新开流遗址所出人骨进行测定，并结合对俄罗斯滨海地区出土的同类遗存比较研究，推定新开流文化的年代约在公元前5500～前4500年间。

小南山遗存 \

小南山遗址位于饶河县城以南，乌苏里江左岸的小南山上。1971年对该遗址进行了试掘，1991年又清理了一座墓葬（M1），两次的试掘和清理，发现了若干陶器、石器、牙器和玉器。陶器多为残片，仅复原一件完整器。质地均为夹砂粗红陶，掺合石英颗粒，火候较低。均为手制，器类简单，基本组合为卷沿罐和钵，器表以素面居多，少量的有纹饰，装饰有菱格纹、刻划纹、篦点纹、水波纹、弦纹等。石器主要采用燧石、板岩、砂页岩、辉长岩、水晶等加工而成。有打制和磨制两种，以打制居多。打制石器有矛、镞、刮削器和尖状器等。磨制石器有斧和镞。牙器少量，均为以动物牙齿加工

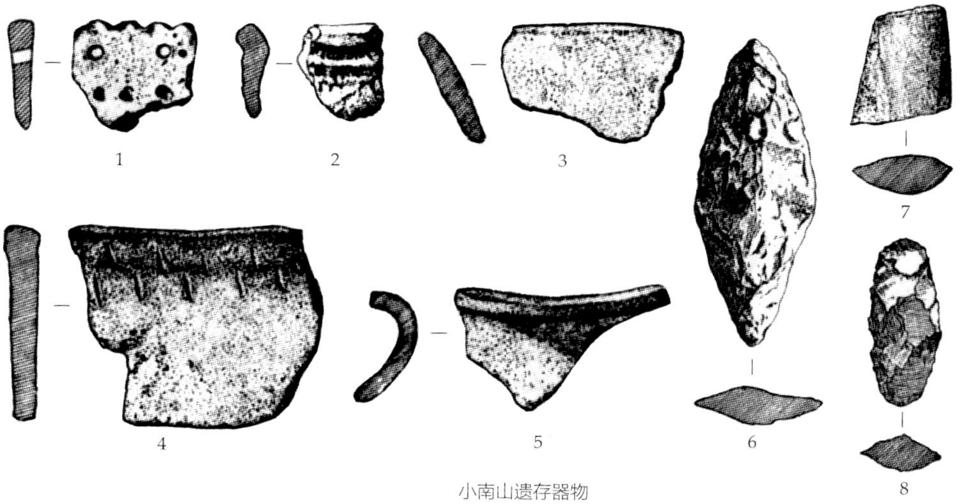

小南山遗存器物

1~5.陶器残片 6~8.石器

石铲
新石器时代 饶河小南山遗址

石铲
新石器时代 饶河小南山遗址

石铲
新石器时代 饶河小南山遗址

石铲
新石器时代 饶河小南山遗址

石斧
新石器时代 饶河小南山遗址

石斧
新石器时代 饶河小南山遗址

石斧
新石器时代 饶河小南山遗址

石斧
新石器时代 饶河小南山遗址

石矛
新石器时代 饶河小南山遗址

石矛
新石器时代 饶河小南山遗址

石锤
新石器时代 饶河小南山遗址

桂叶形石器
新石器时代 饶河小南山遗址

玉斧
新石器时代 饶河小南山遗址

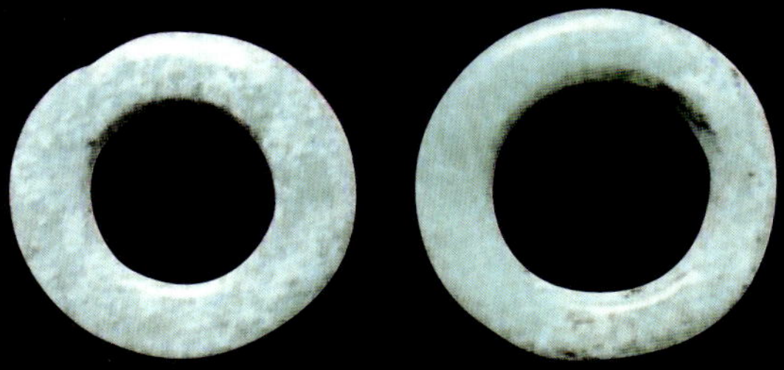

玉环
新石器时代 饶河小南山遗址

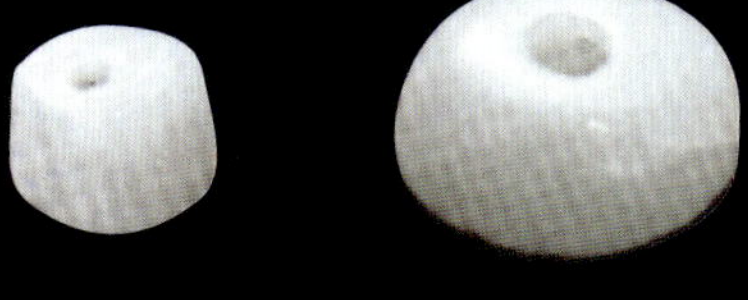

玉珠
新石器时代 饶河小南山遗址

玉玦
新石器时代 饶河小南山遗址

而成的牙饰。玉器数量较多，主要是饰品和工具，有玉玦、玉环、玉珠、玉斧、匕形器和斜刃器等。小南山遗址发现陶器较少，而且完整器更少，难于确定其整体文化面貌及年代。根据对小南山遗址出土的玉器与东北地区其他文化的玉器进行对比研究，初步判定其年代约在公元前4500 ~前4000年。

倭肯哈达洞穴遗存 \

此类遗存是以依兰县倭肯哈达洞穴发掘所获材料为代表。1950年，由考古学家李文信主持发掘。倭肯哈达洞穴位于依兰镇五国村、倭肯河东岸，所在山峰高约200米。洞穴为利用岩壁修成的方筒形横穴，全长12米，洞口约宽1.5、高2米。洞穴内有居址堆积和墓葬。墓葬4座，为蹲坐屈肢葬。出土有窝头形石器（石臼）、磨制石斧，玉璧、玉璜、玉环等饰品，穿孔骨板等。倭肯哈达洞穴出土的陶器残片多为黄褐色，其基本组合为双唇盘口罐和钵，器表装饰圆窝纹、篦点纹、附加堆纹、刻齿纹等。年代约在公元前3500 ~前3000年。

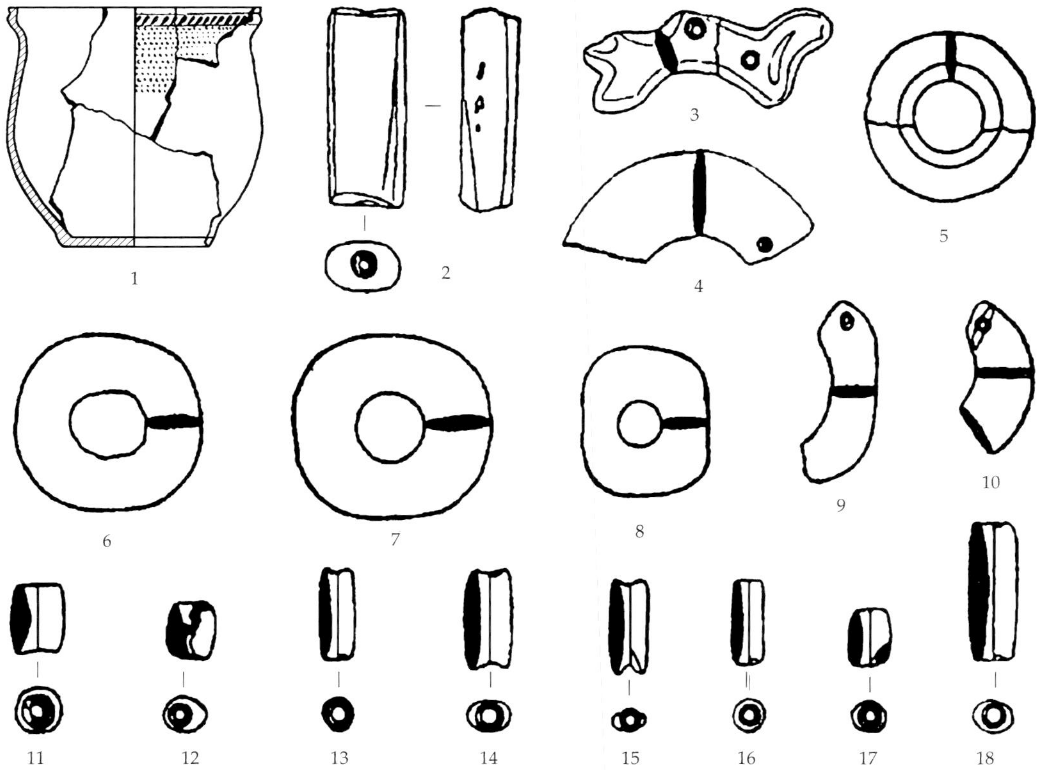

倭肯哈达洞穴遗存器物

1.罐 2、11~18.管状玉、石饰 3、4.石佩饰 5~8.白玉系璧 9、10.玉佩璜

（三）牡丹江—绥芬河区

牡丹江—绥芬河流域，以振兴一期甲类遗存、莺歌岭下层文化和亚布力文化为代表。

振兴一期甲类遗存\

振兴遗址位于海林市三道河子乡。1994 ~ 1995年进行了发掘。振兴一期甲类遗存，除少量只见于振兴遗址的第5层和个别灰坑遗迹等单位，其余大多数出自晚期的遗迹及地层。同类遗存还见于属于河口遗址的“第一期文化遗存”。振兴一期甲类遗存，遗物包括石器和陶器，石器仅见工具一种，有石叶、刮削器、石镞、石矛等。陶器除一件为完整器外，其余均为碎片。陶器质

陶罐
新石器时代 海林振兴遗址

陶器口沿
新石器时代 海林振兴遗址

陶器口沿
新石器时代 海林振兴遗址

陶器口沿
新石器时代 海林振兴遗址

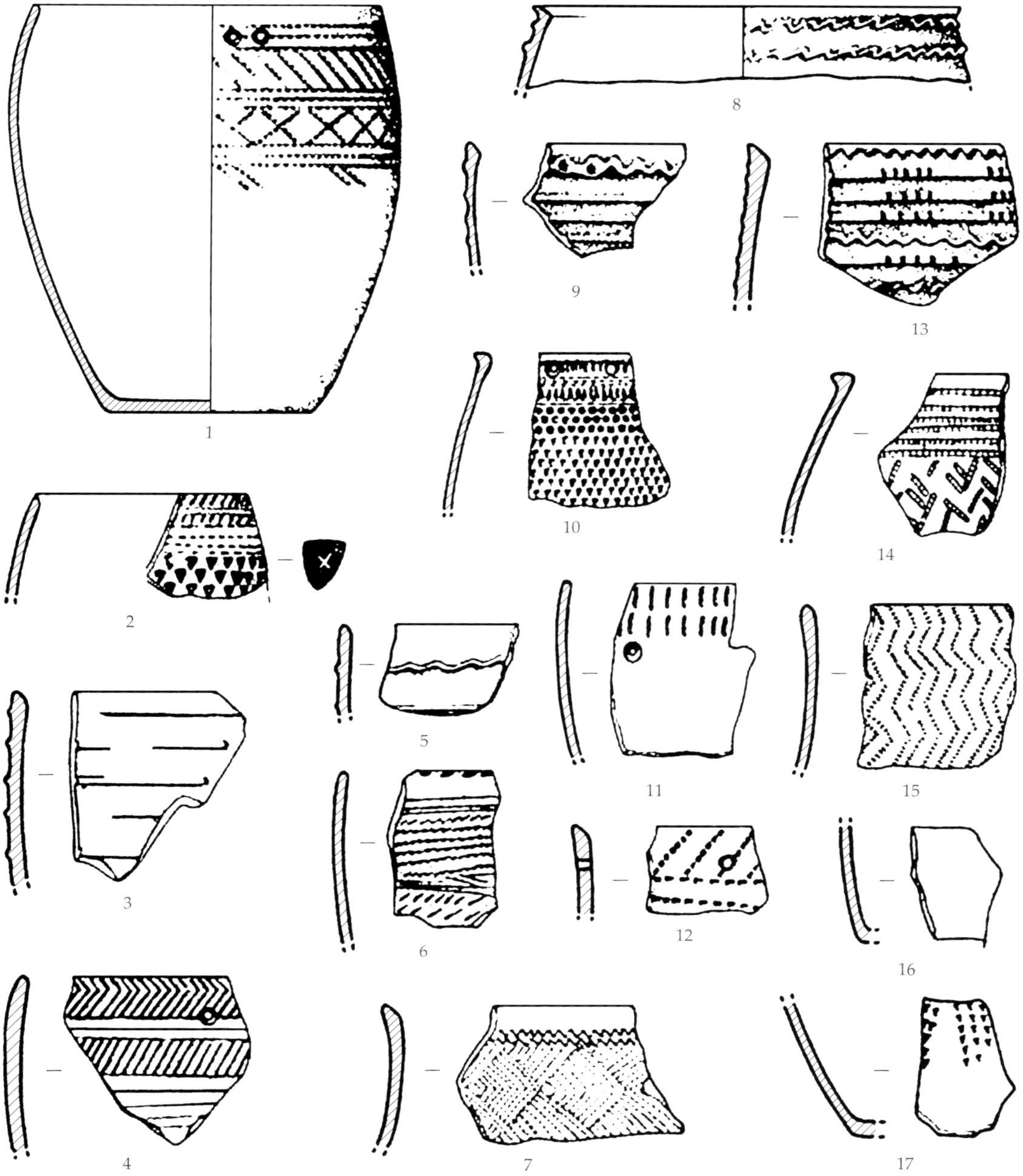

振兴一期甲类遗存陶器

1.罐 2~17.陶器口沿及器底

地为夹砂褐陶，呈红褐、黄褐、黑褐色，砂粒细腻且包含云母，火候较低。器类造型单一，仅见罐、盆和钵。几乎所有陶器都装饰有纹饰，主要为压印篦点纹、压印窝点纹、压印菱形纹、压印三角纹、刻划纹、戳刺纹和附加堆纹等。通过与周邻已知考古学文化对比研究，推定振兴一期甲类遗址的年代为公元前5500 ~前4500年，属于新石器时代早期偏晚阶段。

陶器口沿
新石器时代 海林振兴遗址

陶器口沿
新石器时代 海林振兴遗址

陶器口沿
新石器时代 海林振兴遗址

陶器口沿
新石器时代 海林振兴遗址

陶器口沿
新石器时代 海林振兴遗址

陶器口沿
新石器时代 海林振兴遗址

陶器口沿
新石器时代 海林振兴遗址

陶器口沿
新石器时代 海林振兴遗址

陶器口沿
新石器时代 海林振兴遗址

陶器口沿
新石器时代 海林振兴遗址

陶器口沿
新石器时代 海林振兴遗址

陶器口沿
新石器时代 海林振兴遗址

陶器口沿
新石器时代 海林振兴遗址

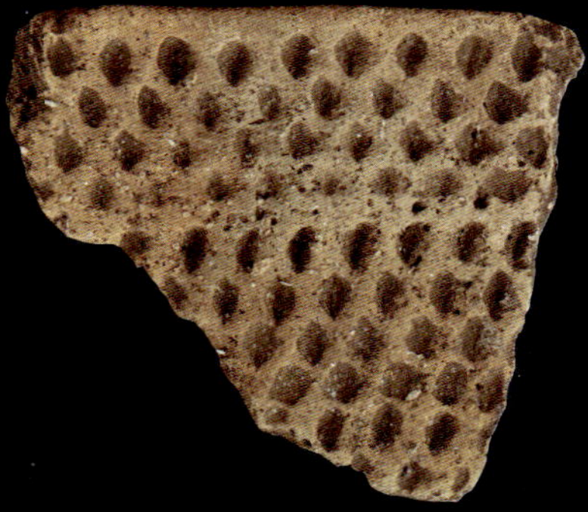

陶器口沿
新石器时代 海林振兴遗址

亚布力文化\

亚布力文化，以尚志市亚布力北沙场遗址发掘命名。遗址位于尚志市亚布力镇东北1.5公里的丘岗上，1985年进行考古发掘，发掘面积200平方米。清理出房址一座，为半地穴式，平面呈圆角长方形。房址门向南，为一阶梯式狭长门道。居住面和四壁未做特殊加工。遗物包括陶器、石器和玉器。陶器全部为夹砂褐陶，内含细小砂粒，呈黄褐、红褐、灰褐色。陶器火候偏低，质地疏松，器壁较薄，均为手制。陶器种类单一，基本组合为罐和钵。器表多有纹饰，素面陶少。纹饰有压印绳纹、戳印篦

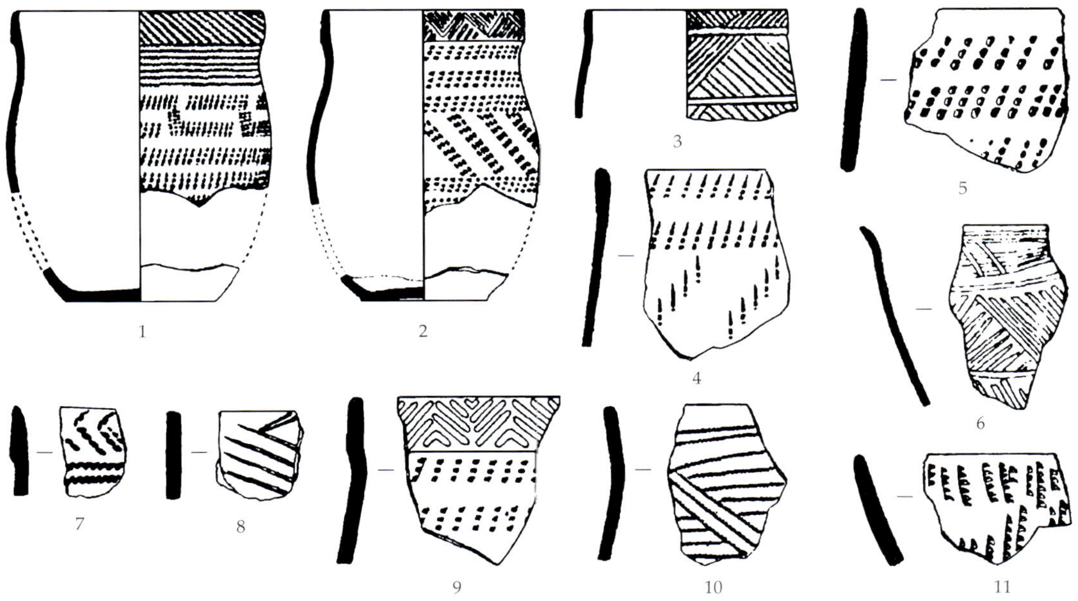

亚布力文化陶器

1、2.罐 3~11.陶器口沿

三联玉璧

新石器时代 尚志亚布力北沙场遗址

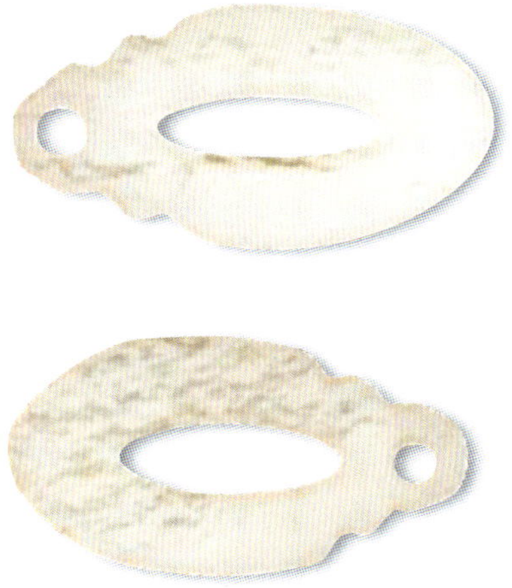

玉佩饰

新石器时代 尚志亚布力北沙场遗址

点纹、席纹、刻划纹、坑点纹等。这些纹饰或单独出现，或以复合纹饰出现。石器分打制和磨制两类。打制石器有亚腰形石锄和石片刮削器。磨制石器有斧、锛、铲、镞、磨盘和磨棒等。玉器数量不多，仅见玉锛、玉凿和联璧式佩饰等。通过与周邻已知考古学文化对比研究，推定亚布力文化的年代为公元前4000 ~前3500年间。

莺歌岭下层文化\

莺歌岭位于宁安市镜泊湖南湖头对岸，是一座东西向的山麓丘岗，莺歌岭遗址在湖滨的漫岗上。其西端伸入镜泊湖。1963年对莺歌岭遗址进行了发掘，发掘面积约100平方米。莺歌岭下层遗存包括了遗址的第4、5层和F3、F4两座房屋，将之命名为“莺歌岭下层文化”。莺歌岭下层文化的两座房屋均为方形或长方形的半地穴式建筑。穴壁和居住面未做特殊加工，穴壁四周有柱洞。居室中央设有椭圆形灶址。陶器主要以夹砂红褐陶为主，少量粗灰陶。完整陶器很少，器类简单，基本组合为筒形罐、钵、盅，皆为平底器。器表纹饰多样而富于变化，有“人”字形纹、“W”形纹以及条带形纹，多是由篦点纹、划纹、压印纹、梳齿纹、圆窝纹等组合而成。工具有纺轮一种，依剖面可分为梯形、凸字形和算盘珠形三种。石器以打制的为主，磨制的少。器形有锄和斧两类，以亚腰形锄最具特征。骨角器有骨针和鹿角锄。从目前发现的情况看，莺歌岭下层文化主要分布于黑龙江省东南部、吉林省东北部以及俄罗斯滨海南部地区。通过对该文化遗物及与周邻其他考古学文化比较研究，推定莺歌岭下层文化的年代为公元前3500 ~前2500年。

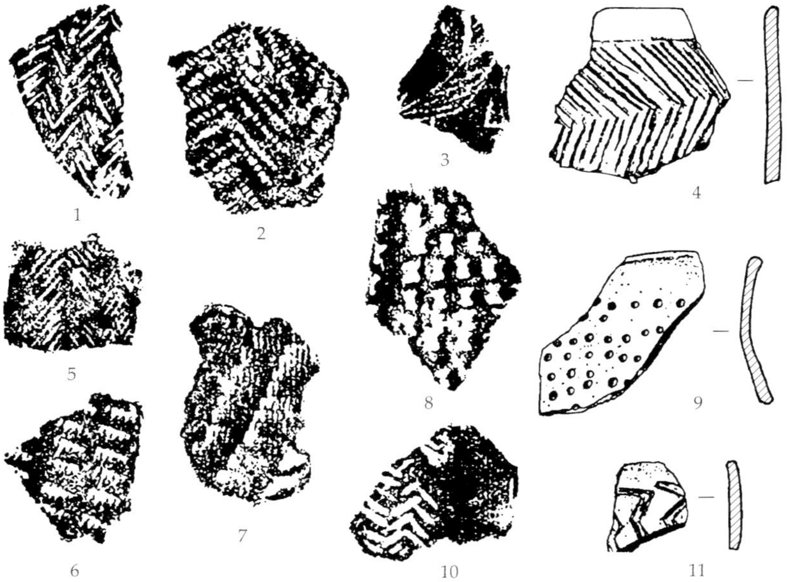

莺歌岭下层文化陶器

1~11.陶器口沿及陶片纹饰

二 关于新石器时代考古学文化的认识

黑龙江考古学文化区，属于东北考古文化区的一部分。根据目前掌握的材料，通过对三个区域考古学文化的分析，我们可以初步建立新石器时代的考古学文化编年序列，分为三个发展阶段。

第一阶段（公元前5500 ~前4000年）。这一阶段有新开流文化、振兴一期甲类遗存、小南山遗存、小拉哈一期甲组遗存等。

第二阶段（公元前4000 ~前3000年）。这一阶段有亚布力文化、倭肯哈达洞穴遗存、莺歌岭下层文化前期等。

第三阶段（公元前3000 ~前2000年）。这一阶段有莺歌岭下层文化后期、昂昂溪文化。

从以上的考古学文化年代看，新石器时代的黑龙江考古学文化年代大约在公元前5500 ~前2000年，年代最早者为公元前5500年，已处于中原地区的“前仰韶时代”，基本与东北其他地区及中原地区的文化发展是同步的。但同时也说明，年代更早的考古学文化，即公元前8000 ~前5500年（距今10000 ~ 7500年）的遗存的发现与辨识，仍是今后我省新石器时代亟待解决的重大学术课题之一。

新石器时代考古学文化的主要特征是：磨制石器为主要的生产工具，打制石器仍未退出历史舞台；专业陶工已出现，以各种筒形罐为代表的陶器是主要的生活用具；原始农业初露端倪，与狩猎、渔猎、采集等多种经济形式并存；人类结束了漫长的洞穴生活而转移到平原居住，这是人类发展史上一场具有划时代意义的定居革命；居住址一般选择在临近河流、湖泊等水源附近的岗地或山坡上，居住空间除较大的公共议事场所外，以原始家族为主要单位聚居形成村落；公共墓地以及多人合葬墓的埋葬形式，表明以血缘为纽带的氏族组织的存在，另从随葬品看没有明显的贫富差别。

各区域的文化特征也存在一定的差异，首先，从陶器器形看，嫩江流域的小拉哈一期甲组遗存只有直口筒形罐一种，昂昂溪文化以直口罐、圆腹圜底罐、带流盆和带流钵最具特色，牡丹江流域和三江平原地区的诸文化均有器形有所区别的筒形罐，鼓腹罐，直口、敛口钵。从器表纹饰看，东部要比西部显得繁缛。嫩江流域的小拉哈一期甲组遗存的以刻划凹弦纹、席纹和戳印纹为主要纹饰；昂昂溪文化则以横向条形附加堆纹为主，少量刻划纹。牡丹江流域和三江平原地区新石器时代文化的陶器纹饰，以压印、拍印、戳压、刻划等方式施纹。纹样繁复，图案众多，主要有篦点纹、圆窝纹、鱼鳞纹、人字纹、菱形纹、方格纹、三角纹等近20种。其次，石器方面，西部的细石器不但数量种类多，且制作精美，这应与旧石器的传统密切相关。确凿的农业生产工具只见于东南部的亚布力文化，如石铲、亚腰石锄等，据此分析当时大部分地区的经济活动仍以渔猎、狩猎和采集为主。

从考古学文化的面貌观察，各区域内文化及与其他区域的文化存在一定程度上的联系与交流。具体看来，嫩江流域的新石器文化与牡丹江流域和三江平原地区的同时代文化交流较少；而牡丹江流域的新石器时代文化则与三江平原地区的同时代文化存在着密切的关系。嫩江流域的小拉哈一期甲组遗存的凹弦纹、席纹的特点分别与新乐下层文化和红山文化西水泉期、左家山中层文化相近。昂昂溪文化的条形附加堆纹的特征与偏堡子文化和小河沿文化有相似之处，前者的为横向装饰，后二者主要为纵向和斜向装饰。牡丹江流域和三江平原地区新石器时代文化的陶器纹饰，与俄罗斯境内黑龙江下游、滨海地区及朝鲜半岛北部同时代文化有较多的共性。上述情况表明，嫩江流域的新石器文化是背靠亚欧大陆，牡丹江流域和三江平原地区的则是面向太平洋的。亚布力文化虽然主要分布在张广才岭西麓，但与牡丹江流域同时代文化有较多的共性，而与嫩江流域已知的两支考古学文化区别较大。

新石器时代，黑龙江区域内均有玉器出土。一方面说明黑龙江是中国史前玉器文明发端较早的一个地区，同时也反映出本区域内玉器文化因素与其他地区产生的联系和影响。

黑龙江新石器时代的考古学文化中已经出现了文明时代的某些因素，如墓地材料反映出的贫富差别，表明已经出现了拥有较多的社会财富和具有较高的社会地位者，说明有一部分人可能已经拥有某种特权；作为礼器的玉器的出现，说明神权可能已经初步出现等。就这些方面的意义而言，或许可以说，在新石器时代，黑龙江也已经开始步入文明的起步阶段了。

伍 青铜时代考古

伍

青铜时代考古

青铜时代（Bronze Age）在考古学上是指以使用青铜器为标志的人类物质文化发展的一个阶段。学术界认为，中国的青铜文化起源于黄河流域，始于公元前21世纪，止于公元前5世纪，大体上相当于历史文献记载的夏、商、周时期，约经历了1500多年的历史，这与中国奴隶制国家的产生、发展及衰亡相始终。从考古学材料观察，黑龙江地区也经历了青铜时代这一发展阶段，基本和中原地区是同步的。但在具体的文化面貌表现上，黑龙江东部、西部地区有明显的差异，这一时期东部地区的考古学文化均未发现具有该时代特征的标志物——青铜器（件），表现了显著的自身区域特点。因此，青铜时代的概念，作为一个年代范畴，黑龙江东西部区域存在着与中原地区不同的文化特征表现。

黑龙江青铜时代的考古工作主要集中在松嫩平原区，东部地区只有少量的工作和发现。

对青铜时代的考古学文化有一个较长的认识过程。20世纪50～60年代，我省考古工作者对松嫩平原多次进行调查，发现了肇源白金宝、富裕小登科、肇源望海屯、杜尔伯特官地、肇东七棵树等一批遗址。这一时期在东部地区只发掘了莺歌岭遗址，识别出莺歌岭上层遗存。由于这个时期的考古调查多是地面遗物的采集抑或小型试掘，又因可对比资料的缺乏和传统观念的影响，由此导致了认识上的局限，如曾一度将上述发现误认为是新石器时代或金石并用时代的遗存。70年代以后，文物考古部门又对全省各地区古代遗存的分布进行了较为全面和系统的调查，工作的重点集中在松嫩平原区，在此基础上选择有代表性的遗址和墓葬进行了较大规模的发掘。其中较为重要的地点有：肇源白金宝、卧龙、古城、小拉哈、富裕小登科、讷河二克浅、库勒浅等。通过调查发掘与分析对比，区分和确认出若干不同的文化类型，初步建立了该地区青铜时代考古学文化遗存的序列与编年。在牡丹江流域又发现了石灰场下层遗存；在三江平原区，发现了桥南一期遗存、劝农遗存等，扩展了对我省青铜时代考古学文化认识的深度与广度。

一 区域考古学文化分布与特征

（一）松嫩平原区

松嫩平原地区青铜时代考古学文化有四支。在松嫩平原的西部，即嫩江流域，发现三支考古学文化。第一支为小拉哈文化，第二支为古城类型，第三支是白金宝文化。在松嫩平原的东部，即拉林河流域，发现有西团山文化遗存的分布。

小拉哈文化 \

小拉哈文化得名于1992年发掘的黑龙江省肇源县小拉哈遗址，该文化的主要特征是陶器绝大多数为素面，除少数器表贴附乳丁、泥饼、附加堆纹，个别器底见有刻划几何纹外，其余陶器不施纹饰。陶器多为直口，平底器为主，其中多数具有台底作风，还有少量三足器。台底属于平底范畴，为器物成形后于底部贴附泥饼捏合而成，外缘突出，较厚。该文化许多台底的底面一侧刮出凹窝，然后自外向内斜穿二孔。基本器物组合为大口深腹罐、直口深腹瓮、单耳杯、台底碗、台

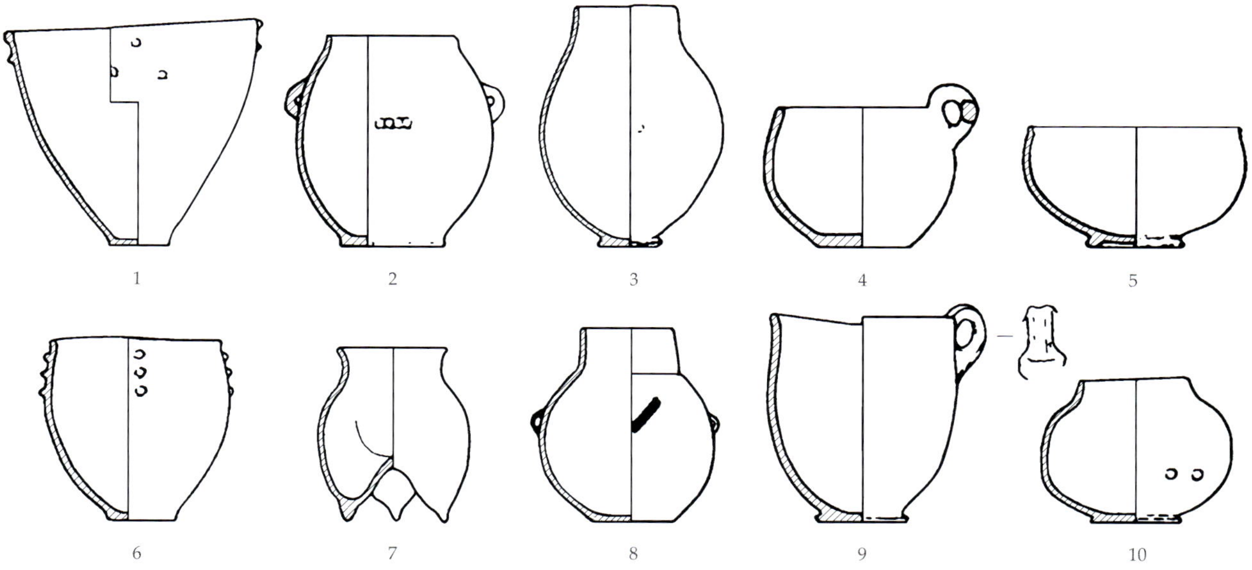

小拉哈文化陶器

1、2、6.罐 3、8.壶 7.鬲 4、9.单耳杯 5.碗 10.盂

陶罐
青铜时代 肇源小拉哈遗址

陶壶
青铜时代 肇源小拉哈遗址

陶罐
青铜时代 肇源小拉哈遗址

单耳陶杯
青铜时代 肇源小拉哈遗址

陶碗
青铜时代 肇源小拉哈遗址

底钵、台底盂、素面束颈鬲和带流器等。该文化主要分布在嫩江下游，除小拉哈遗址二期外，肇源白金宝遗址的第一期遗存属于该文化，同类遗存还见于肇源卧龙、狼坨子、南山头、吉林大安汉书、镇赉坦途西岗子等遗址也不同程度地包含有该文化的遗存。属于该文化的墓葬材料目前尚未发现。小拉哈文化的整体年代为夏至早商时期，其内部又可细分为早晚两个阶段，两个阶段的陶器之间联系紧密，中间没有缺环，年代应该相距不远。

古城类型\

古城类型得名于1984年试掘的黑龙江省肇源县古城遗址，确切地说是指以古城遗址H3为代表的遗存。该类型的陶器，一部分为素面，多经打磨，但不很光滑，其他的以绳纹和篦点几何纹、动物纹为主，还有附加堆纹、指压纹和戳印圆窝纹、珍珠纹和贴塑乳丁、圆形泥饼等。绳纹有粗细之分，前者纹理粗浅散乱，后者纹理细密清晰，拍印整齐。附加堆纹主要施于鬲的口沿与颈部，并与绳纹、珍珠纹配合使用，指压纹和戳印纹除施于大口深腹罐和瓮等器表外，还见于附加堆纹上。篦点纹由专门工具压印而成，由平行直线、折线、曲尺、交错三角、叠加三角等纹样构成几何图案，多施于壶、钵、单耳杯器体上半部，呈条带状分布。以侈口器和平底器为主，直口器和台底器很少。基本器形为高领鬲、大口深腹罐、单耳杯、鼓腹壶、钵、盂和双耳罐等。该类型主要分布在嫩江下游，除古城遗址H3外，白金宝遗址的第二期遗存、肇源大庙遗址、大安大架山遗址等地也见有同类遗存出土。已有的研究结果表明，该类型的年代应处在晚商时期。

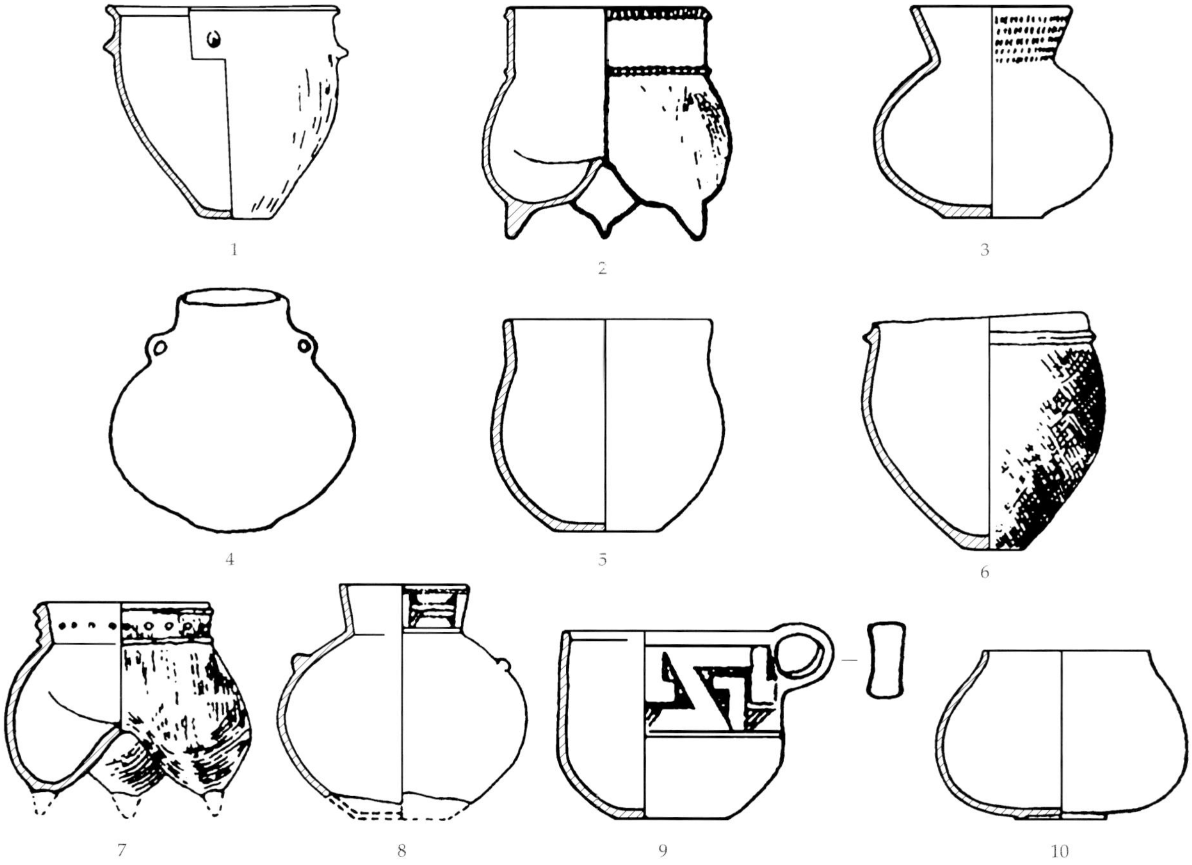

古城类型陶器

1、6.罐 2、7.鬲 3、4、8.壶 5、10.盂 9.单耳杯

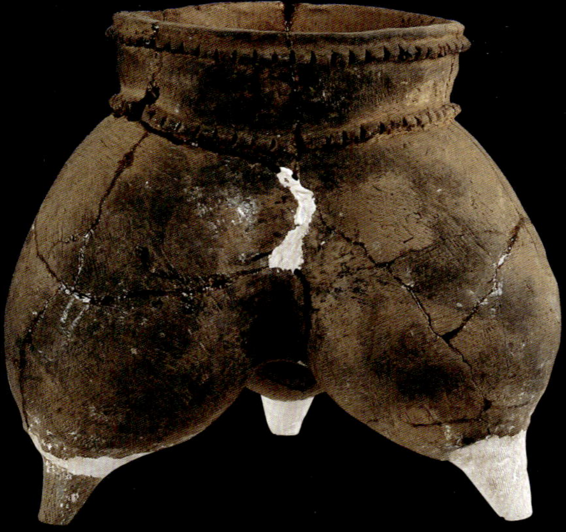

陶鬲
青铜时代 肇源古城遗址

陶壶
青铜时代 肇源古城遗址

陶罐
青铜时代 肇源古城遗址

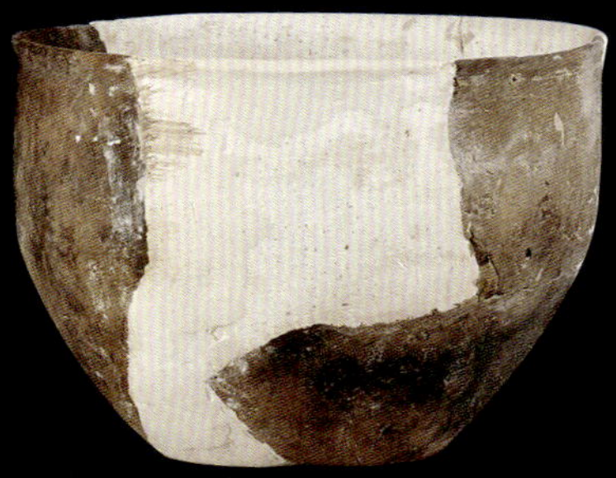

陶钵
青铜时代 肇源古城遗址

陶碗
青铜时代 肇源古城遗址

白金宝文化\

白金宝文化得名于1974、1980、1986年三次发掘的黑龙江省肇源县白金宝遗址，是指以白金宝遗址第三期遗存为代表的考古学文化。该文化的陶器，分为素面的和带纹饰的两类。素面的多经打磨，器表光滑。带纹饰的，以绳纹和篦点纹为主，前者有粗有细，绳纹多交错拍印，并与附加堆纹配合使用，多施于陶鬲的器表；后者由专门工具压印而成，纹样繁复，构图复杂，覆盖面大，富于变化，主要为动物纹和几何纹二类，尤以蛙、羊、鹿等动物纹样富有特征，多施于直腹筒形罐和壶、盆、碗、杯的器表。还有以纵及横条带的形式局部施红彩，少数亦有通体施以红

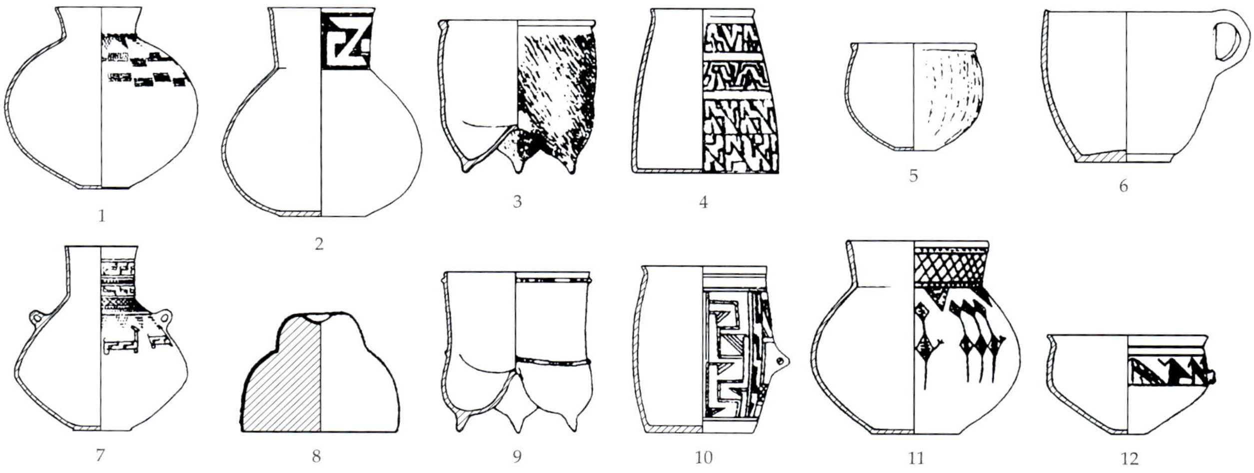

白金宝文化陶器

1、2、7.壶 3、9.鬲 4、5、10、11.罐 6.单耳杯 8.支座 12.盆

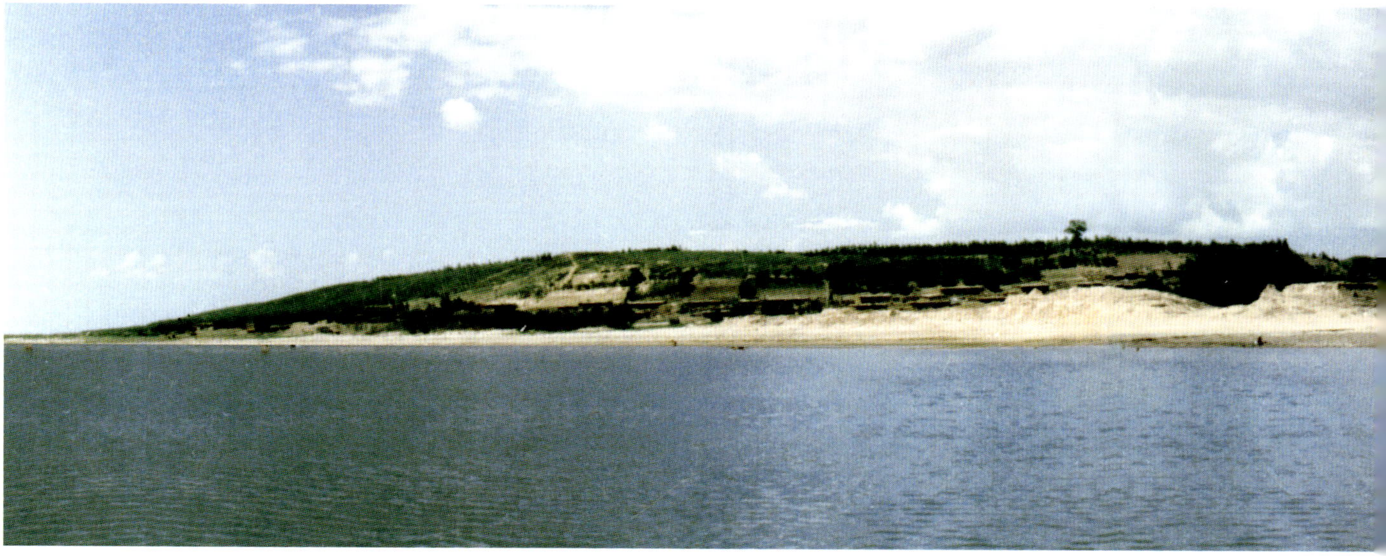

肇源白金宝遗址全景

陶鬲
青铜时代 肇源白金宝遗址

陶鬲
青铜时代 肇源白金宝遗址

陶壶
青铜时代 肇源白金宝遗址

双耳陶壶
青铜时代 肇源白金宝遗址

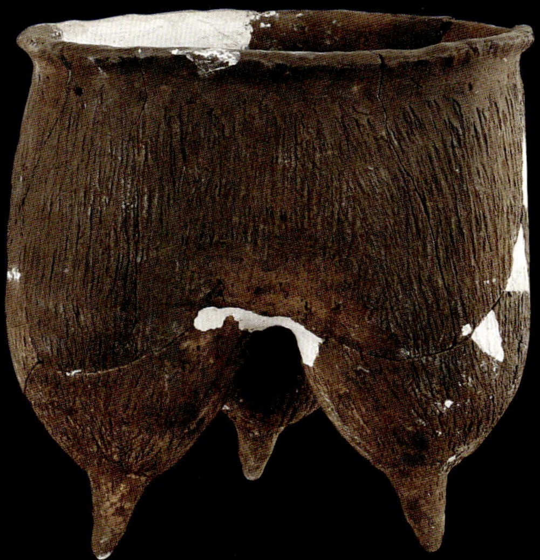

陶鬲
青铜时代 肇源白金宝遗址

陶鬲
青铜时代 肇源白金宝遗址

陶壶
青铜时代 肇源白金宝遗址

陶壶
青铜时代 肇源白金宝遗址

筒形陶罐
青铜时代 肇源白金宝遗址

假圈足陶钵
青铜时代 肇源白金宝遗址

筒形陶罐
青铜时代 肇源白金宝遗址

陶钵
青铜时代 肇源白金宝遗址

单耳杯
青铜时代 肇源白金宝遗址

陶壶
青铜时代 肇源卧龙遗址

陶罐
青铜时代 肇源卧龙遗址

陶钵
青铜时代 肇源卧龙遗址

陶钵
青铜时代 肇源卧龙遗址

陶杯
青铜时代 肇源卧龙遗址

蚌刀
青铜时代 肇源卧龙遗址

陶人
青铜时代 肇源卧龙遗址

陶塑
青铜时代 肇源卧龙遗址

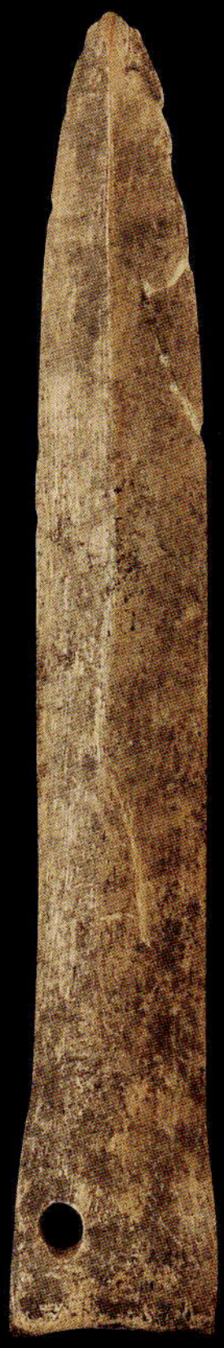

骨矛
青铜时代 肇源卧龙遗址

骨锥
青铜时代 肇源卧龙遗址

骨鱼镖
青铜时代 肇源卧龙遗址

骨鱼钩
青铜时代 肇源卧龙遗址

衣。以三足器为主，还有平底器和台底器。器物的基本组合为直腹鬲、单耳杯、馒头状支座、直腹筒形罐、鼓腹罐、壶、盆、钵和碗等。该文化以嫩江中下游地区为中心区域，分布范围还向东到巴彦，向南达松辽分水岭到吉林农安一线。该文化既有遗址，又有墓葬。除白金宝遗址三期外，黑龙江肇源古城、小拉哈、望海屯、卧龙，肇东后七棵树、哈土岗子，杜尔伯特官地，林甸牛尾巴岗、吉林镇赉坦途西岗子、乾安后入字井屯等一些遗址当中，也不同程度地出土有白金宝文化的遗存。从已有的研究结果来看，该文化的年代为西周至春秋时期，而且文化本身可分为早、中、晚三期，早期相当于西周早期，中期相当于西周中期，晚期年代跨度较大，相当于西周晚期至春秋晚期。

西团山文化 \

西团山文化得名于吉林省吉林市西团山遗址的发掘。在松嫩平原的东部，为配合磨盘山水库工程建设，近年在拉林河上游的五常市发掘了多处青铜时代遗址，均包含有西团山文化遗存因素。在五常市沙河子镇西山，还发现一座属于西团山文化的石棺墓。随葬的陶器器表均为素面，流行横桥状耳、横錾耳和乳丁，以壶、罐和杯为器物组合。属于西团山文化早期墓葬，年代相当于西周时期。这些遗存的发现表明，拉林河上游地区应是西团山文化的北部分布区域。

讷河二克浅墓地全景

陶壶
青铜时代 讷河二克浅墓葬

陶壶
青铜时代 讷河二克浅墓葬

陶壶
青铜时代 讷河二克浅墓葬

单耳陶壶
青铜时代 讷河二克浅墓葬

单耳陶壶
青铜时代 讷河二克浅墓葬

双耳陶壶
青铜时代 讷河二克浅墓葬

双耳陶壶
青铜时代 讷河二克浅墓葬

四耳陶壶
青铜时代 讷河二克浅墓葬

青铜短剑
青铜时代 讷河二克浅墓葬

陶范
青铜时代 讷河二克浅墓葬

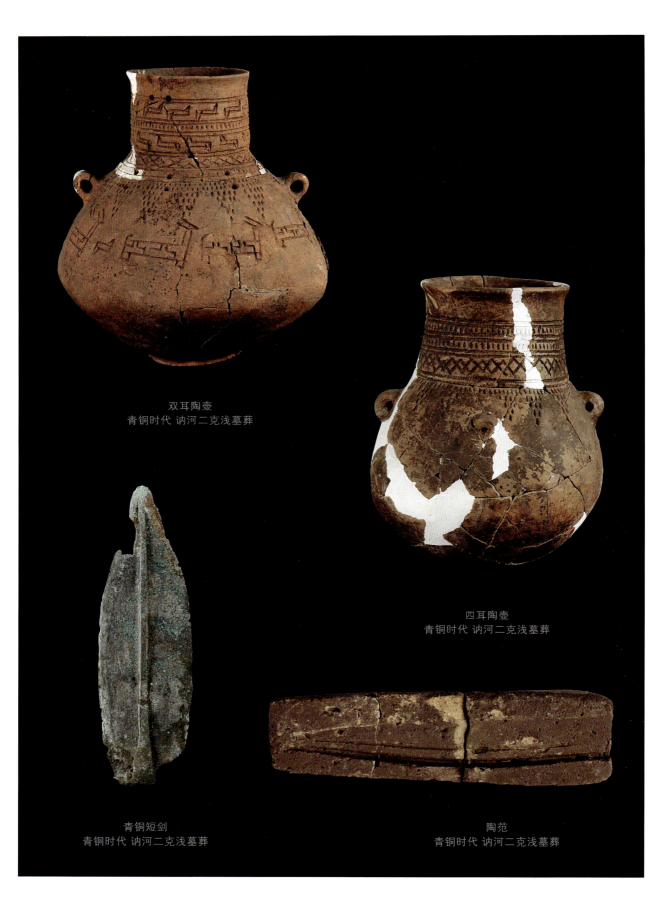

讷河库勒浅墓地一角

陶壶
青铜时代 讷河库勒浅墓葬

陶壶
青铜时代 讷河库勒浅墓葬

陶壶
青铜时代 讷河库勒浅墓葬

陶壶
青铜时代 讷河库勒浅墓葬

陶壶
青铜时代 讷河库勒浅墓葬

双耳陶壶
青铜时代 讷河库勒浅墓葬

陶罐
青铜时代 讷河库勒浅墓葬

陶罐
青铜时代 讷河库勒浅墓葬

单耳陶杯
青铜时代 讷河库勒浅墓葬

单耳陶杯
青铜时代 讷河库勒浅墓葬

单耳陶杯
青铜时代 讷河库勒浅墓葬

单耳陶杯
青铜时代 讷河库勒浅墓葬

铜饰件
青铜时代 讷河库勒浅墓葬

玉佩饰
青铜时代 讷河库勒浅墓葬

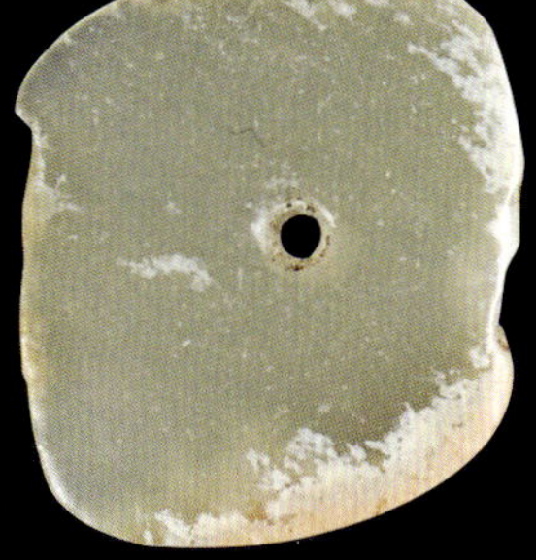

玉佩饰
青铜时代 讷河库勒浅墓葬

玉佩饰
青铜时代 讷河库勒浅墓葬

长方形白石串珠饰
青铜时代 讷河库勒浅墓葬

菱形白石串珠饰
青铜时代 讷河库勒浅墓葬

白石串珠饰
青铜时代 讷河库勒浅墓葬

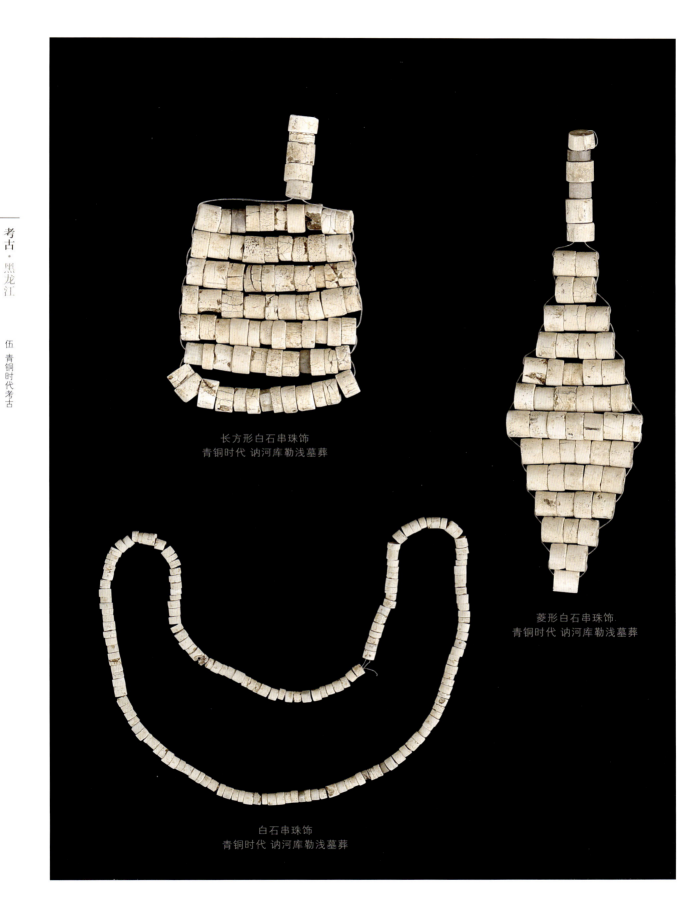

（二）三江平原区

三江平原地区青铜时代的考古遗存发现两支，即劝农遗存和桥南一期遗存。

劝农遗存 \

遗址位于宝清县宝清镇劝农村二道岭漫岗上，挠力河上游左岸。出土遗物除少量刮削器、石斧、石锤等工具外主要是陶器。基本陶器组合为罐、钵、杯等，有口沿外侧饰齿状附加堆纹、腹部饰刻划“之”字纹和“人”字纹的大口小底深腹罐、侈口鼓腹素面罐、折肩罐和饰有刻划弦纹、几何折线纹及弧线三角纹组成的复合纹饰钵与罐，还有联体杯。其文化因素部分与俄国滨海地区的新石器时代的扎伊桑诺夫卡文化相近，部分与青铜时代的马尔加里托夫卡文化有共性。其年代为距今4000 ~ 3500年左右，大约相当于夏商之际。

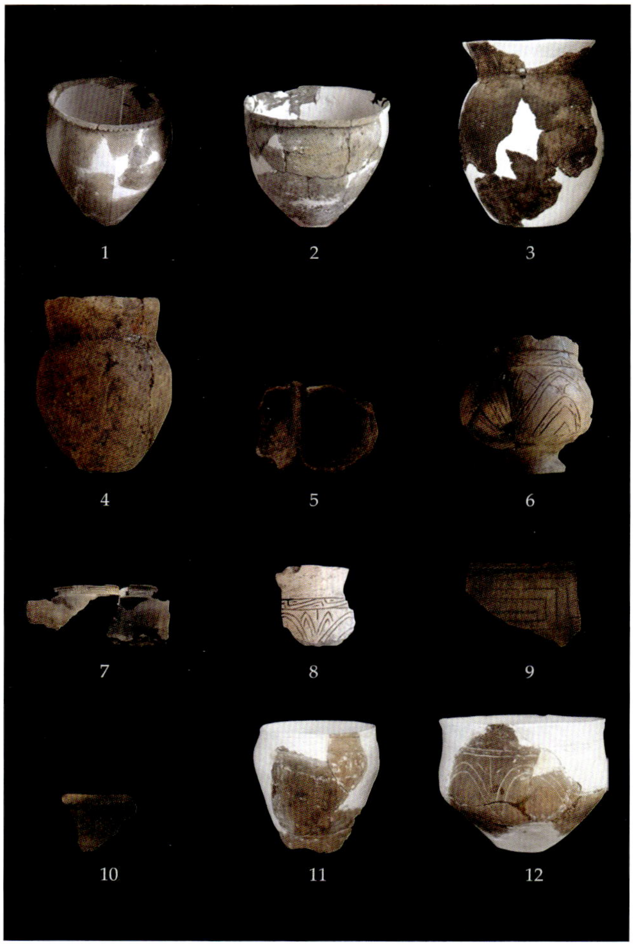

劝农遗存陶器

1~4、11. 罐 5、6. 杯 7~10. 陶器口沿 12. 钵

陶钵

青铜时代 依兰桥南遗址

双耳陶壶

青铜时代 依兰桥南遗址

陶罐
青铜时代 依兰桥南遗址

陶罐
青铜时代 依兰桥南遗址

陶罐
青铜时代 依兰桥南遗址

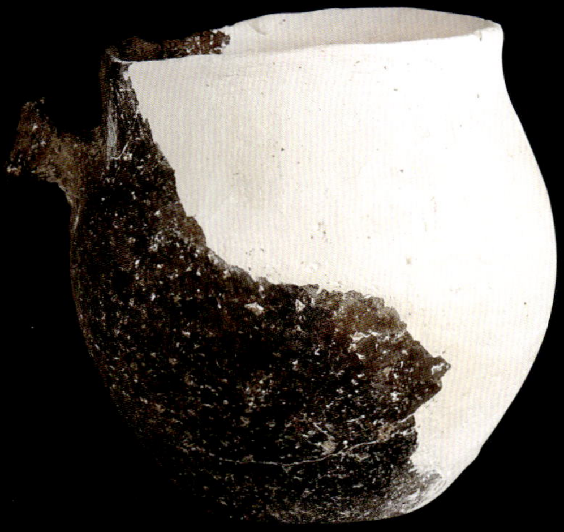

陶罐
青铜时代 依兰桥南遗址

桥南一期遗存\

仅在依兰桥南遗址发现，以F5为代表的第一期遗存命名。桥南遗址位于依兰县城南约1.5公里的牡丹江右岸的二级阶地上。一期遗存的陶器以夹砂陶为主，少量泥质陶，呈黄褐、灰褐、黑褐色，还有红衣陶。陶器包括小口鼓腹瓮、大口鼓腹瓮、双耳壶、盆、钵等，器表多素面，纹饰主要为弦纹，个别为绳纹，有的器物口沿外侧有齿状附加堆纹。骨器较发达，不仅数量多，器形也富于变化，主要器形有锥、针、镞、锄形器、鱼镖及装饰等。桥南一期遗存的年代，依据其自身特征及与相邻遗存的类比，将桥南一期推定在距今约2500年左右，相当于春秋晚期至战国早期，应是本地区商周时期年代最晚的遗存 。

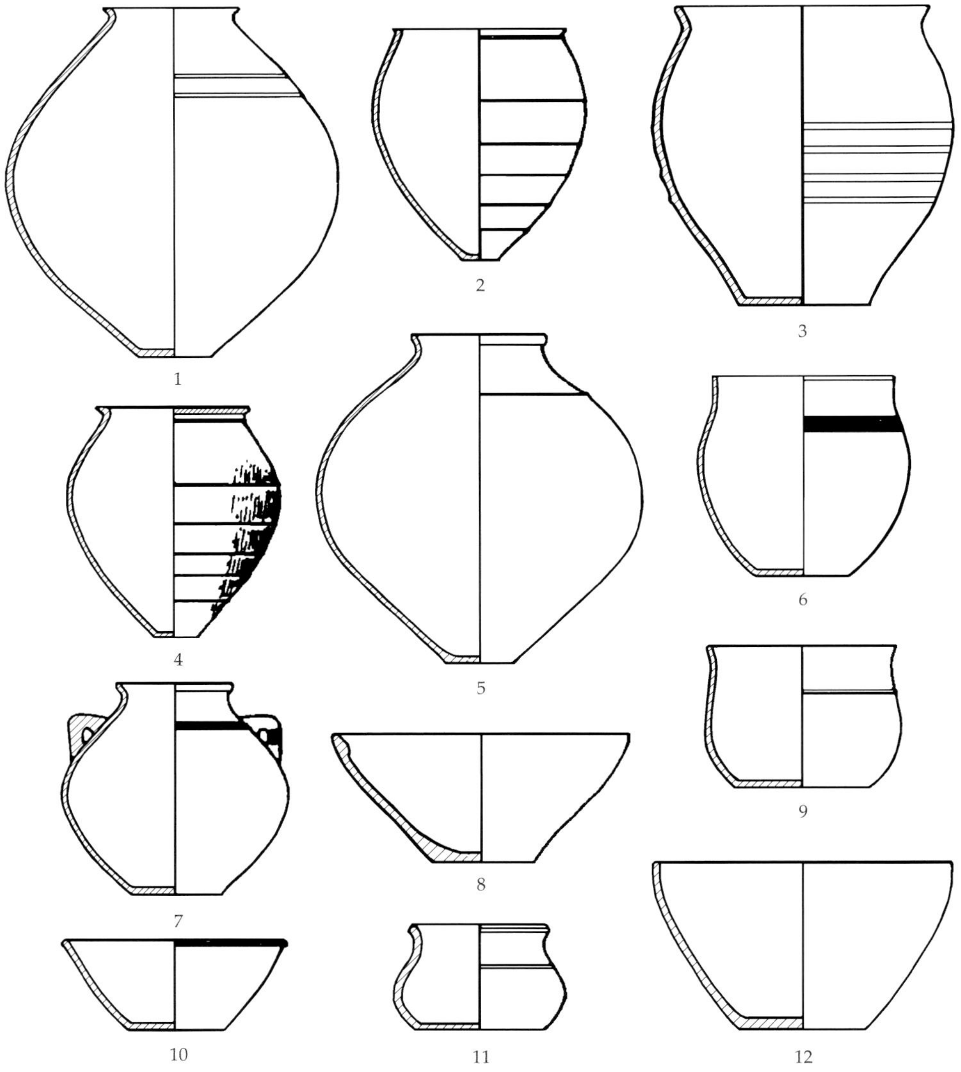

桥南一期遗存陶器

1、3、5、6、9、11.罐 2、4.瓮 7.壶 8、12.钵 10.盆

（三）牡丹江—绥芬河区

牡丹江流域青铜时代的考古学文化以石灰场下层遗存和莺歌岭上层遗存为代表。

石灰场下层遗存 \

石灰场遗址位于宁安市城东乡石灰场村东北2公里，牡丹江与马莲河汇合处的台地上。1988年进行抢救性清理发掘。其下层遗存发现房址2座，房址内沿两壁有石块垒砌的墙。遗物有石器和陶器两类。石器有斧、铲、凿、磨盘、磨棒等。制法分为打制、琢制、磨制三种。陶器均为夹砂陶，沙粒较大。陶色以灰褐、黄褐色为主，少量红褐色和黑皮陶。基本器类有罐、瓮、钵、盅等，筒形罐数量最多；器表除素面外，主要流行刻划平行线纹和由这种纹饰组成不整齐的大菱形格纹，多数陶器的口沿外有一周齿状附加堆纹。经过比对研究，判定该遗存年代距今约4000年，相当于中原地区的夏代早期，应是牡丹江流域年代最早的青铜时代遗存。石灰场下层遗存主要分布于牡丹江上中游地区，相类似的还有海林振兴一期乙类遗存等。

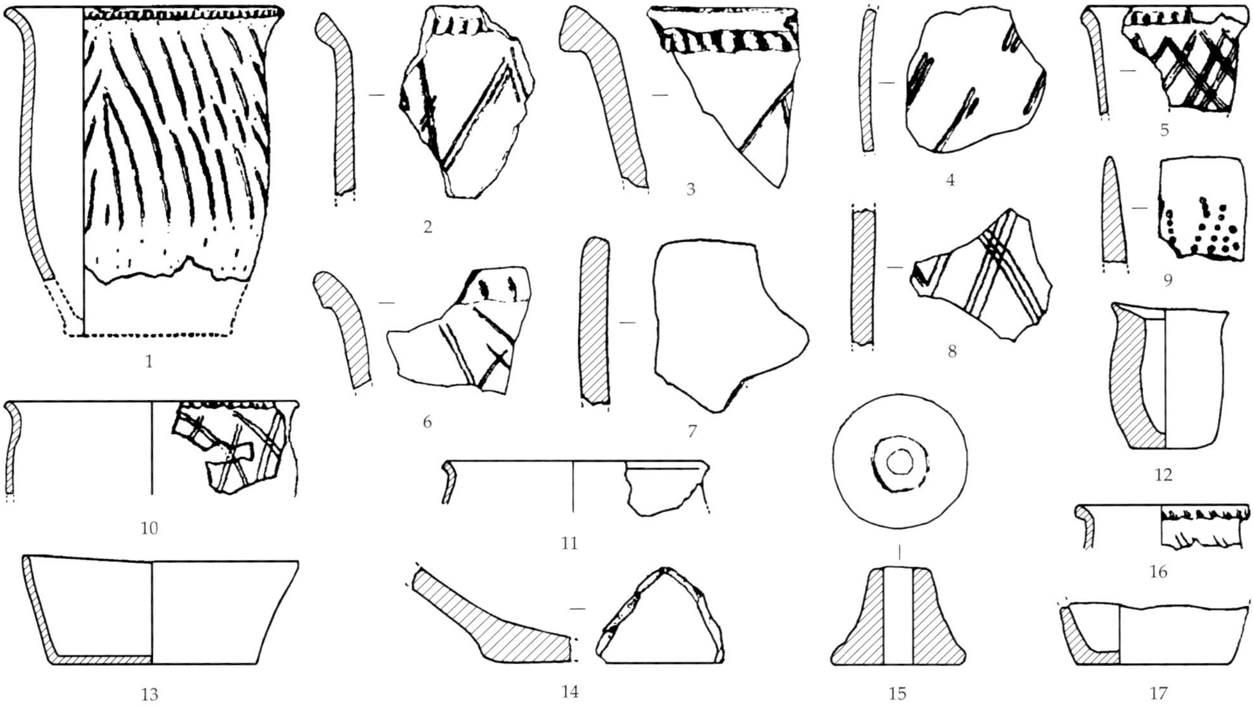

石灰场下层遗存陶器

1．罐 2~4、6~8．陶片纹饰 5、16．陶罐口沿 9、12．盅 10、11．瓮口沿 13．钵 14、17．器底 15．纺轮

莺歌岭上层遗存 \

分布于牡丹江上游地区。莺歌岭遗址位于黑龙江省宁安县镜内，西北临镜泊湖南端。1963年黑龙江省博物馆考古部对该遗址进行发掘。遗址分上、下层两种文化堆积。其中上层遗存发现半地穴式房址2座、灰坑1座。房址的结构为方形半地穴式建筑，而且出现沿穴壁内侧筑石墙的技术，这也是该遗存区别于其他文化遗存的一个时代特征。出土一批陶、石、骨、牙和蚌器等。莺歌岭上层的陶器以夹砂黑灰陶为主，泥质黑灰陶很少。均为手制，火候较高，部分磨光。器表装饰以素面为主，纹饰少见，仅见划纹、刻划方格纹、指甲纹、锯齿形附加堆纹。陶器破碎，可辨器类有罐、碗、杯、盅等，罐类较多。主要器物有齿状花边口的筒形罐、折沿深腹罐等。出土十七件动物陶塑，较有特点，有猪、狗、熊等小陶兽，以陶猪最多。石器以磨制为主，少量压制石器。有斧、锛、矛、镞和黑曜石压制石器等。骨器数量较多，器形多样，有针、锥、簪、匕、凿、镞等。从其陶器的特征看，确是代表了一种新的考古学文化，故将这类遗存定名为“莺歌岭上层类型”。根据两组碳十四测年数据，将其年代推定为距今3000年左右，相当于中原地区商周之际。

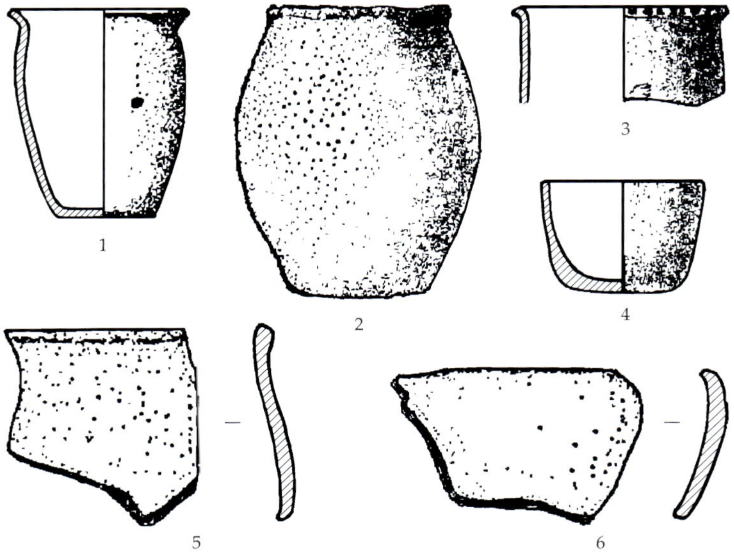

莺歌岭上层遗存陶器

1~3.罐 4.盅 5、6.陶器口沿

二 青铜时代文化遗存特点

这一时期的考古学文化，区域发展很不平衡。文化内涵、序列比较典型、发达的只限于松嫩平原区，其他地区有一些同时代的遗存，但反映出的文化面貌基本不见青铜制品，而且分布区域也比较小。

松嫩平原区的文化分为早晚两个阶段，存在着一脉相承的谱系关系，早期阶段年代跨度在夏商时期，晚期阶段的白金宝文化在西周至春秋时期。相对于松嫩平原区，牡丹江—绥芬河区只在牡丹江流域有所发现，且仅见早期遗存（石灰场下层遗存和莺歌岭上层遗存）；三江平原区早、晚期遗存都有分布，即早期的劝农遗存和晚期的桥南一期遗存。在属于东部和西部交界地区的干流松花江中上游地区，发现了西团山文化遗存的分布，这一分布于拉林河流域的遗存的发现，属于以吉林市为中心的西团山文化的北界分布区。

黑龙江区域，青铜文化的发展有其自身显著的地域特征。仅在西部的嫩江流域发现小型武器和工具，不见青铜礼器、容器和大型工具。而黑龙江东部地区则普遍缺乏青铜制品，学界对此现象一般从两个方面作出解释：一是由于本地区特殊的地理区位，与俄罗斯远东地区相接，相对封闭，受外来文化（尤其是中原文化）影响较小；二是由于当时本地区缺乏对铜矿的开采和利用，青铜制品制作不发达，只能以磨制的石仿制品代替。

石制、骨制工具依然大量应用，在生产活动中占主导地位。

陶器是主要的生活用具，早期阶段在承继本地区新石器时代陶器的主要特征，继续使用筒形罐的基础上，新出现了鼓腹罐、壶、鬲、碗、杯等；施纹陶器的纹饰较新石器时代简单，其中牡丹江流域和三江平原地区对口沿部位的装饰取代了对陶器腹部的装饰，口沿外流行施齿状附加堆纹。晚期阶段的制陶工艺及装饰艺术，嫩江流域达到新的高峰；其他地区还主要延续早期阶段的传统技法。

目前对青铜时代的考古学文化识别还很有限，从已知的几支考古学文化面貌看，三江平原的青铜文化和牡丹江—绥芬河区的考古学文化关系比较近，而与松嫩平原的考古学文化关系较为疏远。

从考古学的角度观察，根据对青铜时代晚期阶段的白金宝文化的埋葬方式和部落的环壕等因素分析，学术界认为，白金宝文化存在着私有制，出现了社会分工与分化，产生了家长制家庭，聚落规模存在着差别，社会发展水平高。或许可被视为是已进入文明时代的文化了。如此，松嫩平原区的白金宝文化目前是黑龙江最早的文明社会。其所处阶段当是苏秉琦先生所论的国家发展“三部曲”中的“古国”阶段。

陆 早期铁器时代考古

陆

早期铁器时代考古

学界对早期铁器时代（Early Iron Age）的定义，是指以使用铁器为标志的人类物质文化发展阶段的最初时期。

中国最早何时发明和出现铁器，长期以来学术界存在不同的认识。学界的共识是，生铁和块炼铁在中国几乎是同时出现的。在战国时期，铁器逐渐普及，到东汉时期完全代替了青铜器。

黑龙江的早期铁器时代时段较长，从考古学文化面貌反映的情况看，相当于中原地区的战国、两汉、魏晋、南北朝时期，大约经历了1000年。依据考古学文化的内涵及发展进程特点，又可分为早晚两段，即战国两汉时期为早期铁器时代早段，魏晋南北朝时期为早期铁器时代晚段。

一 区域考古学文化分布与特征

（一）松嫩平原区

早期铁器时代早段

我省的战国秦汉时期是发现遗址数量最大、确立各种考古学文化遗存最多的阶段。

松嫩平原地区，战国秦汉时期的考古学文化确认有四支。

汉书二期文化\

以大安汉书遗址发掘而得名。1974年对大安汉书遗址进行了发掘。以M102为代表的下层遗存被称为汉书一期文化（白金宝文化）；以F104为代表的上层遗存被称为汉书二期文化。与汉书上层遗存文化内涵相近的还有白金宝遗址第三期，

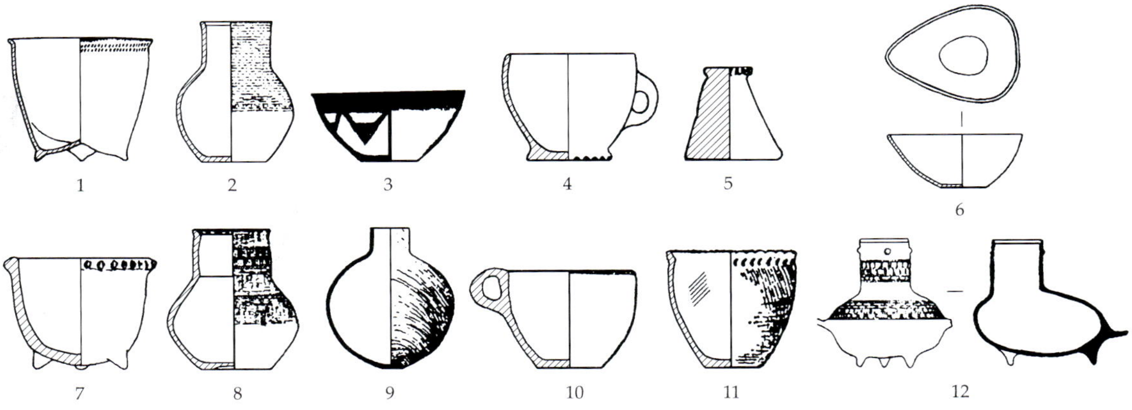

汉书二期文化陶器

1.鬲 2、8.壶 3.碗 4、10.单耳杯 5.支座 6.舟形器 7.小三足器 9.瓮 11.罐 12.鸭形壶

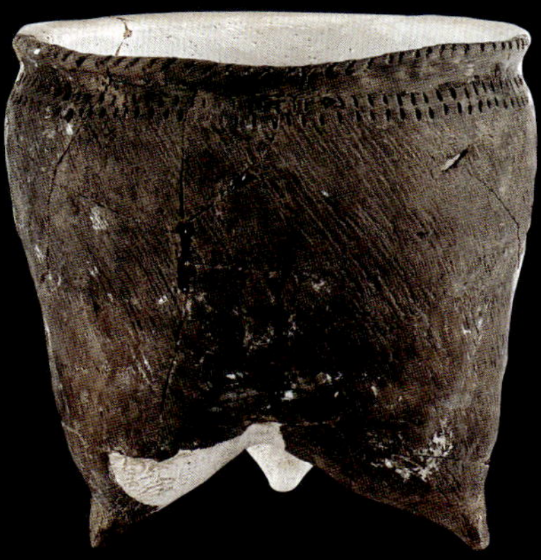

陶鬲
早期铁器时代 肇源卧龙遗址

单耳陶杯
早期铁器时代 肇源卧龙遗址

陶鬲
早期铁器时代 肇源小拉哈遗址

陶壶
早期铁器时代 肇源小拉哈遗址

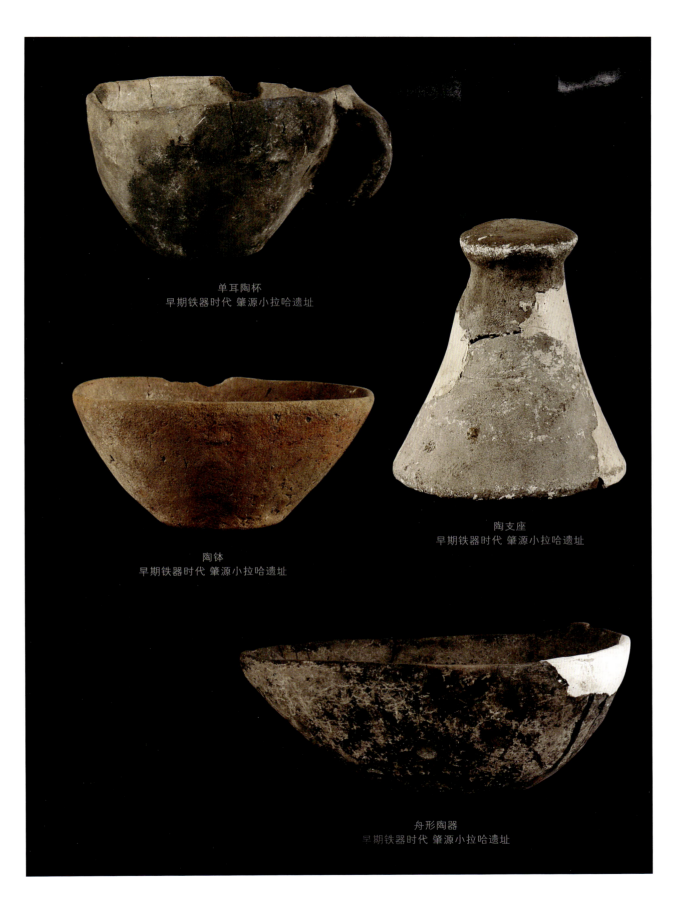

单耳陶杯
早期铁器时代 肇源小拉哈遗址

陶钵
早期铁器时代 肇源小拉哈遗址

陶支座
早期铁器时代 肇源小拉哈遗址

舟形陶器
早期铁器时代 肇源小拉哈遗址

鸭形陶壶
早期铁器时代 泰来平洋墓葬

陶壶
早期铁器时代 泰来平洋墓葬

陶壶
早期铁器时代 泰来平洋墓葬

陶壶
早期铁器时代 泰来平洋墓葬

陶壶
早期铁器时代 泰来平洋墓葬

陶壶
早期铁器时代 泰来平洋墓葬

陶壶
早期铁器时代 泰来平洋墓葬

陶壶
早期铁器时代 泰来平洋墓葬

三足陶罐
早期铁器时代 泰来平洋墓葬

三足陶罐
早期铁器时代 泰来平洋墓葬

陶匜
早期铁器时代 泰来平洋墓葬

陶匜
早期铁器时代 泰来平洋墓葬

陶钵
早期铁器时代 泰来平洋墓葬

鹿纹铜牌饰
早期铁器时代 泰来平洋墓葬

虎纹铜牌饰
早期铁器时代 泰来平洋墓葬

铜泡
早期铁器时代 泰来平洋墓葬

铜泡
早期铁器时代 泰来平洋墓葬

铜铃
早期铁器时代 泰来平洋墓葬

铜带钩
早期铁器时代 泰来平洋墓葬

铜饰针
早期铁器时代 泰来平洋墓葬

蚌形铜饰
早期铁器时代 泰来平洋墓葬

铜匙
早期铁器时代 泰来平洋墓葬

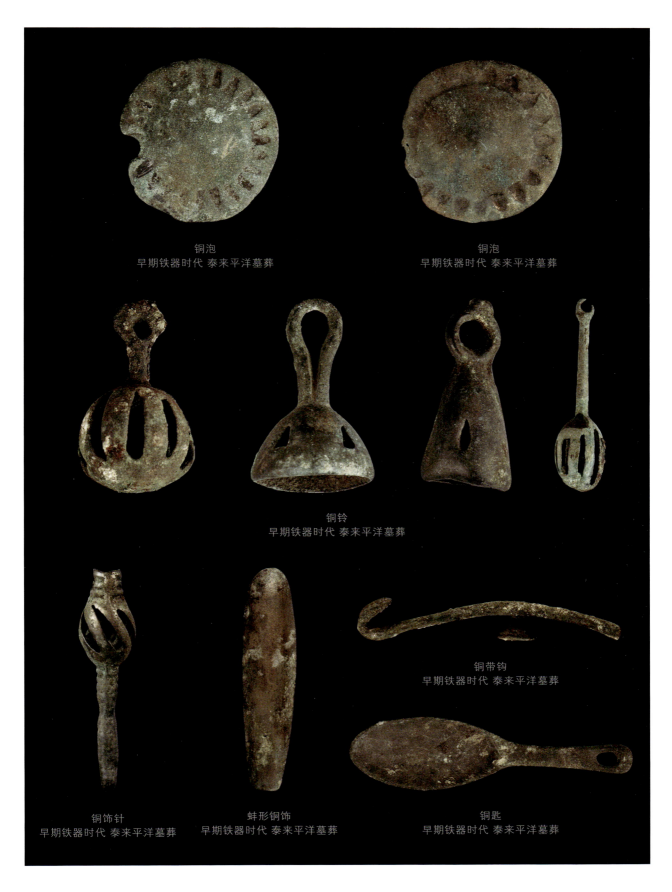

铜镞
早期铁器时代 泰来平洋墓葬

铜矛
早期铁器时代 泰来平洋墓葬

铜串饰
早期铁器时代 泰来平洋墓葬

钾长石串饰
早期铁器时代 泰来平洋墓葬

天河石串饰
早期铁器时代 泰来平洋墓葬

陶罐
早期铁器时代 齐齐哈尔老龙头墓葬

陶壶
早期铁器时代 齐齐哈尔老龙头墓葬

陶壶
早期铁器时代 齐齐哈尔老龙头墓葬

陶鬲
早期铁器时代 齐齐哈尔老龙头墓葬

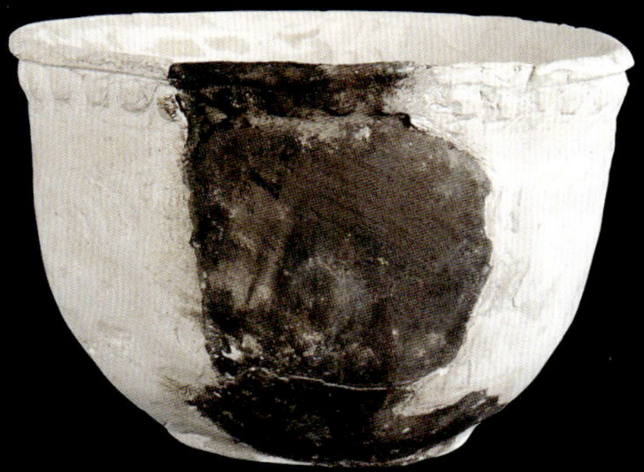
陶钵
早期铁器时代 齐齐哈尔老龙头墓葬

陶钵
早期铁器时代 齐齐哈尔老龙头墓葬

陶碗
早期铁器时代 齐齐哈尔老龙头墓葬

三足鸭形陶壶
早期铁器时代 齐齐哈尔老龙头墓葬

单耳陶杯
早期铁器时代 齐齐哈尔老龙头墓葬

陶杯
早期铁器时代 齐齐哈尔老龙头墓葬

动物纹青铜牌饰
早期铁器时代 齐齐哈尔老龙头墓葬

动物纹青铜牌饰
早期铁器时代 齐齐哈尔老龙头墓葬

陶壶
早期铁器时代 齐齐哈尔三家子墓葬

陶壶
早期铁器时代 齐齐哈尔三家子墓葬

陶壶
早期铁器时代 齐齐哈尔三家子墓葬

陶壶
早期铁器时代 齐齐哈尔三家子墓葬

陶壶
早期铁器时代 齐齐哈尔三家子墓葬

陶壶
早期铁器时代 齐齐哈尔三家子墓葬

陶罐
早期铁器时代 齐齐哈尔三家子墓葬

陶钵
早期铁器时代 齐齐哈尔三家子墓葬

陶罐
早期铁器时代 齐齐哈尔三家子墓葬

陶壶
早期铁器时代 讷河大古堆墓葬

陶壶
早期铁器时代 讷河大古堆墓葬

陶壶
早期铁器时代 讷河大古堆墓葬

陶壶
早期铁器时代 讷河大古堆墓葬

陶壶
早期铁器时代 讷河大古堆墓葬

陶壶
早期铁器时代 讷河大古堆墓葬

陶壶
早期铁器时代 讷河大古堆墓葬

陶壶
早期铁器时代 讷河大古堆墓葬

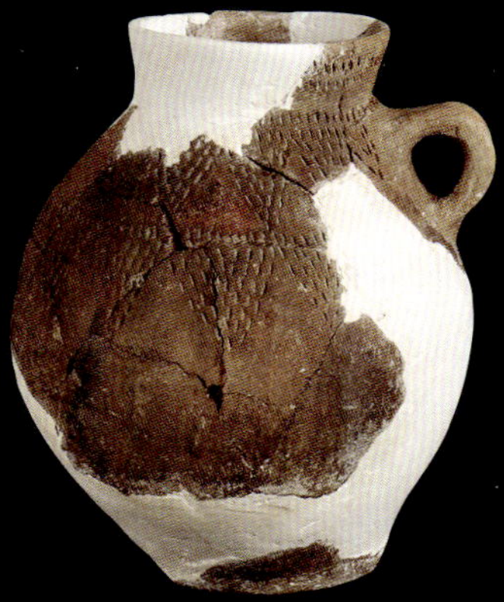
陶壶
早期铁器时代 讷河大古堆墓葬

陶壶
早期铁器时代 讷河大古堆墓葬

陶壶
早期铁器时代 讷河大古堆墓葬

陶壶
早期铁器时代 讷河大古堆墓葬

陶壶
早期铁器时代 讷河大古堆墓葬

陶壶
早期铁器时代 讷河大古堆墓葬

陶罐
早期铁器时代 讷河大古堆墓葬

陶罐
早期铁器时代 讷河大古堆墓葬

陶罐
早期铁器时代 讷河大古堆墓葬

陶罐
早期铁器时代 讷河大古堆墓葬

陶罐
早期铁器时代 讷河大古堆墓葬

陶罐
早期铁器时代 讷河大古堆墓葬

陶罐
早期铁器时代 讷河大古堆墓葬

陶罐
早期铁器时代 讷河大古堆墓葬

陶罐
早期铁器时代 讷河大古堆墓葬

陶杯
早期铁器时代 讷河大古堆墓葬

陶杯
早期铁器时代 讷河大古堆墓葬

陶杯
早期铁器时代 讷河大古堆墓葬

陶碗
早期铁器时代 讷河大古堆墓葬

陶鬲
早期铁器时代 讷河大古堆墓葬

陶钵
早期铁器时代 讷河大古堆墓葬

联体陶壶
早期铁器时代 讷河大古堆墓葬

陶钵
早期铁器时代 讷河大古堆墓葬

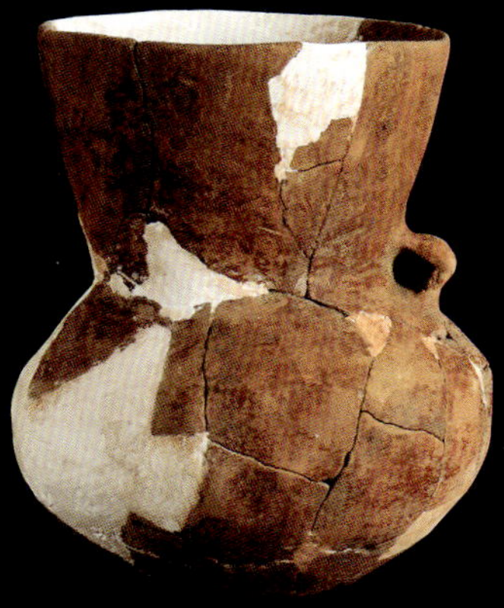

陶壶
早期铁器时代 讷河大古堆墓葬

带孔骨器
早期铁器时代 讷河大古堆墓葬

带孔骨器
早期铁器时代 讷河大古堆墓葬

铜三鸟头纹管饰
早期铁器时代 讷河大古堆墓葬

铜泡
早期铁器时代 讷河大古堆墓葬

卧龙遗址第二期，小拉哈遗址第三期，坦途西岗子遗址第二期等。汉书二期文化的特征表现为房址长方形半地穴式建筑，陶器以砂质灰褐陶为主，还有红褐陶和黄褐陶，少量红褐陶施“红衣”或间红色内彩，色泽鲜明。纹饰多为绳纹、戳印纹、指甲纹、附加堆纹、篦纹。齿状花边口沿是其显著特征之一。基本陶器有大口花边折沿矮裆鬲、花边口沿罐、圜底鼎、红衣陶壶、舟形器、碗钵、单耳杯、束腰支座等，也有少量的豆。铜器中有刀、锥、扣等，还发现陶范、石范和作为青铜短剑附件的石质枕状物；铁器中有带銎的斧和刀。此文化的年代在战国至西汉时期。汉书二期文化的分布范围北抵讷河，东至呼兰河、阿什河，南界达松辽分水岭至吉林农安一线，以嫩江下游和包括哈尔滨沿松花江干流地带为中心区。汉书二期文化在干流松花江上游地区和第二松花江下游地区也有分布。

庆华遗存 \

此类遗存以宾县庆华遗址为代表。该遗址于1985年发掘，清理房址2座、灰坑2个。房址为方形半地穴建筑，居住面平滑坚硬，呈红褐色，经过火烧。灶设在室内东南角，锅底形。出土器物除陶器外，还有骨、铜、铁器等。陶器以夹砂陶为主，其次为彩陶和红衣陶，还有少量泥质陶；均为手制，以泥条盘筑法制成。夹砂陶多数呈黑褐色和黄褐色，以素面为主，部分器物上腹部饰1对柱状耳或瘤状耳，个别口沿部分饰有附加堆纹；红衣陶悉经磨光，火候高，呈橙红色，器壁较薄；彩陶主要是在黄褐胎上饰红彩，也有少量褐彩，纹样有三角、菱形、几何纹和条带纹，个别器物饰1对竖环状耳；泥质陶呈黄褐色，以素面为主，个别口沿饰附加堆纹。基本陶器有敛口瓮、堆纹口罐、双耳壶、双耳罐、实柄豆、甑、

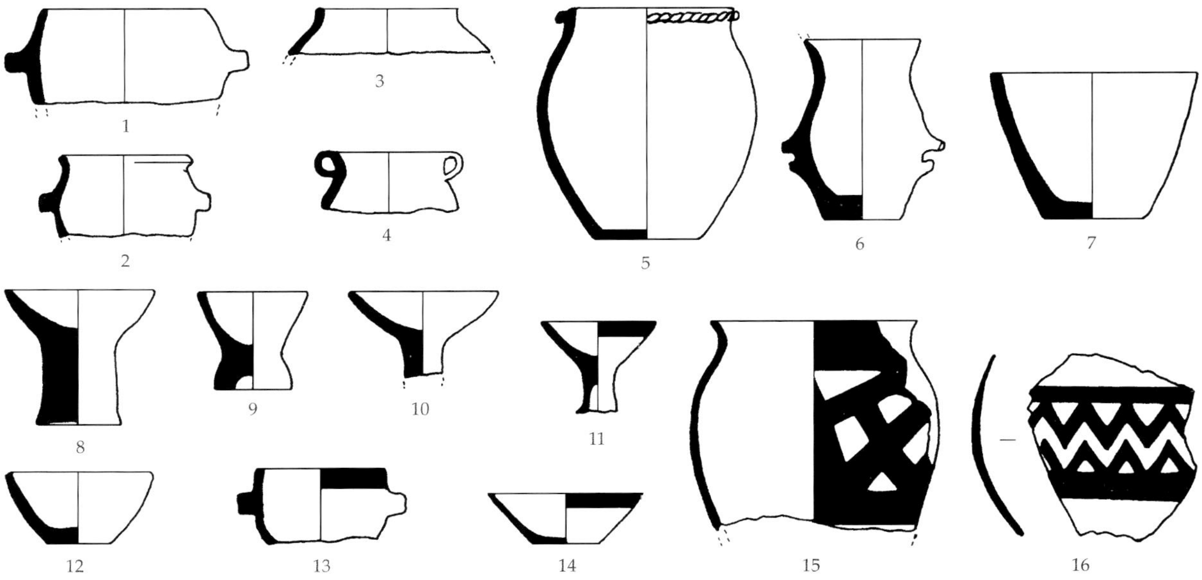

庆华遗存陶器
1、2、4~6、15.罐 3.瓮 7、12、14.碗 8~11.豆 13.钵 16.彩陶纹饰

碗、盆、鬲、小盅等。此外，还出有一些捏制的陶塑，种类有猪、马。骨器较发达，有镞、锥、纺轮等。 铁器有刀、锥和锸。其中口部施附加堆纹的夹细砂素面灰陶罐和几何纹红彩陶是庆华遗存的指征性特征。庆华遗址中的夹砂褐陶瓮、鼓腹罐、高领罐、柱把豆的形制与绥芬河流域团结文化二期的同类器相近，加上出土的铁锸与中原地区战国至汉代的同类器形制相似，其年代大致推定在战国晚期至东汉时期。

红马山文化 \

红马山遗址位于讷河市学田镇江东村新立屯西北约3公里处，嫩江中游左岸一南北走向的山岗前端的东缓坡上，当地俗称“红马山”。2003年对该遗址进行了发掘，揭露面积3300平方米。清理半地穴式房址23座、灰坑154座、沟1条。出土陶、石、铜、铁、骨、角、牙、玛瑙、玉、蚌等质料器物及大量的动物骨骼。由于该遗址遗存特征明显，故提出“红马山文化”的命名。陶器以砂质灰褐、黑褐陶和黄褐陶为主，器类以口部外侈的大口深腹罐数量最多，其次是单耳杯、单角状把杯、弧颈双耳壶、兽形三足壶等，器表绝大多数为素面，少量口部下施一周附加堆纹，个别唇部施按压纹、腹部施戳坑，多经打磨，手制，以罐、杯为基本组合，还发现了少量残破的豆、鬲足和支座。鬲足和陶支座的出土，说明在假圈足器外，应有三足器和圈足器的存在。罐的形制单一，多为大口深腹小底，大小不等。杯腹多较浅，分敞口斜腹和敛口弧腹两种。部分杯腹中部施有单

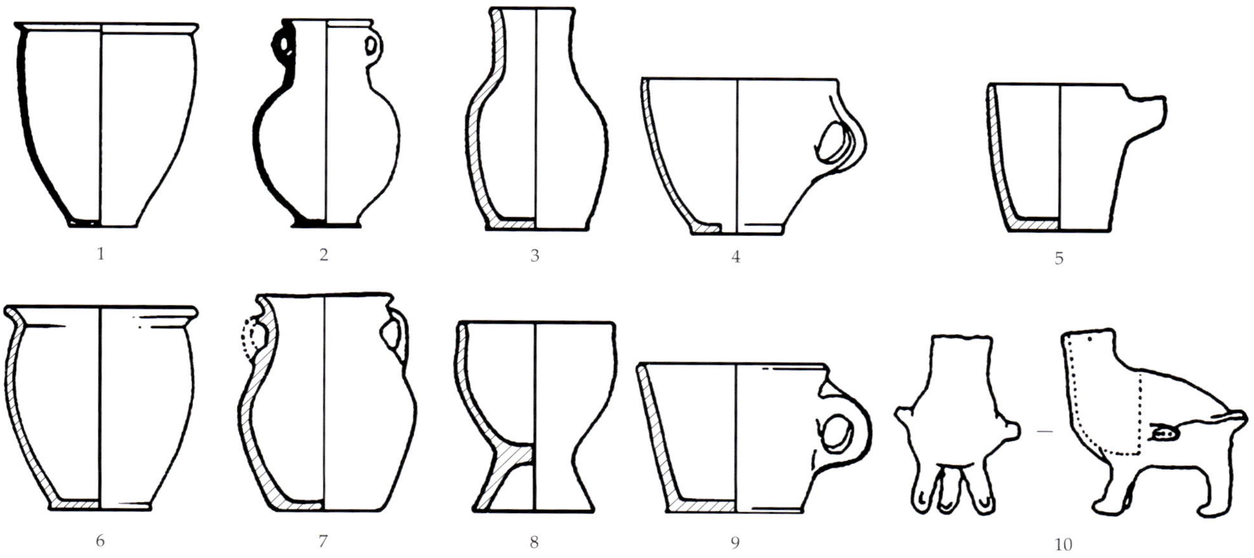

红马山文化陶器

1、6．罐 2、7．双耳壶 3．壶 4、9．单耳杯 5．单把杯 8．豆 10．兽形壶

讷河红马山遗址发掘现场

陶罐
早期铁器时代 讷河红马山遗址

陶罐
早期铁器时代 讷河红马山遗址

陶罐
早期铁器时代 讷河红马山遗址

陶罐
早期铁器时代 讷河红马山遗址

陶罐
早期铁器时代 讷河红马山遗址

陶罐
早期铁器时代 讷河红马山遗址

陶豆
早期铁器时代 讷河红马山遗址

单耳陶杯
早期铁器时代 讷河红马山遗址

单耳陶杯
早期铁器时代 讷河红马山遗址

单把陶杯
早期铁器时代 讷河红马山遗址

陶杯
早期铁器时代 讷河红马山遗址

骨匕
早期铁器时代 讷河红马山遗址

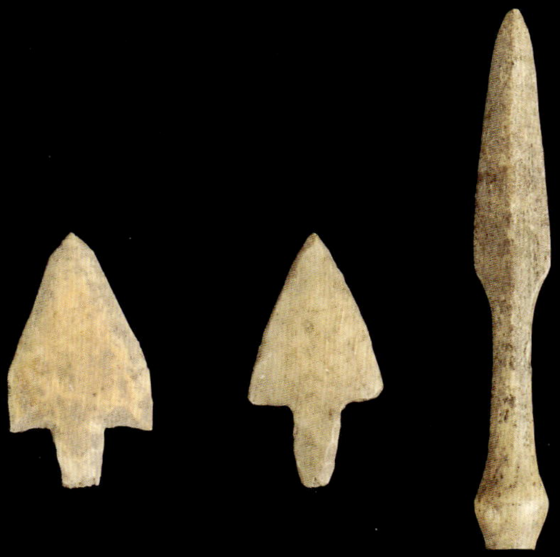

骨镞
早期铁器时代 讷河红马山遗址

双耳陶壶
早期铁器时代 讷河二克浅墓葬

陶壶
早期铁器时代 讷河二克浅墓葬

陶罐
早期铁器时代 讷河二克浅墓葬

陶罐
早期铁器时代 讷河二克浅墓葬

三足鸭形陶器
早期铁器时代 讷河二克浅墓葬

鸭形陶器
早期铁器时代 讷河二克浅墓葬

鸭形陶器
早期铁器时代 讷河二克浅墓葬

鹿纹包金铜牌饰
早期铁器时代 讷河二克浅墓葬

桥状耳和角状把手。支座为圆柱状，一种为中间粗，两端细；一种为一端粗，另一端细。陶器中还零星见有小型工具和装饰品，包括纺轮、网坠、球、珠等。石器主要是生产工具，少量为装饰品。石器多为压制而成的细石器，少量为打制和磨制。压制石器石料主要为燧石、石英、石髓等，主要器形有镞、刮削器、尖状器等，以镞的数量为最多，有多种不同类型的划分。打制和磨制石器，主要有砍砸器、刀、斧、锛、凿、锄等。石制饰品中数量较多的是管饰，还见有珠。骨、角、牙器也有一定的数量，主要利用动物的肢骨、角和牙加工而成，器形包括镞、锥、簪、匕、针、鱼卡、鸣嘀、口弦、钻孔骨板等。铁器和铜器数量较少，铁器有镞、刀、锥、簪、鱼钩等；铜器有泡、扣和环。玛瑙和玉质的器物主要是管饰。蚌器有扣和钻孔蚌壳等。与红马山遗址文化内涵相同的还有兔子地遗址和铁古拉遗址等，红马山文化的年代大致相当于东汉时期。该文化是呼伦贝尔东汉鲜卑文化在东进到嫩江流域后，融合了当地传统文化的部分因素而形成。

单耳陶杯
早期铁器时代 讷河库勒浅墓葬

泡子沿上层类型 \

主要发现于以拉林河为中心的五常市周围，如近年来发掘的五常白旗遗址等。基本陶器有豆、壶、罐、甑、杯等，其中豆数量最多，柄为空心。器表均为素面，经打磨，横桥状耳发达，还有扁方鋬耳和乳丁。年代相当于两汉时期。

泡子沿上层类型（五常白旗遗存）陶器

1. 壶口沿 2、7. 罐 3~6. 豆 8. 盆 9. 单把杯 10. 甑 11. 双耳壶 12~17. 器耳

早期铁器时代晚段

松嫩平原地区，目前仅识别出一支文化遗存。

戚家围子类型 \

墓地位于望奎县厢白乡戚家围子村500米的二级台地上。1986年黑龙江省文物考古研究所进行发掘。共发掘墓葬60座。均为长方形土坑竖穴墓，多数有木棺葬具，木棺多已腐朽，部分木棺有被火烧痕迹。有单人、双人合葬等，大多为仰身直肢葬，曲肢葬仅发现一例。随葬器物有陶器、金银器、铜器、铁器、骨器、石器等。金银器有耳环、指环；铜器有铜饰件、铜铃、手镯、耳环、指环等；铁器有镞、矛、刀、马衔、带卡、铠甲片；骨器有镞、弓弭、带卡；石器均为装饰品。出土陶器主要为手制夹砂陶，基本陶器有直颈鼓腹壶、侈口罐、盘口罐、双横方桥耳罐、水波纹罐等，器表纹饰有弦纹、附加堆纹、戳印纹、水波纹等，陶器特征与同时期分布在内蒙古草原东侧的鲜卑遗存接近。由于该遗存文化特征鲜明，暂命名为戚家围子类型，年代相当于魏晋时期。

双耳陶罐
早期铁器时代 望奎戚家围子墓葬

陶罐
早期铁器时代 望奎戚家围子墓葬

陶罐
早期铁器时代 望奎戚家围子墓葬

陶罐
早期铁器时代 望奎戚家围子墓葬

陶罐
早期铁器时代 望奎戚家围子墓葬

陶罐
早期铁器时代 望奎戚家围子墓葬

陶罐
早期铁器时代 望奎戚家围子墓葬

陶罐
早期铁器时代 望奎戚家围子墓葬

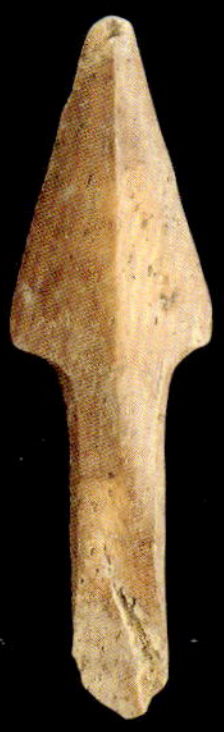

骨镞
早期铁器时代 望奎戚家围子墓葬

陶壶
早期铁器时代 望奎戚家围子墓葬

料珠串饰
早期铁器时代 望奎戚家围子墓葬

（二）三江平原区

早期铁器时代早段

三江平原地区，战国秦汉时期的考古学文化遗存有三支。

滚兔岭文化\

该文化因首次发掘双鸭山市滚兔岭遗址而得名。大体分布于松花江以南的三江平原地区。除对滚兔岭遗址正式发掘外，近年在友谊凤林城址、双鸭山保安二号城址、宝清炮台山城址等地点，均发现属于滚兔岭文化的遗存。滚兔岭文化的陶器皆为夹砂陶，呈红褐、灰褐色等，少量红衣陶。以素面陶占大宗，有极少量的附加堆纹、凸弦纹等。制法皆为手制，器壁厚薄不均。流行角状把手，多安于罐或杯的一侧颈腹部位。基本陶器有侈口鼓腹瓮、重唇花边口罐、单把罐、直口鼓腹壶、敛口碗、敞口碗等。石器较少，有刀、镞、刮削器、磨盘、磨棒等，多为磨制。铁器主要为刀、凿、镞、甲片等兵器和生产工具。发现的房址均为半地穴式建筑，多数为圆角方形。房址的面积不等，小者20 ~ 30平方米，大者

双鸭山滚兔岭遗址

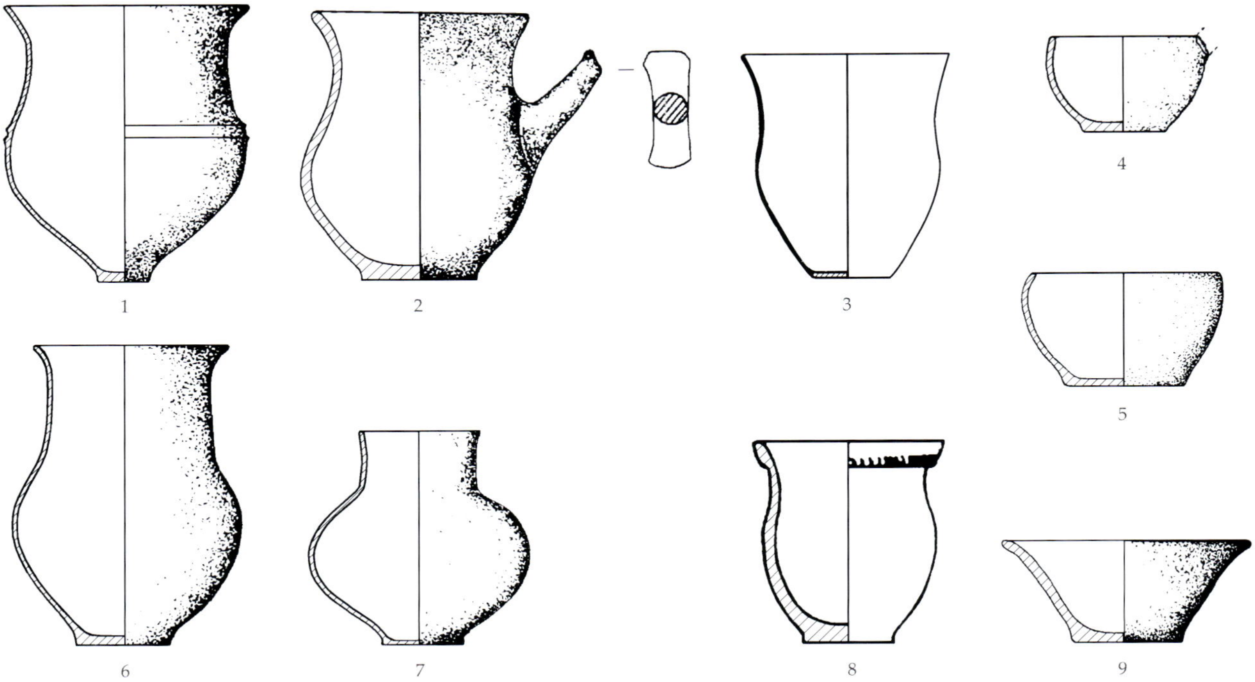

滚兔岭文化陶器

1、6. 瓮 2. 单把罐 3、8. 罐 4. 单耳杯 5. 钵 7. 壶 9. 碗

陶瓮
早期铁器时代 双鸭山滚兔岭遗址

单把陶罐
早期铁器时代 双鸭山滚兔岭遗址

陶壶
早期铁器时代 双鸭山滚兔岭遗址

陶碗
早期铁器时代 双鸭山滚兔岭遗址

陶碗
早期铁器时代 双鸭山滚兔岭遗址

陶碗
早期铁器时代 双鸭山滚兔岭遗址

陶钵
早期铁器时代 双鸭山滚兔岭遗址

陶钵
早期铁器时代 双鸭山滚兔岭遗址

陶钵
早期铁器时代 双鸭山滚兔岭遗址

宝清炮台山城址清理的大型房址（滚兔岭文化）

60 ~ 70平方米，有的超过100平方米。多数房址四壁内侧有树立板壁的沟槽遗迹。滚兔岭文化有一个测定值，据F7出土木炭做碳十四年代测定，为公元前336 ~ 1年（树轮校正），故可知其年代约在两汉时期。

蜿蜒河类型\

蜿蜒河类型的遗存目前经过正式发掘的只有蜿蜒河遗址一处。遗址位于绥滨县新城镇东2公里蜿蜒河西岸的台地上，地处松花江口西侧。其下层是这种文化的代表，蜿蜒河类型的遗存大体分布于黑龙江中下游两岸地区，在俄罗斯境内的黑龙江左岸地区常称之为“波尔采文化”，波尔采文化的遗址已发掘多处。蜿蜒河类型的陶器，以夹砂红褐陶居多，少量灰褐陶。均为手制。纹饰以方格纹、薄附加堆纹、指捺纹、凹弦纹、波浪纹最为突出，还有“人”字形划纹、绳纹、平行方格纹，以及红衣陶等。基本陶器有敞口细颈鼓腹罐、敞口鼓腹罐、红衣壶、敞口碗等。铁器有镞、刀等小铁器。蜿蜒河类型的年代，据蜿蜒河遗址F2出土木炭做碳十四测定，为公元前90 ~公元130年（树轮校正）。碳十四测定的波尔采文化的年代数据明显偏早。我国学者认为铁器较为发达的波尔采文化的年代上限大概不会早于汉代，故蜿蜒河类型的年代大体相当于两汉时期，其下限部分年代可进入魏晋时期。

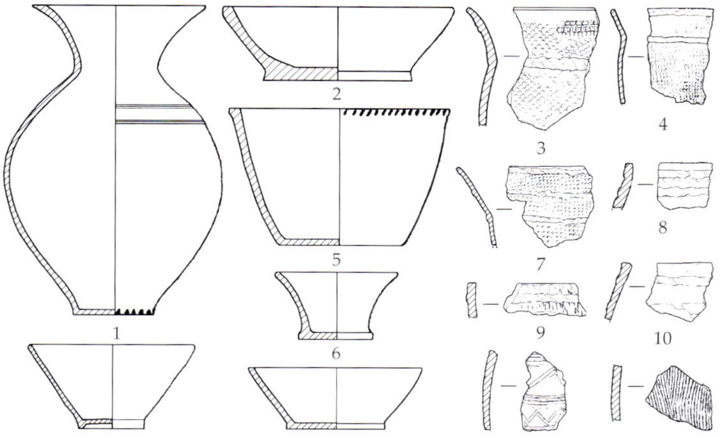

蜿蜒河类型陶器

1.罐 2、5、6、11、12.碗 3、4、7~10、13、14.陶片纹饰

桥南二期遗存\

桥南一期遗存和桥南二期遗存是近年来发现的文化遗存，两期遗存有承继关系。桥南遗址位于依兰县城南约1.5公里的牡丹江右岸的二级阶地上。1997年发掘，发掘面积近600平方米。发掘者将桥南文化的遗存分为两期。一期遗存的陶器以夹砂陶为主，少量泥质陶，呈黄褐、灰褐、黑褐色，还有红衣陶。纹饰简单，有凸弦纹、指压纹、附加堆纹、划纹等。器类有瓮、罐、壶、盆、钵等。骨器较发达，不仅数量多，器形也富于变化，主要器形有锥、针、镞、锄形器、鱼镖及装饰等，二期遗存文化面貌与一期相近。所不同的是二期遗存中又出现一些新的器形，

依兰桥南遗址发掘场景

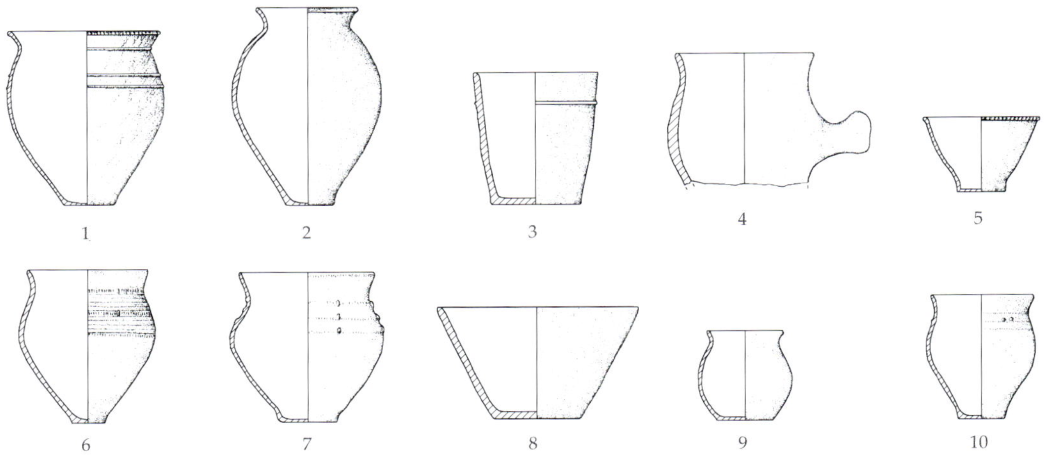

桥南二期遗存陶器

1、2、6、7、9、10.罐 3.杯 4.单把杯 5、8.碗

陶罐
早期铁器时代 方正于家屯遗址

陶罐
早期铁器时代 方正于家屯遗址

陶罐
早期铁器时代 方正于家屯遗址

陶罐
早期铁器时代 方正于家屯遗址

陶碗
早期铁器时代 方正于家屯遗址

陶碗
早期铁器时代 方正于家屯遗址

陶碗
早期铁器时代 方正于家屯遗址

人面形陶塑
早期铁器时代 方正于家屯遗址

陶塑
早期铁器时代 方正于家屯遗址

骨鱼镖
早期铁器时代 方正于家屯遗址

骨鱼镖
早期铁器时代 方正于家屯遗址

铜泡
早期铁器时代 方正于家屯遗址

如带齿状附加堆纹口沿的陶罐、带角状把手的单耳罐、骨回转鱼镖等。同时二期遗存中出现铁器，如刀、凿、鱼钩等。两期遗存共发现房址4座，均为方形（长方形）半地穴式建筑。关于桥南遗存的年代，依据其自身特征及与相邻遗存的类比，将桥南一期推定在公元前5～前4世纪，桥南二期的年代定在公元前2～前1世纪。两期遗存有明显的承袭关系，一期遗存没有铁器，二期遗存出现铁器，并出现带齿状附加堆纹的陶罐、带角状把手的单耳罐等新的邻近地区的文化因素，故桥南二期遗存的年代大致在战国～西汉时期。目前对桥南二期遗存的认识，除桥南遗址外，方正县于家屯遗址也发现相同的文化因素。

早期铁器时代晚段

三江平原地区，魏晋南北朝时期的考古学文化有两支。

凤林文化\

凤林文化是一种新发现的考古学文化，是1998年黑龙江省文物考古研究所发掘友谊凤林城址七城区而识别出的以晚期遗存为代表的一种新的考古学文化遗存。从目前的资料看，大体分布于以七星河为中心的三江平原地区，经过发掘的地点有凤林城址七城区、双鸭山保安二号城址、宝清炮台山城址。这三处地点的晚期遗存的文化面貌均属于凤林文化。凤林文化的陶器以生活容器数量最多，

友谊凤林城址清理的大型房址（滚兔岭文化）

友谊凤林城址清理的设曲尺形火炕房址（凤林文化）

友谊凤林城址清理的设门道的房址（凤林文化）

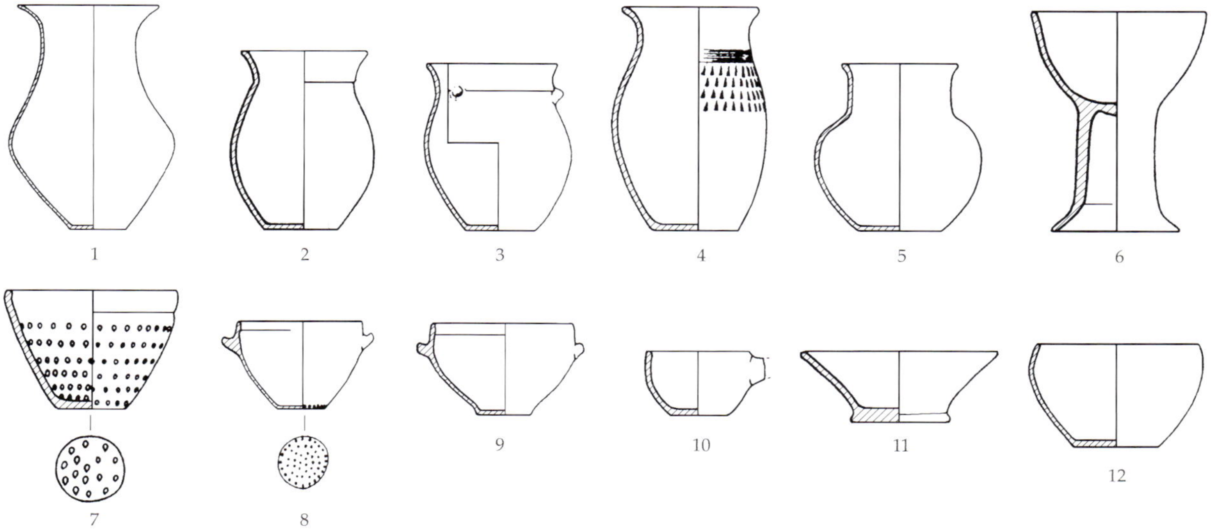

凤林文化陶器

1.瓮 2~4.罐 5.壶 6.豆 7.钵形甑 8.盆形甑 9.盆 10.单把杯 11.碗 12.钵

还有生产工具和装饰品。陶容器以夹砂陶为主，呈灰褐、黑褐和红褐色，次为泥质陶，颜色有灰褐、黑灰、灰色、红褐色。有少量的红衣陶和黑皮陶。少量器表有纹饰，主要有拍印纹、戳印纹、刻划纹、按压纹等，有的钵的器表饰有黑色彩绘图案。部分器物饰有器耳，有圆柱状耳、角状把手、乳丁状纽等。多为平底器，少量为圈足器和假圈足器。均为手制，多为套接而成。器类有瓮、罐、壶、碗、钵、豆、盆、杯、盅、器盖等。以中小型器物数量为多，大型器少量，主要为瓮，高度约50厘米。陶质生产工具包括纺轮、网坠。装饰品有陶猪、陶马等动物形象。石器主要为生产工具，包括刀、凿、磨盘、磨棒等。骨角器较多，主要为生产工具和装饰品，还有较多的用牛、羊肩胛骨制成的卜骨，上有较多明显的灼痕。铁器和铜器占有一定数量，分为生产工具、兵器、装饰品等。发现的房址均为圆角方形半地穴式建筑。根据房内布局分为两种形制，一种为设曲尺形火炕的房址，这种火炕是用黄土堆垒捶实而成，中间设单股烟道，上面铺盖小石板。这种

双鸭山保安二号城址 F1和F3

单把陶罐
早期铁器时代 双鸭山保安二号城址

陶罐
早期铁器时代 双鸭山保安二号城址

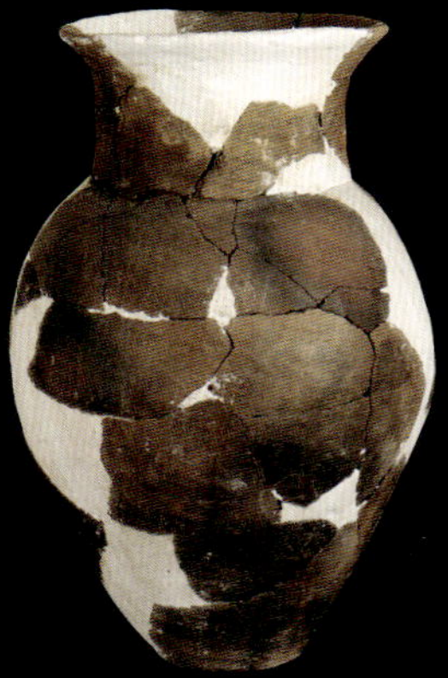

陶壶
早期铁器时代 双鸭山保安二号城址

双耳陶甑
早期铁器时代 双鸭山保安二号城址

陶甑
早期铁器时代 双鸭山保安二号城址

陶豆
早期铁器时代 双鸭山保安二号城址

陶钵
早期铁器时代 双鸭山保安二号城址

陶碗
早期铁器时代 双鸭山保安二号城址

单把陶杯
早期铁器时代 双鸭山保安二号城址

铁犁铧
早期铁器时代 双鸭山保安二号城址

单把陶罐
早期铁器时代 友谊凤林城址

陶罐
早期铁器时代 友谊凤林城址

陶罐
早期铁器时代 友谊凤林城址

陶罐
早期铁器时代 友谊凤林城址

陶罐
早期铁器时代 友谊凤林城址

陶豆
早期铁器时代 友谊凤林城址

陶豆
早期铁器时代 友谊凤林城址

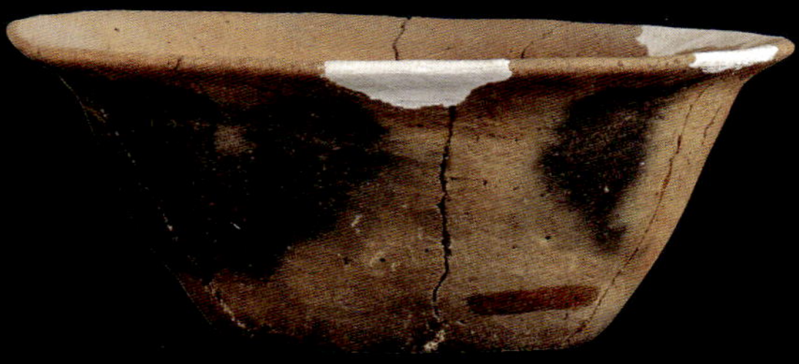

陶盆
早期铁器时代 友谊凤林城址

双耳陶盆
早期铁器时代 友谊凤林城址

陶钵
早期铁器时代 友谊凤林城址

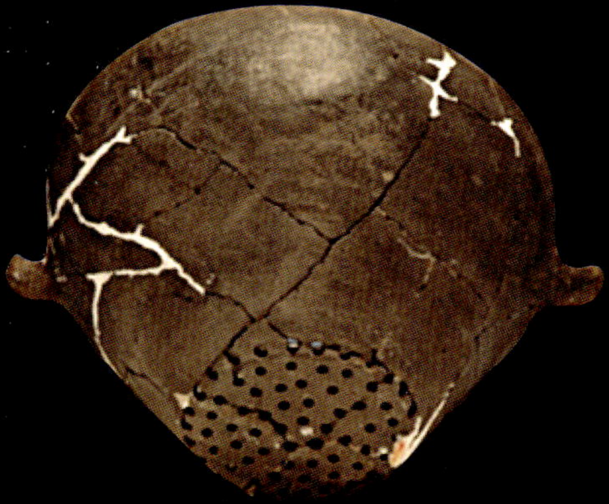

双耳陶甑
早期铁器时代 友谊凤林城址

陶马
早期铁器时代 友谊凤林城址

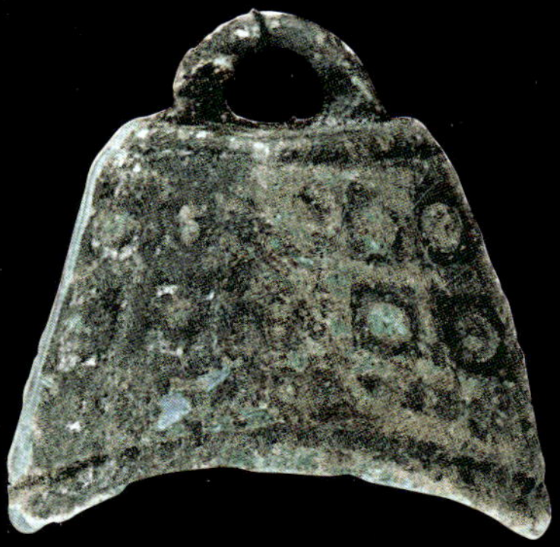

铜铃
早期铁器时代 友谊凤林城址

铁镬
早期铁器时代 友谊凤林城址

环首铁刀
早期铁器时代 友谊凤林城址

宝清炮台山城址远眺

宝清孤峰山城址

火炕增加了屋内的取暖效果。另一种为不设火炕的房址，其灶的形制结构复杂多样。部分房址沿穴壁内侧亦有一周用于竖立木板的浅槽。关于凤林文化的年代，近年在七星河流域的发掘，均在层位关系上提供了其晚于滚兔岭文化的证据。结合文化特征的分析，推定其年代当在魏晋时期。

同仁文化

即同仁一期文化，主要分布于黑龙江中下游地区，包括绥滨同仁遗址一期遗存、绥滨二九零农场四十连遗址、萝北团结墓地等。同仁文化的陶器以夹砂陶为主，少量泥质陶，呈红褐、黄褐、黑灰色等。火候不高，质地粗疏，器壁较厚。均为手制，采用泥条盘筑成型，个别采用捏塑成型。素面陶很少。器表多饰复合纹饰，单一纹饰较少，一般饰于器腹部以上。纹饰种类较多，以短条篦纹、短条刻纹、长方格纹组成的连续折线纹最富特色。常见的还有附加堆纹、弦纹、平行锥刺纹、平行方格纹、指甲纹、菱形纹、指捺纹等，而以附加堆纹和水波纹最多。多是平底器，也有凹

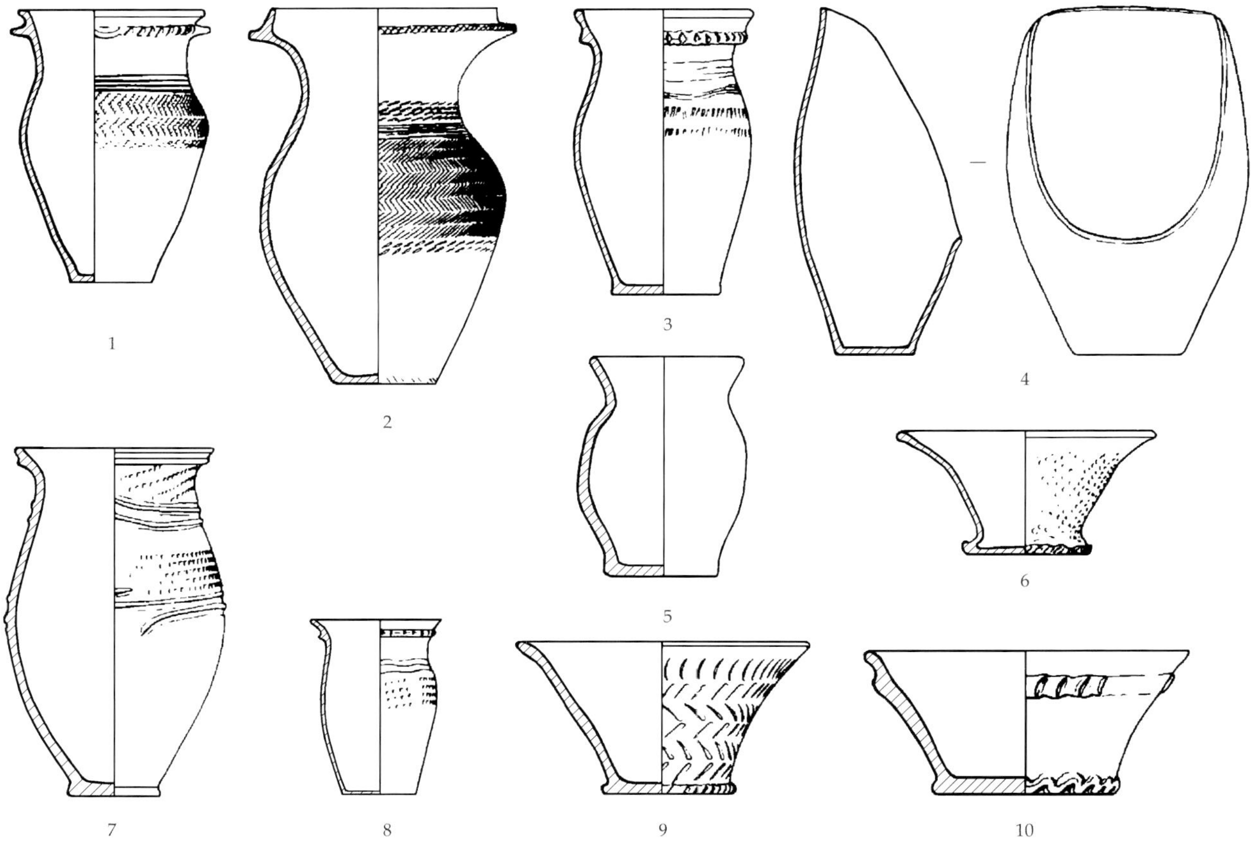

同仁文化陶器

1、3、5、7、8．罐 2．盘口罐 4．斜口器 6、9、10．碗

陶罐
早期铁器时代 绥滨同仁遗址

陶罐
早期铁器时代 绥滨同仁遗址

陶罐
早期铁器时代 绥滨同仁遗址

陶罐
早期铁器时代 绥滨同仁遗址

陶罐
早期铁器时代 绥滨同仁遗址

兽状陶筒形器
早期铁器时代 绥滨同仁遗址

陶碗
早期铁器时代 绥滨同仁遗址

陶碗
早期铁器时代 绥滨同仁遗址

陶碗
早期铁器时代 绥滨同仁遗址

盘口陶罐
早期铁器时代 萝北团结墓葬

盘口陶罐
早期铁器时代 萝北团结墓葬

陶罐
早期铁器时代 萝北团结墓葬

陶罐
早期铁器时代 萝北团结墓葬

底的，个别的为圈足。典型陶器是盘口鼓腹罐、口沿下饰附加堆纹的高领鼓腹罐、斜口器和敞口碗等。石器和骨器多为生产工具。铁器有镞、刀、矛、带卡、甲片等。发现的房址均为方形半地穴式建筑，主要特征是沿穴壁四周底部挖出一道沟槽以竖立木板，从而构成板壁。萝北团结墓地出土的陶器的风格与居址出土的基本一致。发掘的墓葬皆为长方形土坑竖穴，无明显的葬具痕迹。有火烧现象，有一次单人葬、二次双人葬。随葬品除陶器外，还有铁、铜质的兵器及装饰品等。同仁一期文化的年代，通过对遗址和墓葬出土遗物的分析，结合碳十四年代测定，约当中原南北朝时期，下限可能已进入隋唐之际。学界认为，同仁一期文化归属靺鞨系统的文化遗存。

（三）牡丹江 — 绥芬河区

早期铁器时代早段

牡丹江 — 绥芬河流域，战国秦汉时期的考古学文化有三支。

团结文化 \

团结文化是根据1977年发掘的东宁县团结遗址命名的一种考古学文化。俄罗斯考古工作者将这一文化命名“克罗乌诺夫卡文化”，因此该文化一般称“团结 — 克罗乌诺夫卡文化”。该文化的分布区包括图们江流域、绥芬河流域、穆棱河上游以及这一带的沿海地区。经发掘的地点有东宁团结下层、东宁大城子、珲春一松亭、汪清新安闾上层、图们下嘎遗址等，此外在俄罗斯滨海地区南部和朝鲜半岛北部亦发现20余处属于团结文化的遗存。团结文化的主要特征为：陶器以夹砂陶为主，少量泥质陶。器壁较厚，火候不高，呈红褐、灰褐、黑褐色。均手制，使用泥圈套接成型。器表多不甚平滑。素面陶占绝对统治地位，极个别器物表面饰有条带形黑彩构成的几何形图案。有通高70 ~ 80厘米的大型贮器。最有特征的器形是：下腹内收成小平底的瓮和罐，常有粗大的圆柱状耳；圆台形高圈足豆或空心柱柄豆；多孔或单孔的甑；流行敞口或微敛口的罐、盆、碗、钵、杯，也有相当

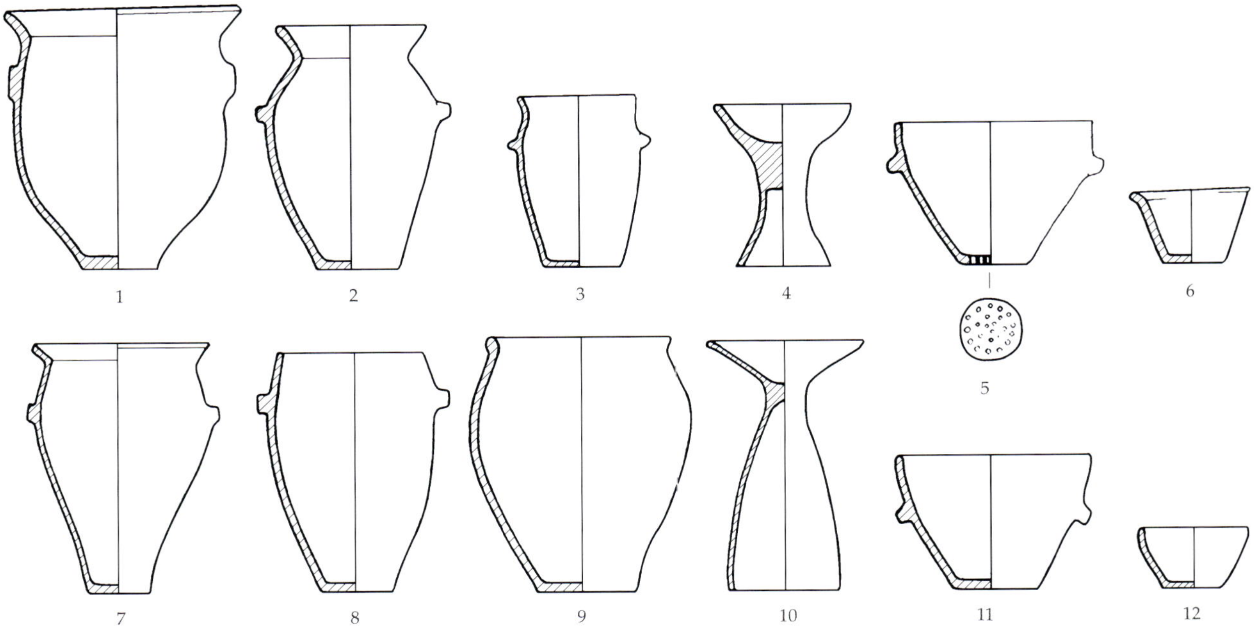

团结文化陶器

1、7.瓮 2、3、8、9.罐 4、10.豆 5.盆形甑 11.盆 6.碗 12.钵

陶钵
早期铁器时代 东宁团结遗址

陶罐
早期铁器时代 东宁团结遗址

陶罐
早期铁器时代 东宁团结遗址

陶瓮
早期铁器时代 东宁团结遗址

陶盆
早期铁器时代 东宁团结遗址

陶罐
早期铁器时代 东宁团结遗址

陶豆
早期铁器时代 东宁团结遗址

陶豆
早期铁器时代 东宁团结遗址

石斧
早期铁器时代 东宁团结遗址

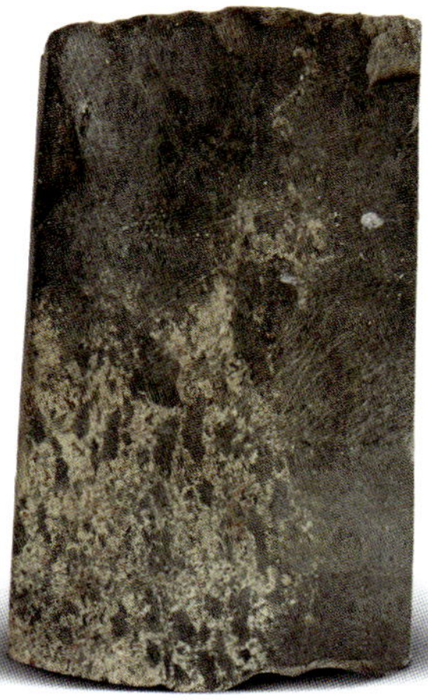

石锛
早期铁器时代 东宁团结遗址

陶豆
早期铁器时代 东宁团结遗址

穿孔石刀
早期铁器时代 东宁团结遗址

一部分器物口沿作明显的折曲。除圆柱状耳较常见外，也流行较小的乳丁状纽。石器工具多为磨制，有斧、锛、刀、镰、镞、矛等。骨器少见。铁器有斧、镰、锥等。发现的房址均为方形半地穴式建筑。根据房址的内部结构，分为两种。其中一部分房址在北部和东西部墙根有土和石板筑成的“┏”形或“┏┓”形火炕，是一个突出的特点。团结文化的年代，目前有多个碳十四年代测定值，其中年代最早的是团结下层F5（门道踏板），为公元前410～前210年，最晚的是团结下层F1（木炭），为公元31～232年，而且在团结遗址下层还出土了一枚五铢钱。因此该文化的年代，上限约当春秋战国之交，下限至少进入东汉时期。

东康类型\

东康类型大体分布在牡丹江中游及其支流附近，经调查、发掘的主要遗址有宁安东康、大牡丹、牛场、东升等。这类遗存的陶器分夹砂陶和泥质陶两种，呈红褐、黄褐、黑褐色等。火候较低，陶质疏松，均为手制。以素面为主，带纹饰的极少。另一特点是流行纽状把手。一半左右的器物上都带有乳丁状小纽，一般于器物的颈部对称饰有两个小纽，个别的甚至有三个或四个的。较大的罐、瓮上有圆柱状把手。器形有瓮、罐、钵、碗、豆、壶、杯、盅等。石器以磨制为主，有斧、锛、凿、刀、镰、铲、磨盘、磨棒、齿轮状器、黑曜石压制器等，还有较多的骨、角、蚌、牙器。在东康遗址出土了三件铁器。发现的房址均为半地穴式建筑。东康类型的年代，据F2陶瓮中炭化粟稷测得年代为公元259～532年，分提效应校正年代为公元前70±105年。因此，估计东康类型的年代大致相当于中原的两汉时期，下限也许可稍晚一些。

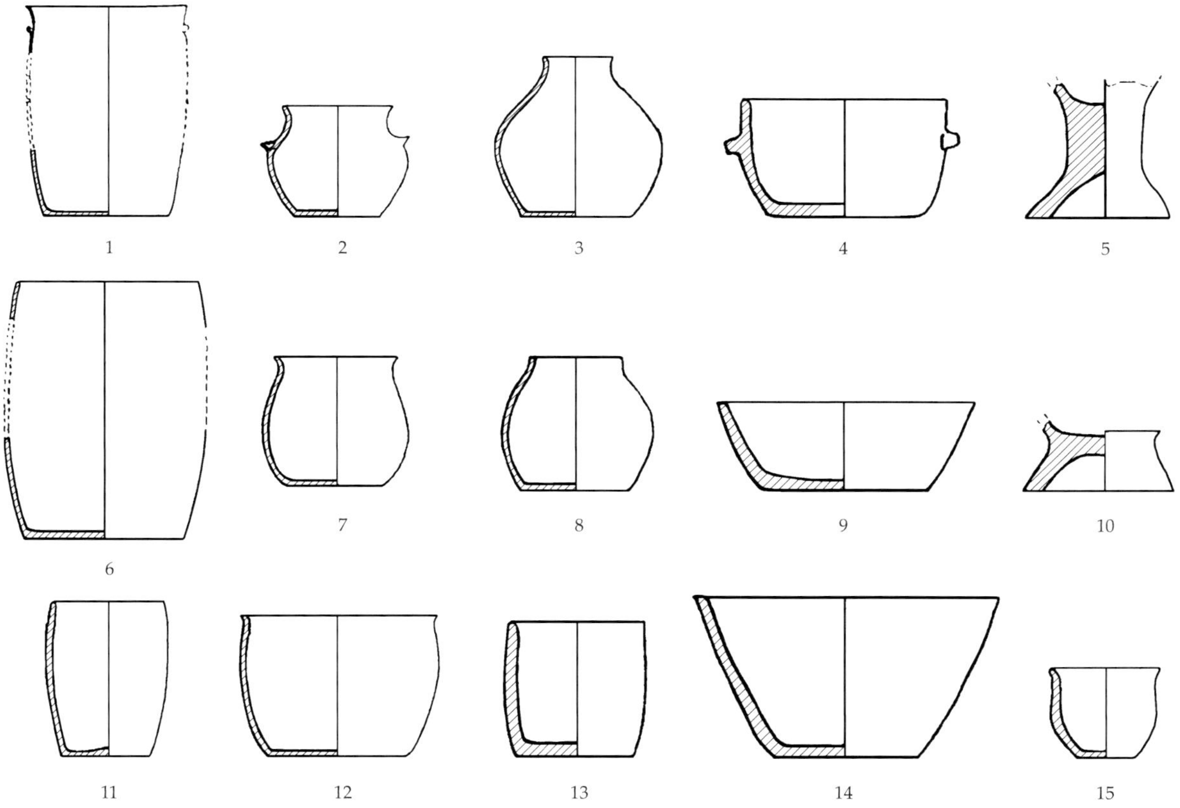

东康类型陶器

1、6.瓮 2、7、8、11、12.罐 3.壶 4、9.钵 5、10.豆 13、15.杯 14.碗

东兴文化 \

东兴文化是20世纪90年代在莲花水库淹没区发掘时新命名的一种考古学文化，因海林市东兴遗址材料最为丰富，而将之命名为东兴文化，主要地点还有海林振兴二期、河口二期、木兰集东一期、望天岭遗址等。现有资料仅局限于牡丹江中下游地区。该文化的陶器以夹砂陶为主，少量泥质陶，呈灰褐、红褐、黑褐色、黑色等。器表多素面，纹饰少见，有附加堆纹、划纹、压印纹和乳丁纹等。个别器表涂红陶衣。器纽和器把较发达，分柱状把手和角状把手两种。器类有罐、瓮、甑、碗、壶、杯、钵、盆、盅等。均手制，多采用泥条套接法。石器有斧、刮削器、镞、磨盘、磨棒等。骨器少量。出土铁器有刀、凿、镞、镬等。房址均为方形或长方形半地穴式建筑。该文化的年代，据F6出土木炭分别做碳十四年代测定，为公元前56 ~公元118年、公元86 ± 308年（均为树轮校正）。为此，东兴文化的年代大致在两汉时期。

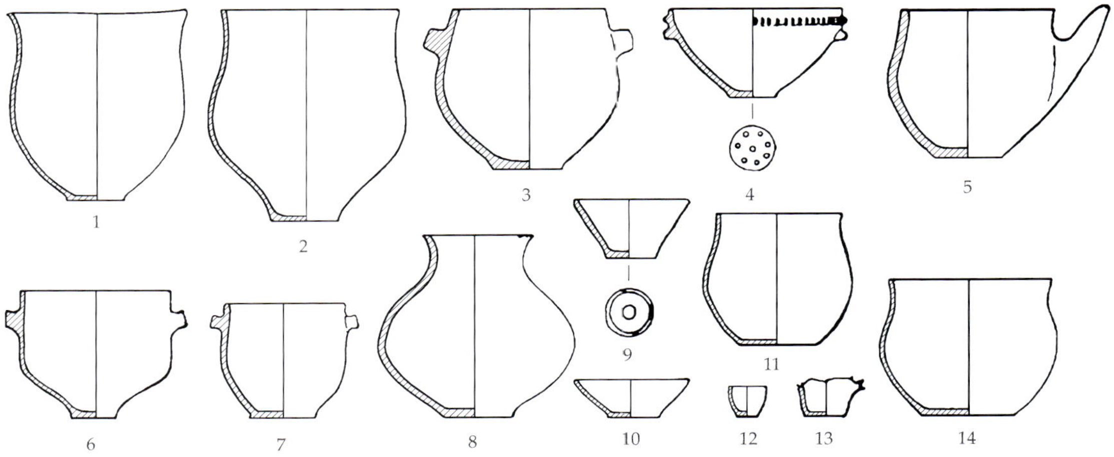

东兴文化陶器

1、2.瓮 3、6、7.双柱状耳罐 4、9.甑 5.单把罐 8.壶 10.碗 11、14.罐 12.杯 13.单把杯

陶罐
早期铁器时代 海林东兴遗址

双耳陶罐
早期铁器时代 海林东兴遗址

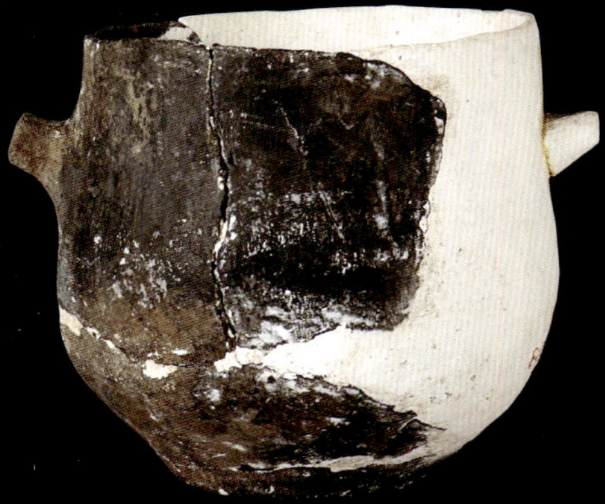
双耳陶罐
早期铁器时代 海林东兴遗址

单把陶罐
早期铁器时代 海林东兴遗址

单把陶罐
早期铁器时代 海林东兴遗址

双耳陶罐
早期铁器时代 海林东兴遗址

单把陶罐
早期铁器时代 海林东兴遗址

双耳陶罐
早期铁器时代 海林东兴遗址

陶罐
早期铁器时代 海林东兴遗址

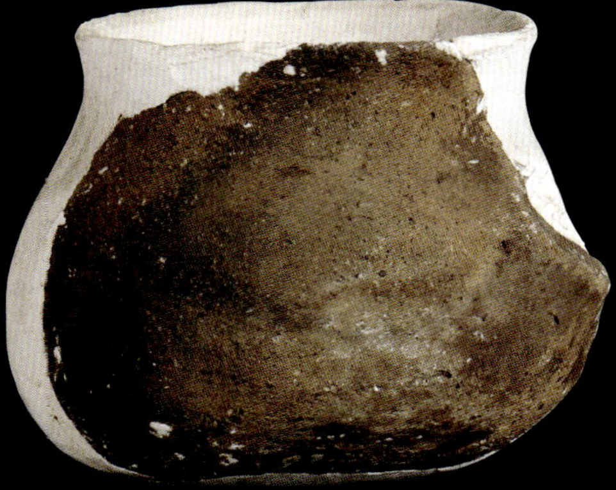

陶罐
早期铁器时代 海林东兴遗址

陶壶
早期铁器时代 海林东兴遗址

陶碗
早期铁器时代 海林东兴遗址

陶甑
早期铁器时代 海林东兴遗址

海林振兴遗址全景

陶罐
早期铁器时代 海林振兴遗址

陶罐
早期铁器时代 海林振兴遗址

陶罐
早期铁器时代 海林振兴遗址

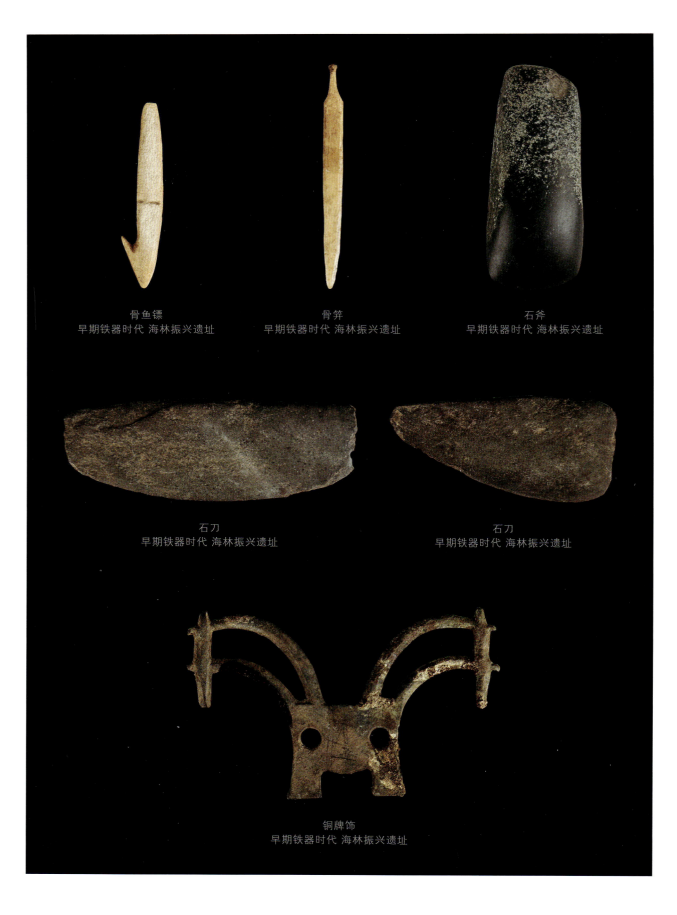

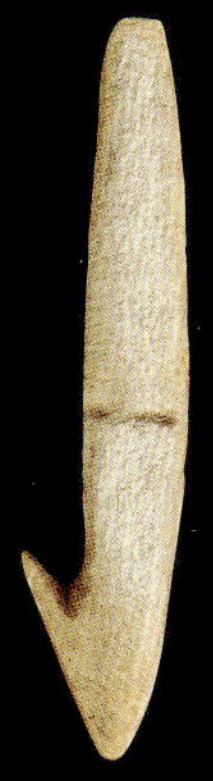
骨鱼镖
早期铁器时代 海林振兴遗址

骨笄
早期铁器时代 海林振兴遗址

石斧
早期铁器时代 海林振兴遗址

石刀
早期铁器时代 海林振兴遗址

石刀
早期铁器时代 海林振兴遗址

铜牌饰
早期铁器时代 海林振兴遗址

早期铁器时代晚段

目前，只在牡丹江流域确认有新的遗存类型，魏晋南北朝时期的考古学文化有两支。

河口遗存 \

这类遗存目前仅见于莲花水库淹没区这一狭小的范围内，因海林市河口三期遗存材料最丰富而命名为河口遗存，其他地点还有振兴三期、渡口一期等。河口遗存的主要文化特征是：陶器以夹砂红褐陶、灰褐陶为主，泥质红褐陶、灰褐陶次之，黑褐陶和灰陶较少，有较少量陶胎内掺有滑石粉。多数陶器为手制，泥条套接，有少量陶器采用轮制技术。陶器基本为素面，有极少量附加堆纹。器类以大型筒形罐和缸居多，其他类别较少，有碗、杯、盅、舟形器、网坠、轮等。该类遗存最具特征的是盛行乳丁状纽，在罐和缸的近口部位对称饰有2个或4个乳

海林河口遗址发掘场景

丁状纽，而且口部多呈椭圆形。器形较大的缸，其通高和腹径均超过60厘米。这种乳丁状纽已丧失实用功能，只起装饰作用，多为贴接而成。骨角器较发达，石器和铁器少量。发现的房址均为方形或长方形半地穴式建筑。河口遗存的年代，从河口遗址和振兴遗址提供的诸多地层关系看，河口遗存的遗迹都直接叠压或打破东兴文化的遗迹。河口遗存的年代约在东汉末～魏晋时期。

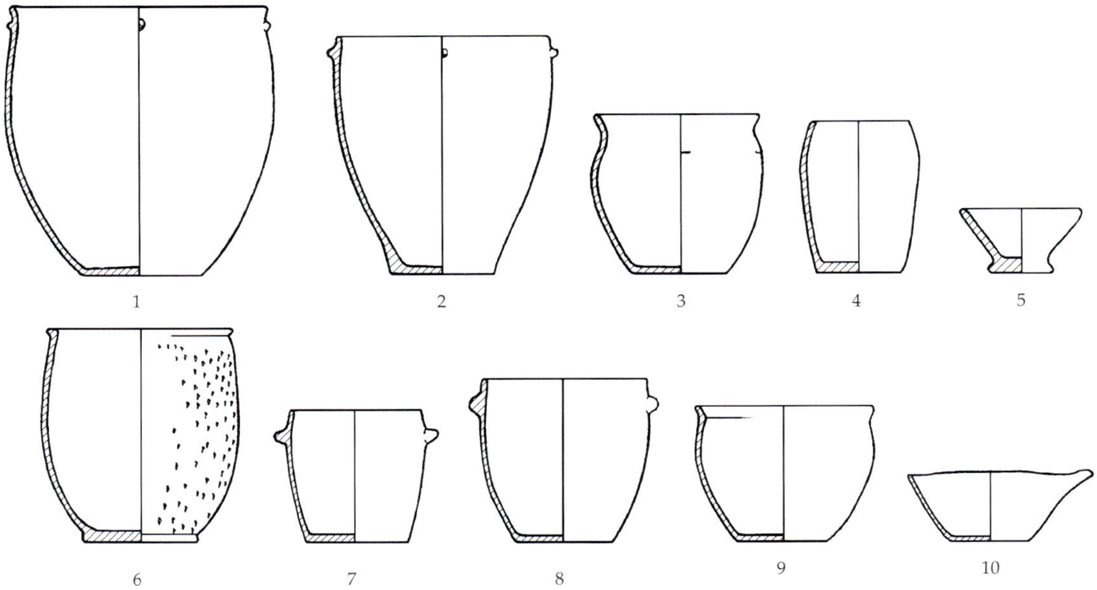

河口遗存陶器

1．缸 2、3、6～9．罐 4．盅 5．碗 10．带把舟形器

双耳陶罐
早期铁器时代 海林河口遗址

陶壶
早期铁器时代 海林河口遗址

陶罐
早期铁器时代 海林河口遗址

陶匜
早期铁器时代 海林河口遗址

陶罐
早期铁器时代 海林河口遗址

陶罐
早期铁器时代 海林河口遗址

陶罐
早期铁器时代 海林河口遗址

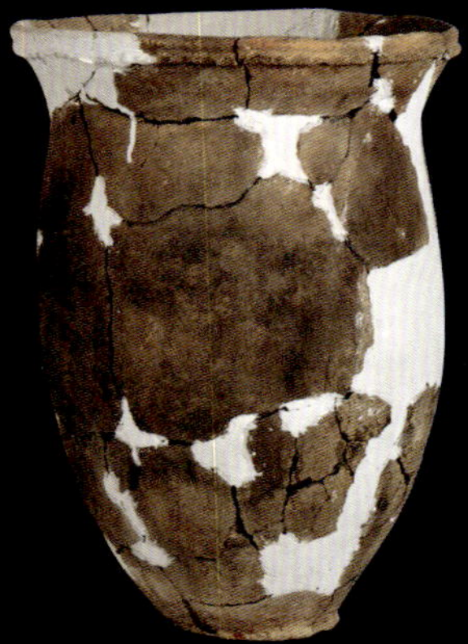

陶罐
早期铁器时代 海林河口遗址

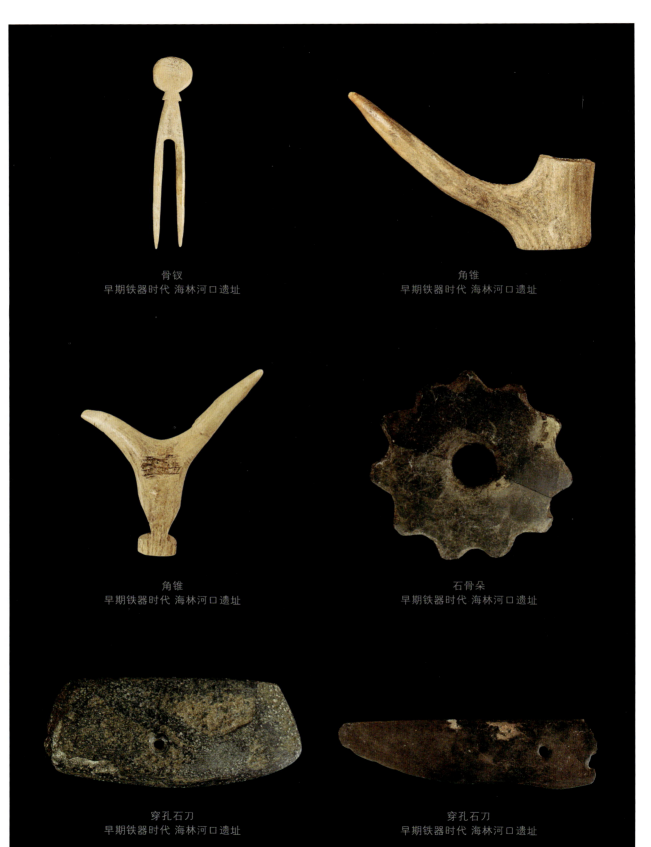

骨钗
早期铁器时代 海林河口遗址

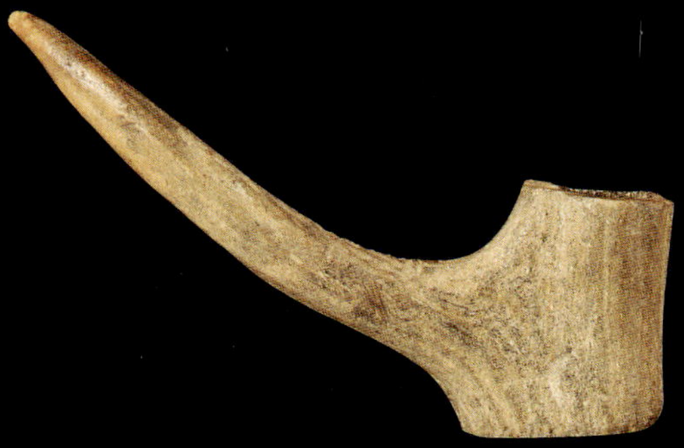
角锥
早期铁器时代 海林河口遗址

角锥
早期铁器时代 海林河口遗址

石骨朵
早期铁器时代 海林河口遗址

穿孔石刀
早期铁器时代 海林河口遗址

穿孔石刀
早期铁器时代 海林河口遗址

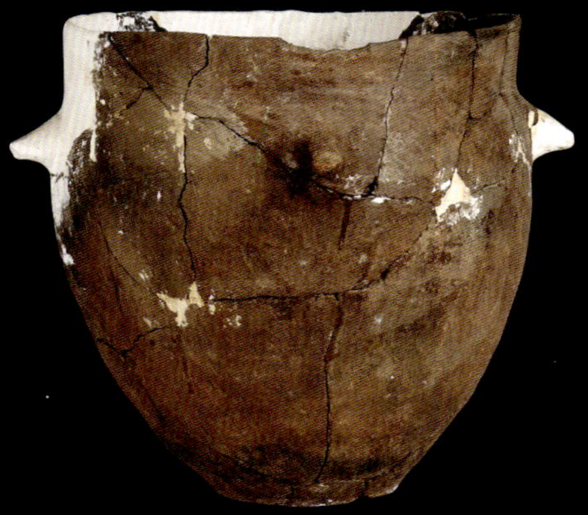

陶罐
早期铁器时代 海林渡口遗址

陶罐
早期铁器时代 海林渡口遗址

陶罐
早期铁器时代 海林渡口遗址

陶罐
早期铁器时代 海林渡口遗址

陶罐
早期铁器时代 海林渡口遗址

河口四期遗存 \

这类文化遗存分布较广，牡丹江中下游是一个分布较为集中的地区。该地区的这类遗存不仅发现较多，而且文化面貌亦较具特色，有鲜明的地域风格。目前发现的这类遗存，除河口四期外，还有振兴四期、渡口二期和木兰集东二期遗存等。陶器以夹砂黑褐陶、灰褐陶为主，少量泥质陶，亦呈红褐、灰褐、黑褐色等。夹砂陶中器类主要为罐。一般来说，器形均较小，制法为手制，泥片套接。绝大多数陶器均施有纹饰，少数为素面。纹饰常见有附加堆纹、压印纹、弦纹、刻齿纹、乳丁纹等。器类主要有罐、碗、钵等。此外还有大量纺轮、网坠等生产工具。有一定数量的骨器和石器，铁器较常见。发现的房址一般为方形半地穴式建筑。该类遗存的年代，通过对遗物中陶器的类型学分析及与相关遗存的比较，加之可靠的层位学证据，其年代为南北朝～隋唐以前。基本陶器有重唇花边口罐、花边口碗，年代相当于南北朝，属靺鞨系统的文化遗存。

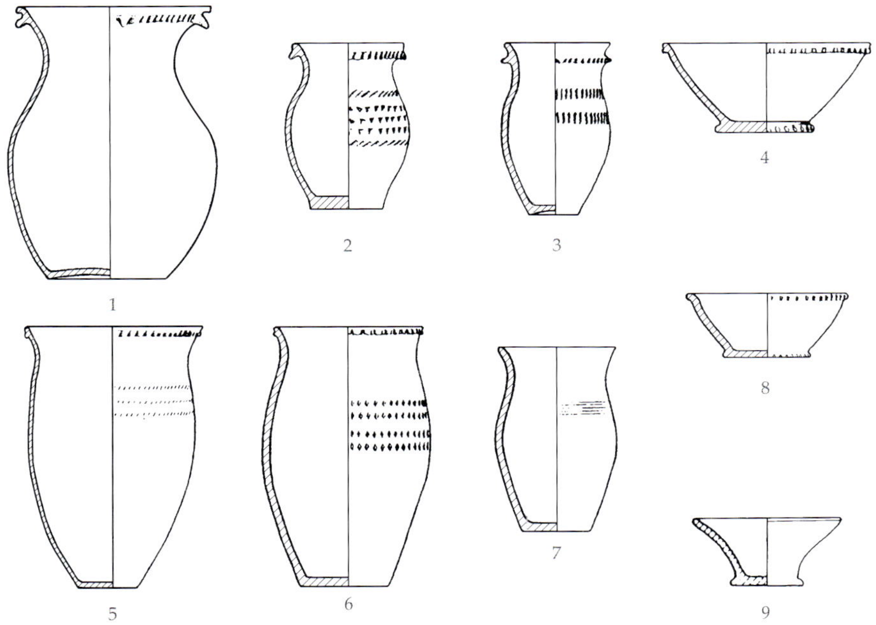

河口四期遗存陶器

1～3、5～7.罐 4、8、9.碗

二 早期铁器时代文化遗存特点

我省战国两汉时期是各民族广泛交融的重要阶段。考古发现证明，这一时期不但各种遗址密集，而且内涵复杂，堆积厚重，往往各种文化因素错综交织的实例屡见不鲜，如松嫩平原地区传统的红衣陶器出现于牡丹江流域和三江平原地区遗存中，东兴文化遗存中出土了滚兔岭文化典型的上翘角状把手的陶器。这一时期也是各地区广泛开发、经济快速发展的时期。铁器的登场大大提高了生产力水平，首先是铁制农具的出现，促进了大面积耕作的开展，不少遗址发现的炊器和储藏器中的炭化粮食颗粒，说明当时农作物不但相当程度地满足了生活的需要，并且有了一定的剩余；另从遗址的密集程度看，当时人口数量在相当时期内有了大幅度持续上升。再者铁制工具的应用和生活资料的不断积累，使较大规模营筑作业成为可能，一些地区发现的城址就是其例证。特别是三江平原地区，传统意念中了无人烟的“北大荒”在两汉时期骤然出现了近千座聚落址，其中大型祭坛和多重城垣的军事城堡及超大面积的宫殿式房址，不但表明大规模祭祀活动和战争的频繁，也意味着当时凌驾于公共权力之上的强权政治的存在。

我省发现的魏晋南北朝时期遗存较少，从考古学文化面貌特征看，东西部地区的考古学文化之间的相互联系不很密切。

经过战国两汉时期的各民族的广泛交融，至魏晋时期民族融合初步完成，形成了三个比较稳定的民族活动区域，松嫩平原地区主要是东胡系活动的舞台，三江平原区是肃慎系生存繁衍的传统区域，牡丹江流域成为涉貊系演进的重要地带。南北朝时期民族融合进一步加剧，松嫩平原地区逐步被南下的鲜卑族占领和渗透，三江平原区和牡丹江流域被属于肃慎系的靺鞨文化所统一。

东北地区属于凤林文化的保安二号城址出土了铁犁铧，表明我省从魏晋时期开始出现了犁耕农业。凤林文化发现的平地筑起的高墙深壕并设置角楼和马面的不规则形和方形的城，是我省真正意义上的“城”出现的标志。三江平原的七星河流域是一相对独立的地理区域，属于全流域的防御聚落、祭祀聚落、瞭望聚落、要塞聚落等特殊功能聚落的存在，表明该区域内的汉魏时期聚落是一个统一的整体。由数百处居住、防御、祭祀、瞭望、要塞等不同性质的聚落构成的社会统一体，表明其社会构成的复杂程度。全流域的战争和祭祀活动的存在，表明国家管理机器的存在。这一时期，已进入了苏秉琦先生所论的国家发展“三部曲”中的“方国”阶段。

柒 唐代（渤海）考古

柒

唐代（渤海）考古

一 考古工作概况

隋唐时期，黑龙江区域内主要是两大民族的活动范围，西部为室韦，东部是靺鞨。进入唐代中期，东部的粟末靺鞨建立了黑龙江区域内第一个地方政权——渤海国。渤海国留下了大量类型丰富而特征鲜明的遗存，因此渤海考古成为我省隋唐考古的重点。多年以来，渤海考古方面工作较多，取得的成果也较丰富。主要工作是围绕渤海上京城址的发掘展开的，同时兼及中小城址、聚落址和墓葬的发掘等，工作重心主要是在牡丹江流域开展的。关于室韦遗存的考古学辨析和研究尚属初级阶段。

二 重要遗存

（一）都城——上京龙泉府城址

上京城乃渤海五京之首，为都160余年，因此备受学术界关注。早在清代中晚期一些历史地理学者即对其进行了颇具功力、令人信服的考察与论证。20世纪初，日俄学者曾多次对其进行调查。渤海上京城考古可分为四个阶段。

1933～1934年，日本“东亚考古学会”对渤海上京城进行了较具规模的发掘，可视为渤海上京城考古发掘的第一个阶段。

1963～1964年，中国朝鲜联合考古队对其进行了较大规模的发掘，这是渤海上京城考古发掘的第二个阶段。

第三阶段是20世纪80年代初～90年代初，黑龙江省文物考古研究所间断性小规模地对第2、3、4号门、宫城正南门、第1号宫殿、官衙址等进行了揭露。

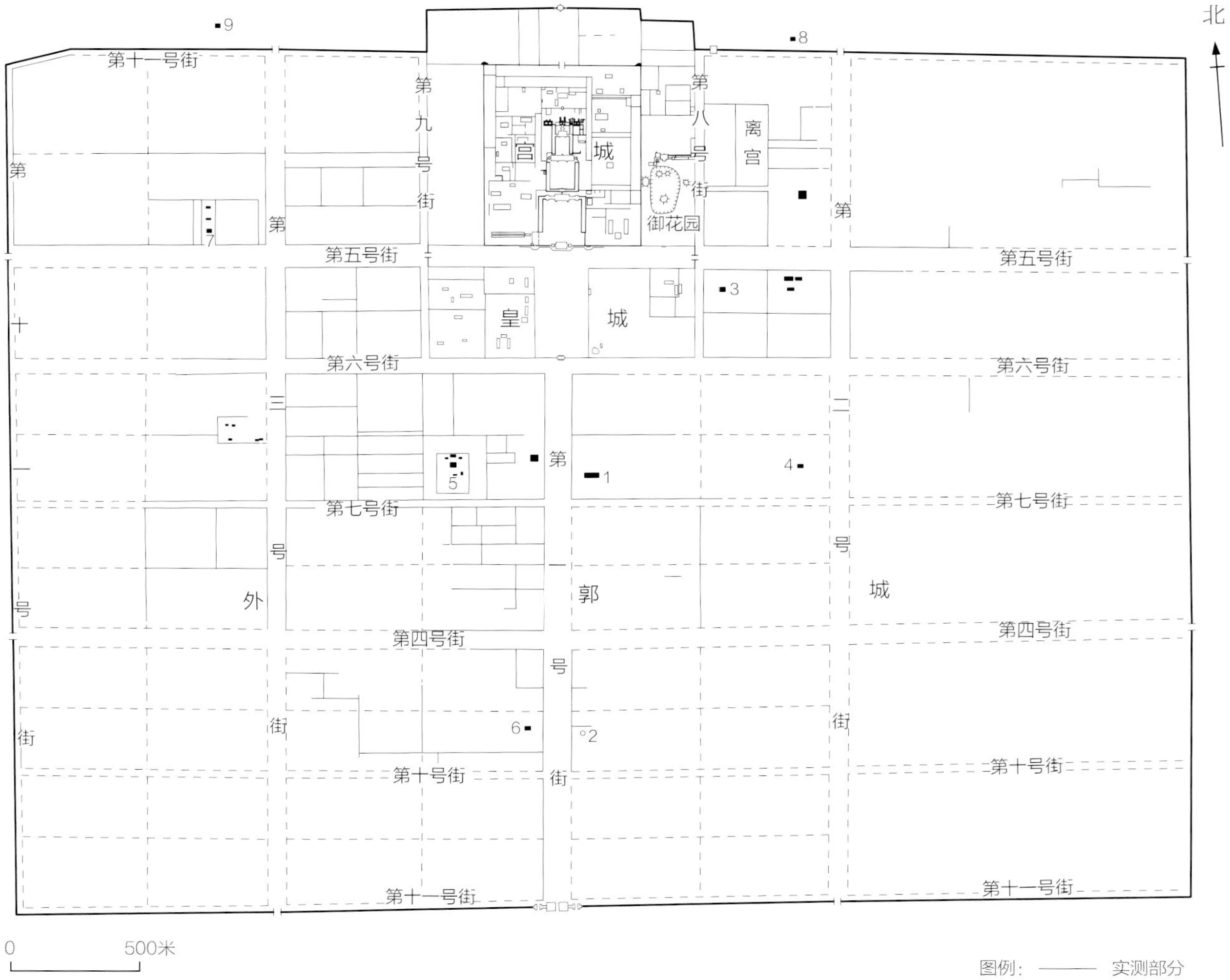

图例：—— 实测部分
- - - - 复原部分
1～9 佛寺遗址

渤海上京城遗址平面图

（黑龙江省文物考古研究所2008年测绘）

第四阶段是1997 ～ 2007年，黑龙江省文物考古研究所连续10余年对其进行了有计划的大规模发掘。新发现了郭城第11号门址，内城夹墙及御花园东城墙外的道路，在城内白庙子村发现了七层套的舍利函，发掘了渤海上京城遗址宫城的第2、3、4、5号宫殿基址和宫城的第50号建筑基址及附属建筑，郭城正南门、郭城正北门，皇城南门和中轴大街等。成果集中体现在《渤海上京城 —— 1998 ～ 2007年度考古发掘调查报告》（文物出版社，2009年）一书中。

这里重点介绍1998 ～ 2007年间黑龙江省文物考古研究所对上京城发掘的成果。

渤海上京城由郭城、皇城、宫城三部分组成，三道城墙格局保存基本完整。经解剖得知，三道城墙采用了不同的建筑方法，这可能与其不同的功能有关，应是分别修建的。郭城是在已规划建墙的地方，先筑起一道内缓外陡，截面呈梯形的土筑墙基，其上再以石砌城墙。皇城城墙的修筑方法

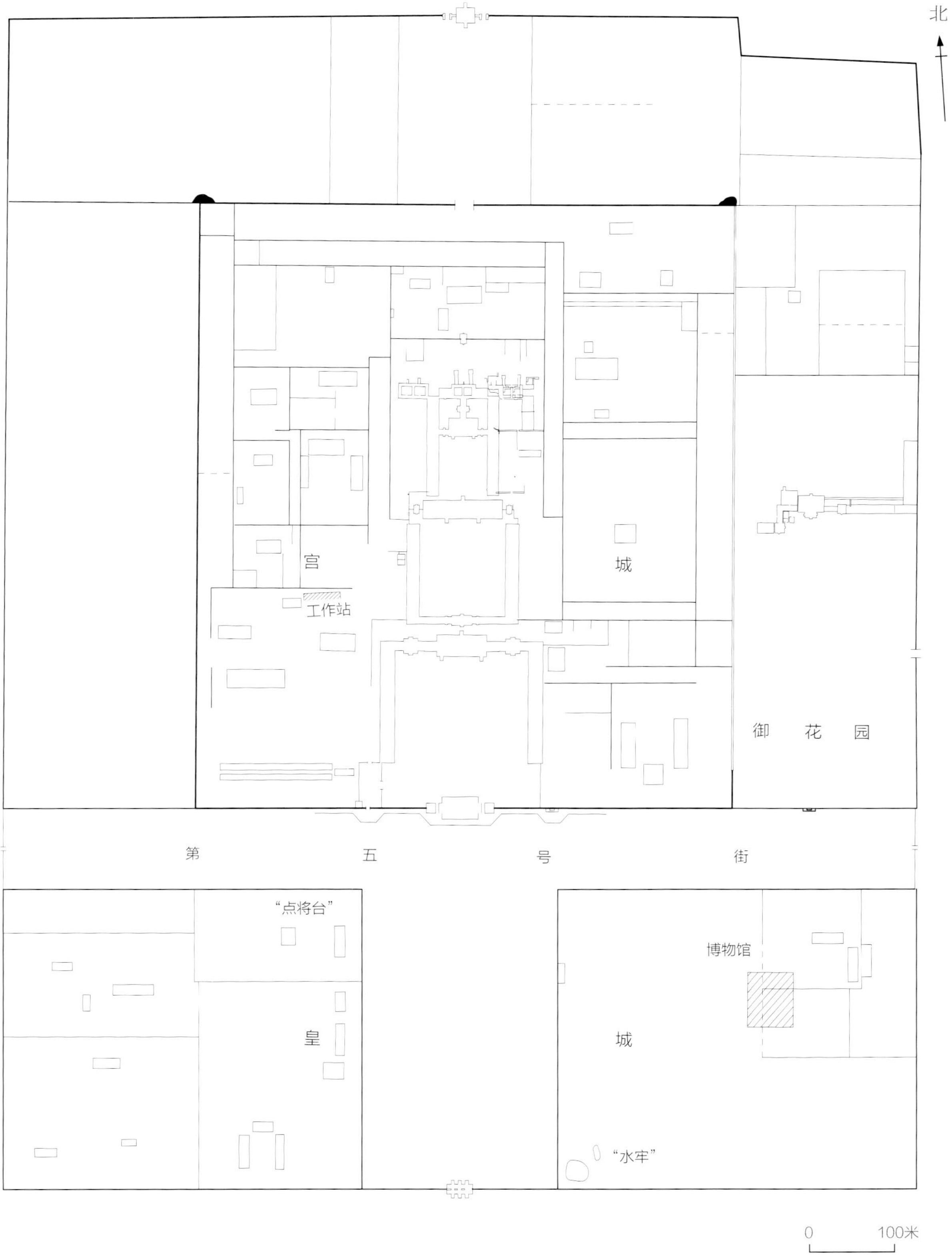

渤海上京城遗址宫城与皇城平面图

（黑龙江省文物考古研究所2008年测绘）

宁安渤海上京城宫城俯瞰

是将原地面铲平至坚实的地层，然后于其上垒砌石墙。宫城城墙修筑方法是在挖好的地槽内砌剖面呈两层阶梯形，宽于地面墙体的石基础，然后再用石垒筑墙体。

渤海上京城宫城中心区内共有5座宫殿，自南向北排列在中轴线上，按排列顺序编为1～5号。郭城城垣有11座门，南墙3、北墙4、东西墙各2座。皇城城垣有3座门，南、东、西墙各1座。宫城城垣有5座门，南墙4、北墙1座。

自1998年起，至2007年，黑龙江省文物考古研究所等对其进行了连续发掘。渤海上京城的考古发掘系国家文物局重点资助的科研项目，为此拟定了《渤海上京城宫城整体发掘规划》，并于宫城第2号宫殿西北侧设立了永久性坐标基点，并在宫城内布设了10×10平方米的探方网，对宫城和部分外城遗迹进行了有效控制。渤海上京城的发掘，严格遵照《田野考古工作规程》，总发掘面积40000余平方米。

主要发掘工作有：宫城第2号宫殿及其附属建筑基址；宫城第3号、第4号宫殿基址及其附属建筑基址；宫城第5号宫殿基址及附属遗迹；“御花园”50号建筑基址；外城“朱雀大街”基址；皇城南门基址；郭城正南门基址；郭城正北门基址。

渤海上京城第2号宫殿（由东向西摄）

渤海上京城第2号宫殿及廊庑（上北下南）

渤海上京城第3、4号宫殿基址（由北向南摄）

渤海上京城第3号宫殿东廊（由南向北摄）

第1号宫殿位于宫城正南门北侧175米处，台基东西55.5、南北24、高2.7米，面阔11间、进深4间。采用了减柱的建筑方法。台基两侧外凸，并逐渐低下而接近现地面，与两侧的曲尺形回廊相通。

第2号宫殿位于宫城中心，是宫城内规模最大的宫殿，系由正殿、掖门、廊庑等组成的建筑群。正殿基址坐北朝南，进深4间、面阔19间，采用了减柱的建筑方法，是第2号宫殿建筑群的中心建筑。台基四壁底部呈长方形，东边22.5、西边22、南边92.3、北边92.1米。台基东西两侧各置一掖门，其间以墙封闭。台基四壁下铺有玄武岩制成的散水。台基南侧设东西登殿踏道，北侧正中亦置一踏道。第2号宫殿前廊庑系由东、西、南三部分廊庑构成“凹”字形建筑，并与正殿、东西掖门合围成院落，其内为殿前广场。

第3、4号宫殿是宫城中轴南起第三、四重宫殿。两殿之间有过廊相连，从功能和布局看应为同一宫殿的前后两部分。为工作方便以及以往历次对上京城考古的习惯，仍将其自南向北编号为第3、4号宫殿基址。第3号宫殿主体呈长方形，面阔7间、进深4间、开间均为4米，采用了减柱的建筑方法。台基东西32.25、南北

21米。台基南面近两端各设一上殿的踏道；北面中央亦置一踏道，并与通向第4号宫殿的过廊衔接。台基东西两侧各设一廊，应为上殿慢道。第4号宫殿建在一低矮的台基上，台基东西57.5、南北18.1米，是由主殿和东西配殿三部分组成。主殿由东西两室、和东西两侧厢房构成。主殿台基东西约28米，南北17.4米。4号宫殿，室内未见明确的柱础石。第3、4壕宫殿是一组前殿后寝的建筑形制。第3号宫殿应该是担负朝堂的功能，第4号宫殿的功用是与日常起居有着密切的关系的寝殿。第3、4号宫殿建筑是渤海时期宫城的核心建筑。

第5号宫殿正殿台基呈长方形，东西40.4、南北20.4米。为一面阔11间、进深5间的建筑。该殿为“满堂柱”式两层的楼阁建筑。台基的踏道位于南侧。 第5号宫殿是宫城中轴线最北部的大型建筑，处于一个单独的院落内。其主要功能可能是对其以北的宫城区域进行守望和警戒。

禁苑（俗称御花园）位于宫城东部，为南北向长方形，其内有水池、建筑址、假山等遗迹。水池的北岸有一处较大的建筑群体，1963 ~ 1964年中国科学院考古所将其编号为50号建筑基址。第50号建筑基址位于渤海上京城宫城东侧“禁苑”内，由正殿、东西部廊、亭组成，其附属建筑

渤海上京城第5号宫殿全景（由西北向东南摄）

渤海上京城第50号建筑址（上北下南）

渤海上京城郭城北门（由西向东摄）

渤海上京城郭城南门（上北下南）

有房址、石墙等。正殿南中部有月台，整体呈倒“凸”字形，东西27.9、南北17.2米，为面阔7间、进深4间的建筑。其功用是渤海王室贵族宴飨游乐之地。

中轴大街贯穿皇城南门和郭城正南门，将郭城划分为东、西两部分，全长2195米。大街两侧排列着整齐的街坊，经实测，其东、西坊墙内侧的垂直间距为110.2米，合中唐时期的唐尺（0.29米）约为373唐尺，应为路的实际宽度。在110米范围内，可能只有中间的50米左右，是实际通行的道路。

皇城南门址是一座单体建筑，门址台基两侧直接和皇城东、西侧南墙连接。台基东西长30、南北宽11.35米。台基由黄色黏土夯筑而成，四周砌有经修整的条石或石块。在台基上自南向北分布三列大型础石，每列均匀分布8块。即台基上建筑东西面阔7间，南北进深2间。以础石中心点计，中间5间相等，南北长约4.3米，东西宽约3.9 ~ 3.95米；边缘两侧梢间南北长亦为4.3米，东西向较窄，宽约3.6 ~ 3.65米。础石均为不规则的玄武岩石，大小基本相同，稍有差异。长1 ~ 1.55、宽0.55 ~ 1.2米，表面较平整。础石下有础石坑，坑直径约1.3、深约0.5米。其内填充玄武岩小石块，四周充填黄黏土，垫至一定厚度放置大础石。台基四周的包壁石为玄武岩石块，平整面朝外。大部分包壁石为自然石块，少部分为雕琢得较为平整的条石。包壁石多有佚失，佚失的包壁石下留有沟痕，包壁石下为灰褐色黏土，黏性较大，有利于稳固包壁石。存留的个别包壁石稍有移位。台基西部部分使用面保存较好。一般地，台基础石面高于台基面约0.1 ~ 0.15米。台基的高度约为0.65米，台基方向为北偏东4°30′。

郭城正南门由中央正门、东西两个侧门及其间两段连接墙组成。整个门址长57.6米。中央门址由门道及两侧门墩组成，宽26.6米，其中门道宽4.7米。郭城正南门是渤海上京城南向的门户，也是渤海国的礼仪之门。此门采用了三门一体的组合形制，中间门址建筑宏大，门道规整，可能是一些重要活动和外交事件中的重要活动场所，而两侧的门规模较小，可能是日常通行的门。

郭城正北门址是由中央台基址、东西两侧门址和其间相联结的两段短墙组成的建筑遗址。整个遗址东西长52.12、南北宽30.8米，中央台基南端长21.9、北端长22.6米，南北宽18.4、使用高度0.75米，四壁收分约4度。台基上建筑东西面阔五间，南北进深四间。台基的南北两侧各设有一斜坡漫道式踏道，其倾斜度约为7度。东、西两个侧门，对称分布于台基两侧，规模及形制基本相同。均由中央门道和东西两侧的门墩组成，门道宽5.2米。

渤海上京城皇城南门址（上北下南）

莲花纹瓦当
渤海时期 宁安渤海上京城

莲花纹瓦当
渤海时期 宁安渤海上京城

莲花纹瓦当
渤海时期 宁安渤海上京城

莲花纹瓦当
渤海时期 宁安渤海上京城

莲花纹瓦当
渤海时期 宁安渤海上京城

莲花纹瓦当
渤海时期 宁安渤海上京城

莲花纹瓦当
渤海时期 宁安渤海上京城

莲花纹瓦当
渤海时期 宁安渤海上京城

有当筒瓦
渤海时期 宁安渤海上京城

玉璧
渤海时期 宁安渤海上京城

三彩陶缸
渤海时期 宁安渤海上京城

莲瓣绿釉覆盆
渤海时期 宁安渤海上京城

鎏金铜饰件
渤海时期 宁安渤海上京城

宝相花纹砖
渤海时期 宁安渤海上京城

宝相花纹方砖
渤海时期 宁安渤海上京城

鎏金铜佛像
渤海时期 宁安渤海上京城

鎏金铜佛像
渤海时期 宁安渤海上京城

鎏金铜泡
渤海时期 宁安渤海上京城

鎏金铜窗角
渤海时期 宁安渤海上京城

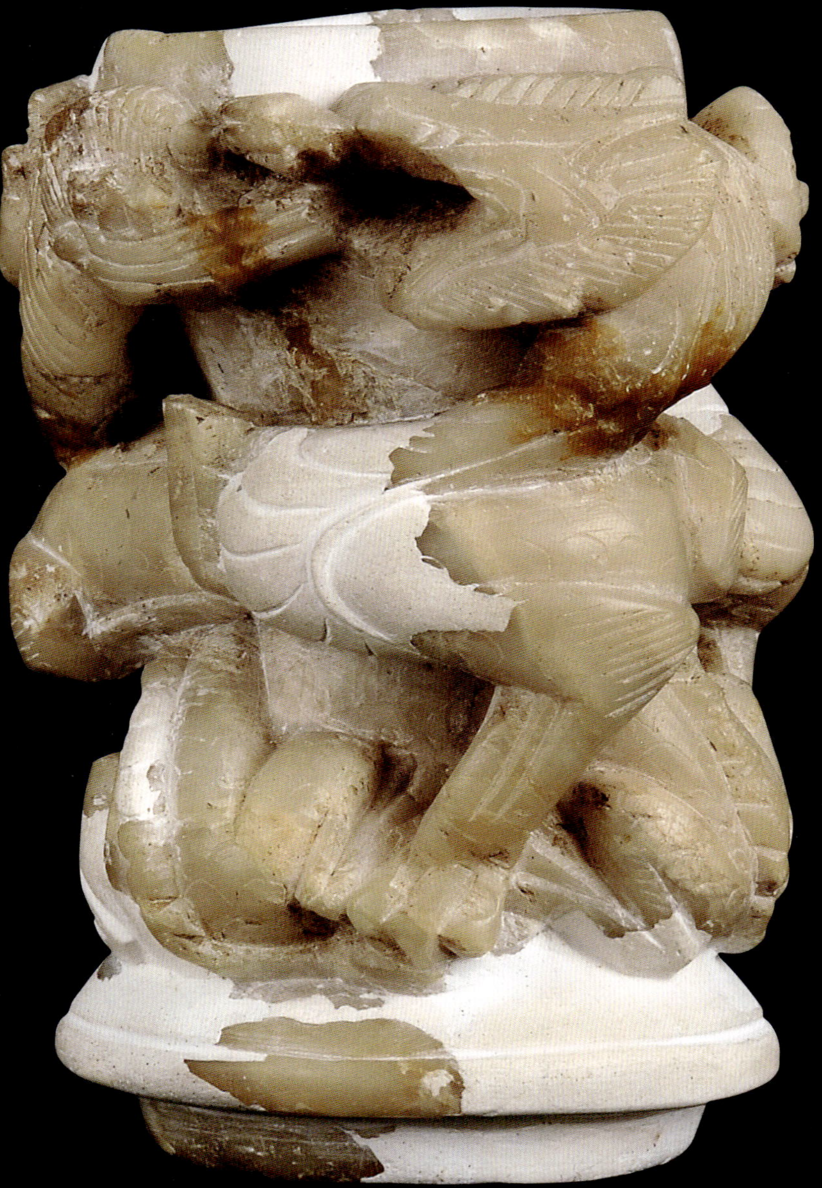

玉杖首
渤海时期 宁安渤海上京城

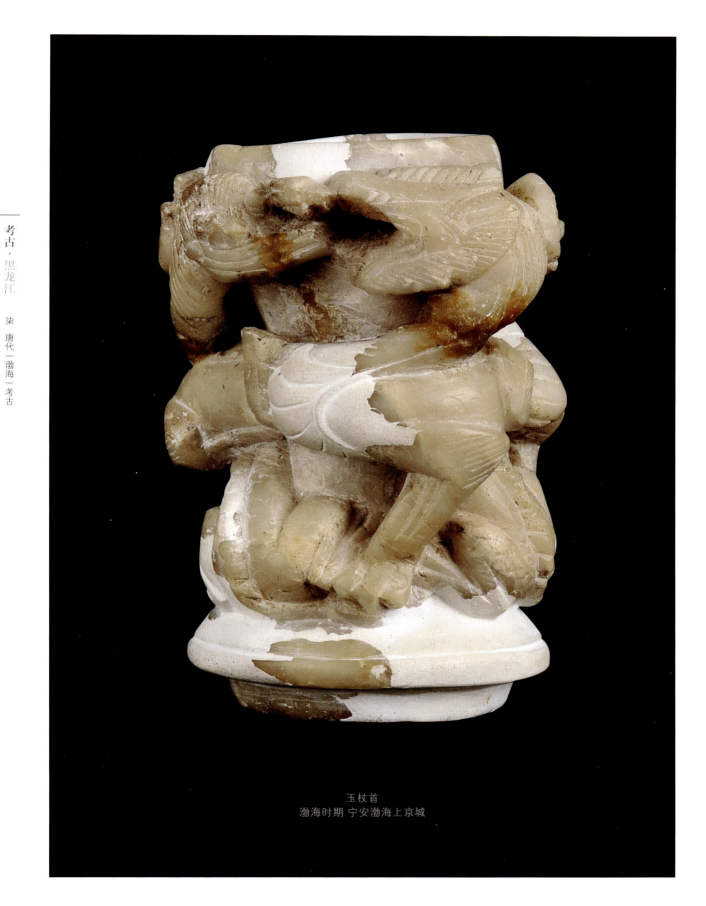

三彩陶兽头
渤海时期 宁安渤海上京城

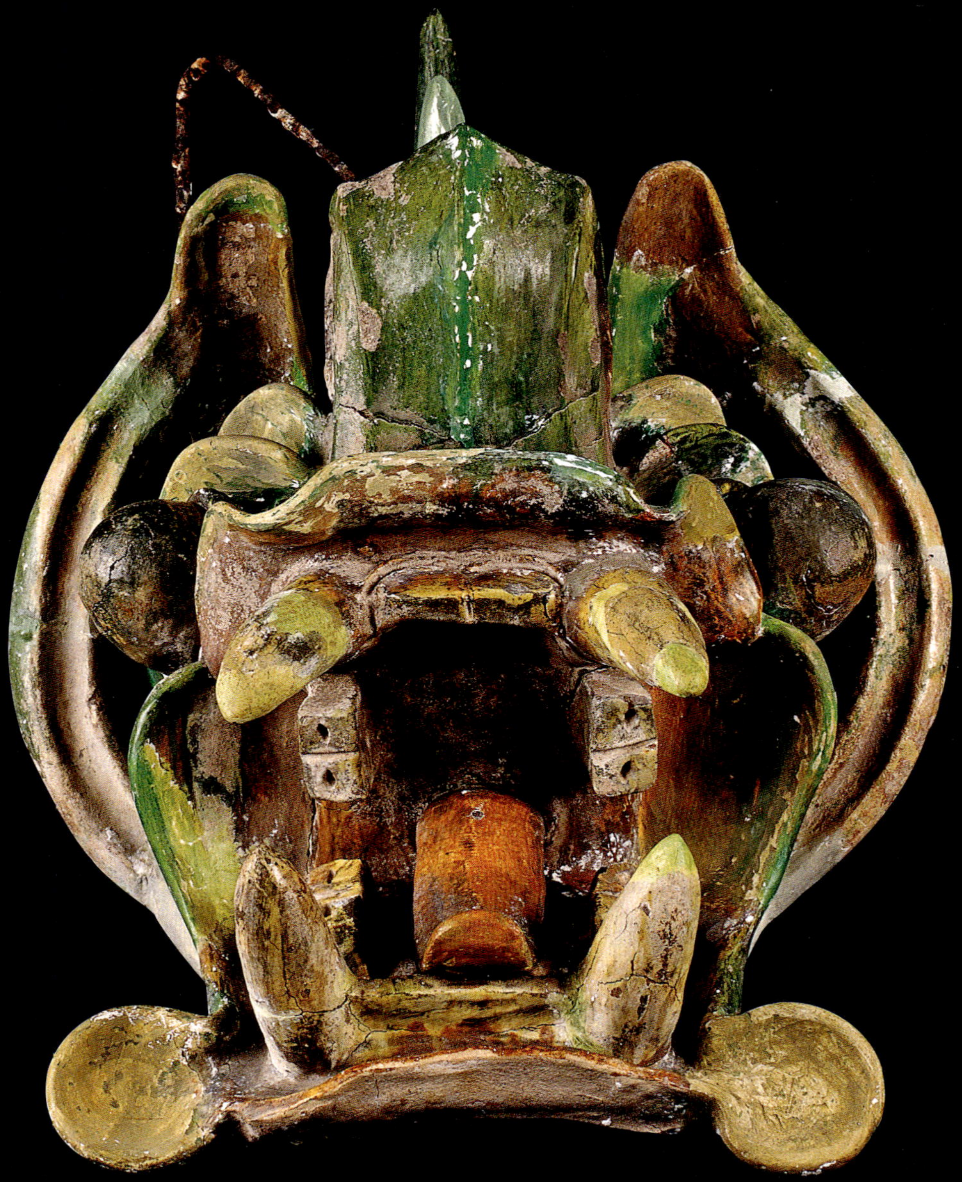

三彩陶兽头
渤海时期 宁安渤海上京城

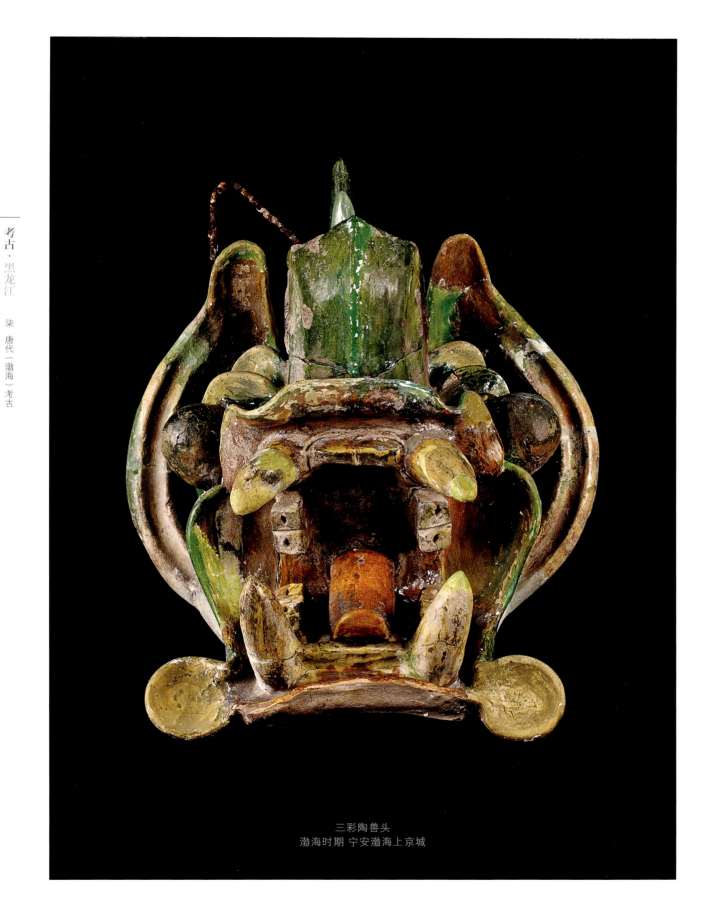

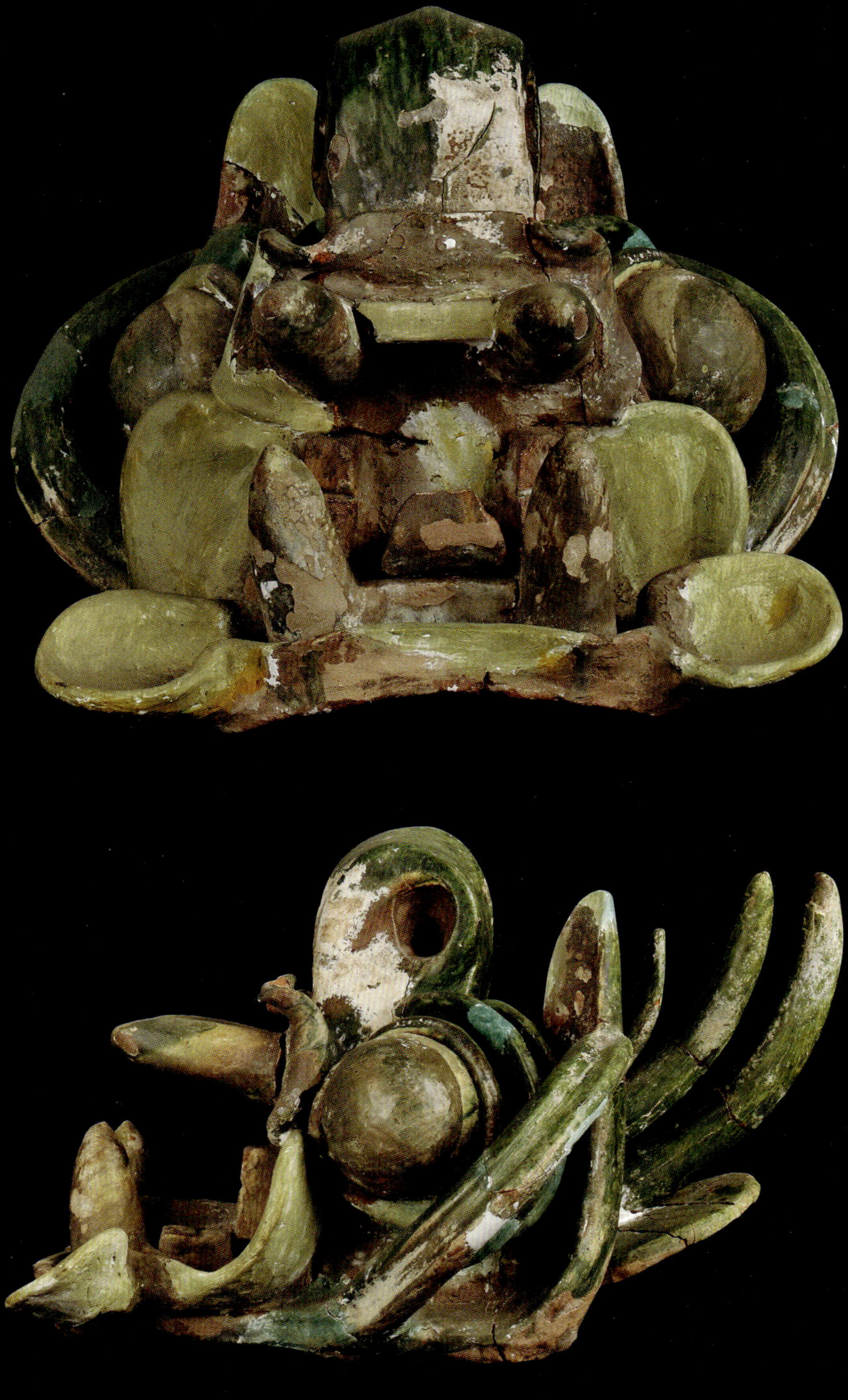

三彩陶兽头
渤海时期 宁安渤海上京城

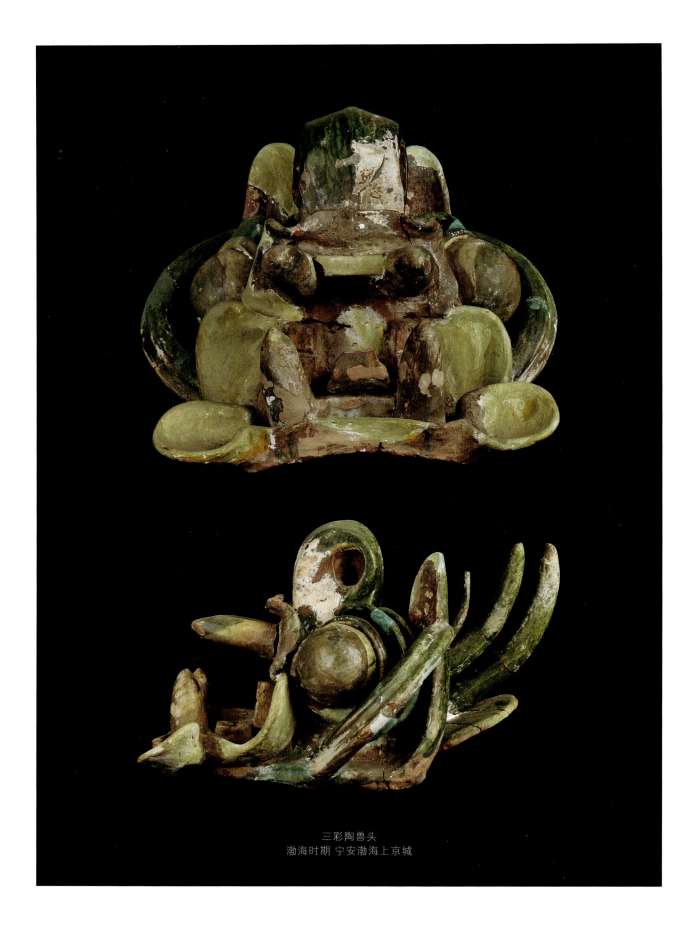

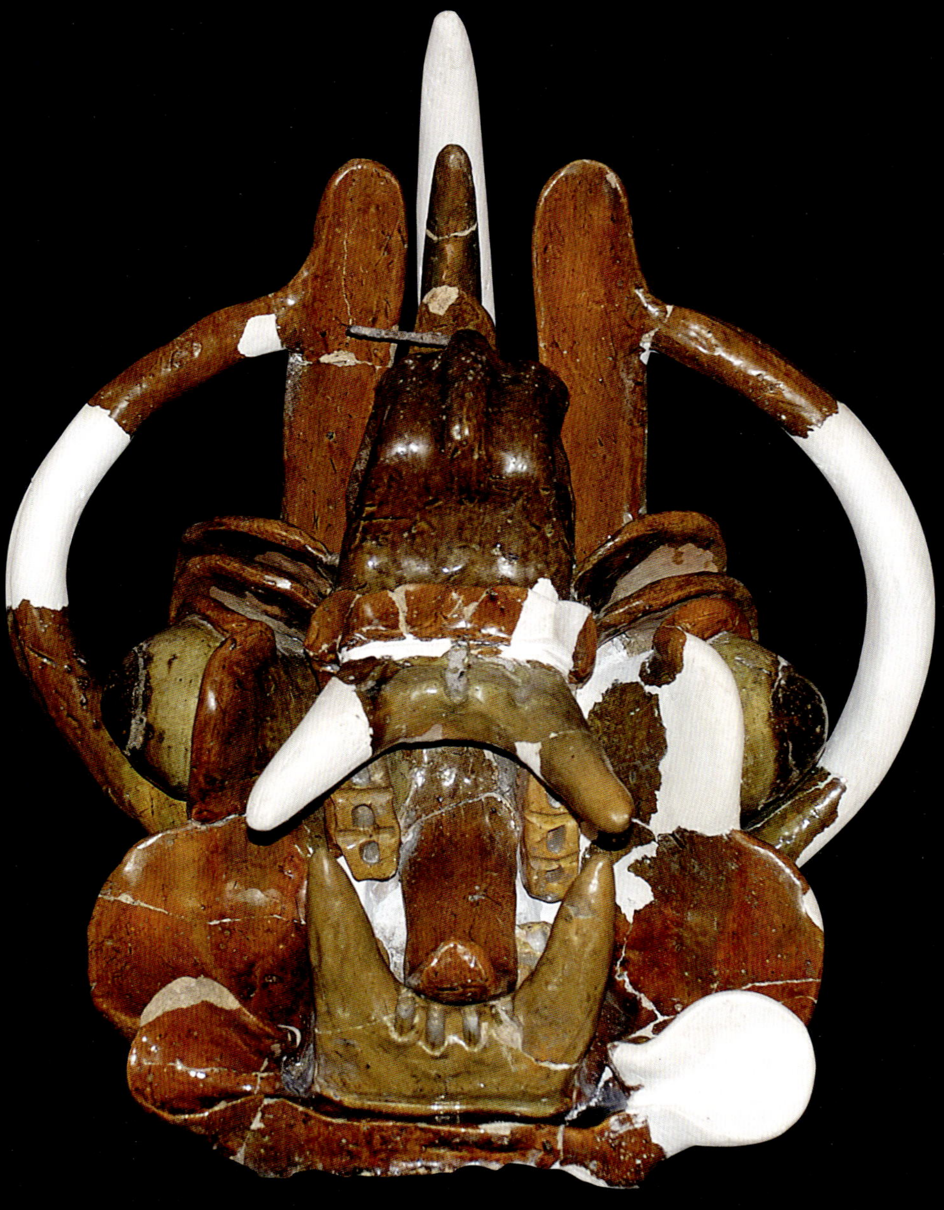

三彩陶兽头
渤海时期 宁安渤海上京城

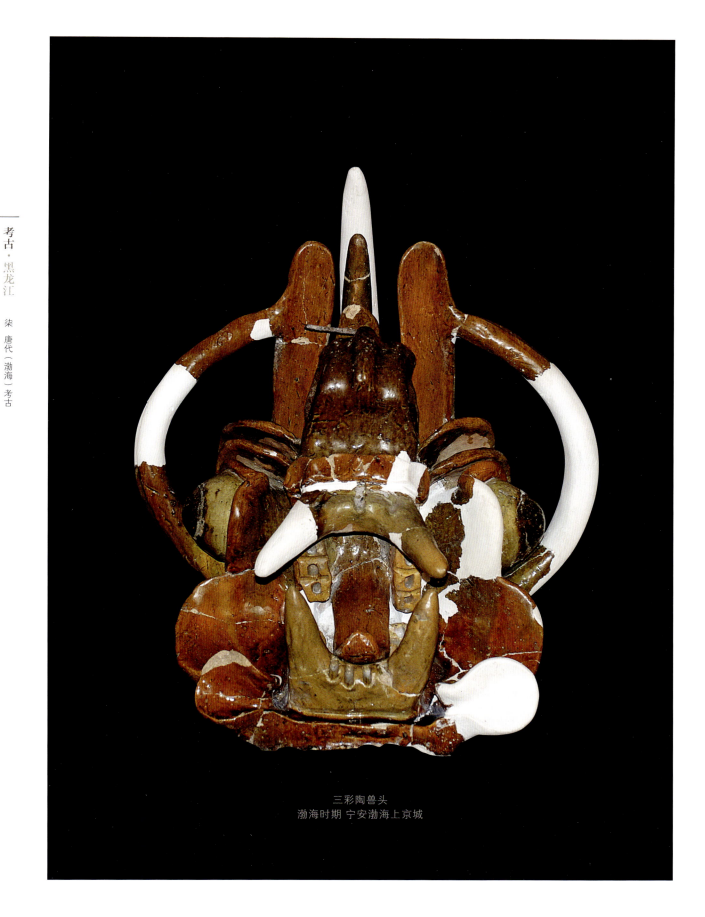

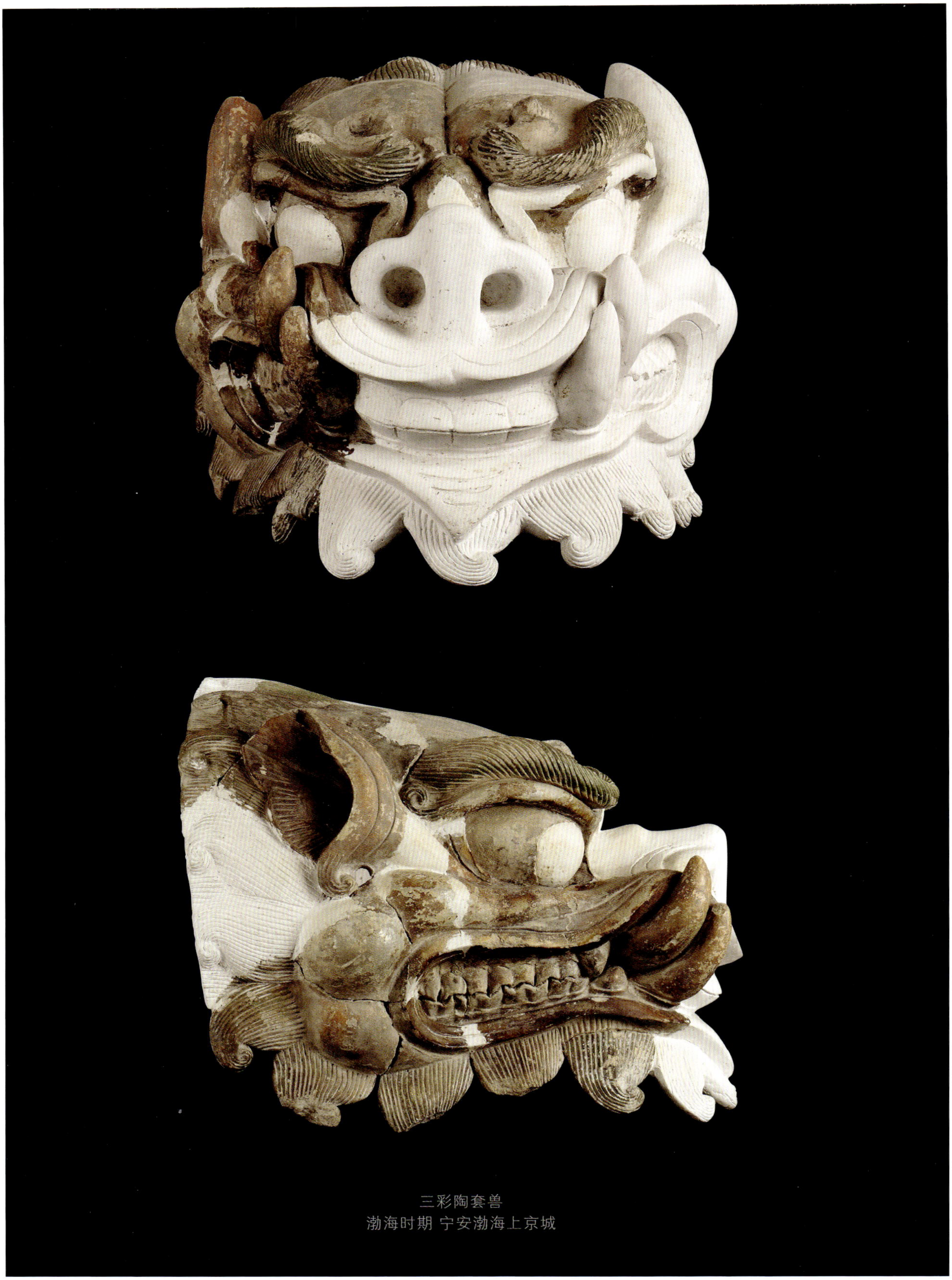

三彩陶套兽
渤海时期 宁安渤海上京城

石雕花阶沿
渤海时期 宁安渤海上京城

陶“客”砖版位
渤海时期 宁安渤海上京城

铜帐钩
渤海时期 宁安渤海上京城

渤海上京城在当时是东北亚屈指可数的大城市之一，使用时间较长，横跨了自盛唐至五代的漫长时空。其规划、设计和建筑，均取法于唐王朝，尤为重要的是，在同时期的都城遗址中，渤海上京城保存极为完整，城垣、街坊、道路、佛寺、宫殿清晰可辨。

渤海上京城的发掘，为研究渤海国的建筑规模、建筑形制技法乃至其反映的有关历史、文化提供了新资料，同时对中国古代都城和中国古代建筑的研究，有着不可或缺的作用。

通过大规模揭露与研究对比，可以明显看出渤海国的政治体制及其城市建制等，基本是以隋唐王朝制度为蓝本，即从侧面展示了浓郁的汉唐文化风采。

（二）中小城址

中小城址在牡丹江流域有较多的分布。

大致分为两类：平原城和山城，也可再分出一小类，即军事城堡。以平原城为主，平面一般呈长方形或方形，个别特殊的呈“回”字形。城墙多以土夯筑，个别城址的城墙有土石混筑的现象或用石垒砌。多数城的周围有护城壕，有的在城门处同时修建瓮城。

兴农城址\

兴农城址位于海林市三道河子乡兴农村东北，牡丹江中下游左岸的阶地上。城址的东部、北部为蜿蜒起伏的山岭，西部、南部地势较为平坦、开阔。牡丹江从城址的东北部曲折流过，紧靠城址西部是牡丹江的故河道。

1958年在牡丹江中下游进行考古调查时就发现了该城址。为配合莲花水库工程建设，1994 ～ 1995年，黑龙江省文物考古研究所与吉林大学考古学系联合对该城址进行了钻探、测绘、发掘。发掘面积约700平方米。通过钻探和发掘，较为详细地了解了该城址的结构和使用情况。

城址呈不规则方形，东墙长176、北墙长140、西墙长145、南墙长181米，周长约642米。城墙系由土堆垒夯筑而成，现存高度0.5 ～ 1.25米，墙宽约3.8米。大致在南城墙中部位置，置一城门，门宽约3米，方向166°。墙外有一条壕沟，壕宽约5 ～ 8米，壕与墙相距4米，东北角由于破坏严重，壕沟迹象不清晰。城内已辟为耕地，较为平坦，其中北部、中部地势略高，地表散布有陶片、布纹瓦片等。

城内晚期遗存发现房址3座，为地面式建筑，灰坑89个，沟1条。遗物较多，主要为陶器，其次为铁器、铜器、石器、骨器及角、牙、蚌制品等。陶器以夹砂陶为主，泥质陶次之。绝大多数为手制，少数有轮修痕迹。多素面，还有少量的刻划纹、弦纹、附加堆纹、压印纹、按捺纹等。器形主要为罐，还有碗、盅、舟形器、纺轮、网坠等。少量的布纹瓦。铁器有镞、刀、凿、环、甲片等。铜器有环和牌饰，还发现两枚“开元通宝”铜钱。

发掘及钻探结果显示，兴农城址的中部和北部分布着较为密集的房址建筑。房址多为带曲尺形双烟道火炕的地面建筑，体现了这一时期的居住特点。

通过对城内地层堆积、遗迹以及城墙的解剖情况综合分析，该城址建于渤海中期以后，延续使用至渤海晚期。结合城址所处的地理环境及形制特征看，兴农城址应是渤海国北部交通道上一处凸显防御功能的重要关隘。从规模上看，兴农城址属小型平原城，从其门址等建筑特点看极近唐风。

（三）聚落址

在牡丹江流域发掘了海林市渡口、振兴、河口、细鳞河，绥芬河流域发掘了东宁团结等渤海村落址。这些村落中的房址内多设“曲尺”形双烟道火炕，少数为“U”形三烟道火炕。多数为地面建筑，个别为半地穴建筑。海林细鳞河遗址，是一处保存较好的渤海村落址。其房址的结构为中央设地面灶的半地穴建筑。表明渤海的民居存在着不同的构造方式。设“曲尺”形双烟道和“U”形三烟道火炕地面建筑应代表当时最能抵御风寒的建筑技术。

铁锛
渤海时期 海林振兴遗址

三孔陶器
渤海时期 海林渡口遗址

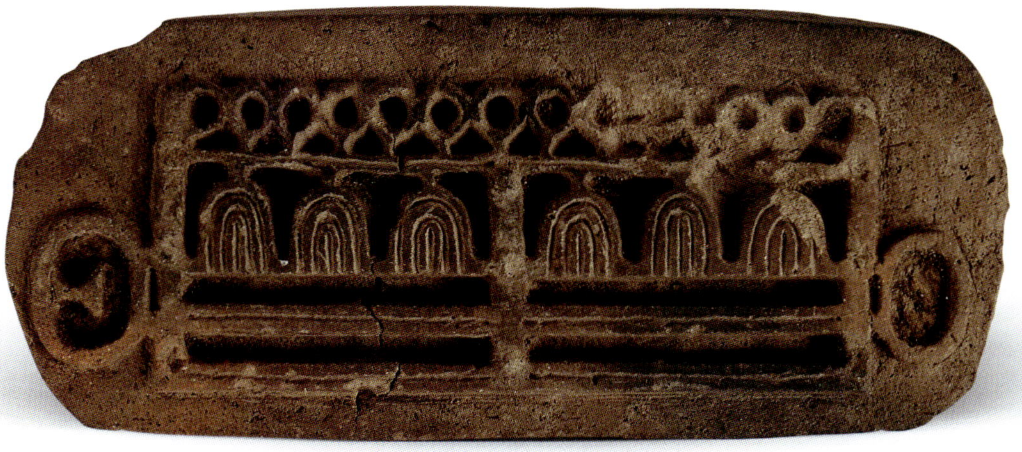

陶模具
渤海时期 海林河口遗址

细鳞河遗址 \

细鳞河遗址属渤海时期遗址。位于海林市原二道河子镇细鳞河村南，西南距海林镇67.5公里。遗址坐落于牡丹江左岸，牡丹江与细鳞河交汇处西北的漫岗上，面积约1万平方米。这里是一处河谷盆地，周围群山环绕，两侧临水，是古代居民理想的生活地点。

1983年，为配合牡丹江中游莲花水库工程建设，黑龙江省文物考古工作队对水库淹没区进行考古调查时发现该遗址。1995年，黑龙江省文物考古研究所对该遗址进行了考古钻探和试掘，试掘面积100平方米，清理房址1座、灰坑2个，出土陶、石、铜、铁、骨角等质料器物50余件。1996年，黑龙江省文物考古研究所和吉林大学考古系联合对该遗址进行了考古发掘，揭露面积805平方米，清理房址7座、灰坑40余个、井1口，出土陶、石、铜、铁、骨角等质料器物200余件。

该遗址的房址均为长方形或接近方形的半地穴式建筑，长宽约在4.5 ~ 7米之间，呈南——北向或东南——西北走向，无门道。房址室内地面坚硬，中部有灶，有的房址四隅有柱础石。灶为椭圆形或圆形浅坑，灶口周边略隆起，灶的一端多竖

陶罐
渤海时期 海林细鳞河遗址

陶罐
渤海时期 海林细鳞河遗址

陶壶
渤海时期 海林细鳞河遗址

葫芦形陶壶
渤海时期 海林细鳞河遗址

陶熨斗
渤海时期 海林细鳞河遗址

玉璧
渤海时期 海林细鳞河遗址

石璧
渤海时期 海林细鳞河遗址

铁鼎
渤海时期 海林细鳞河遗址

骨鱼
渤海时期 海林纽鳞河遗址

骨镞
渤海时期 海林细鳞河遗址

铁车毂
渤海时期 海林细鳞河遗址

铁犁铧
渤海时期 海林细鳞河遗址

铁车毂
渤海时期 海林细鳞河遗址

立2～3块板石，有的在此端还放有倒置的无底陶罐。灶址立有板石的一端与另一端相比，一般距离墙壁较远，朝向南或东南，这一现象很可能暗示了房址的门向。

遗址出土的遗物较为丰富。陶器的陶系大体可分成夹砂褐陶和泥质灰陶二类。一般火候不均，同一器物往往呈灰褐、黄褐、红褐和黑褐等多种颜色。器形以重唇筒形为主，其他还有鼓腹罐、甑、碗等。泥质灰陶火候较高，质地坚硬，器表多经磨光。泥质陶中一些器物表面呈黑褐色或黑色，器胎为褐色，还出土有黑皮陶。泥质陶的容器多为轮制，素面者居多，纹饰有弦纹、戳点带纹、垂幔纹、暗纹，器形有鼓腹罐、大口罐、壶、瓶、盆、甑、碗等。陶制品除了容器以外，还有网坠、纺轮、珠饰、多孔器、三彩器残片和陶饼等。铁器数量较多。较大型的为铸造，如铁锅、铁鼎、铧、车毂等。锻造的铁器有镞、刀、矛、铲、甲片、带扣、钩、钉等。铜器数量较少，种类有带具、牌饰、簪、钗、环等。骨角制品发达，种类有镞、匕、锥、带扣、纺轮、簪、鱼形饰及一些用途的骨角器和骨角料。石器多为砺石，其他的还有玛瑙珠、玉璧、制陶用石拍等。出土的炭化作物种子，经鉴定有大豆、绿豆、小麦、大麦、粟和苜蓿。

细鳞河遗址为一处渤海时期的聚落遗存，出土遗物的文化特征与渤海上京城址的出土遗物接近，年代也大体相同。遗址中出土的“开元通宝”铜钱为遗址的断代提供了佐证。

（四）墓葬

1. 墓葬（贵族墓葬）

三陵坟\

三陵坟位于宁安市三陵乡三星村东，南隔牡丹江与渤海上京城相望，包括石围墙、墓葬和神道等。

“三陵坟”，又作“三灵坟”，其名始见于《宁安县志》。据记载，清代道光年间（1821～1850年）墓葬遭盗扰。1933～1934年，日本学者原田淑人等对三

宁安三陵坟地貌

宁安三陵二号墓墓道及墓门

宁安三陵二号墓墓门内侧

陵坟一带的渤海遗迹进行过清理发掘。1963 ~ 1964年，中朝联合考古队也曾对“三陵坟”进行过考古调查与测绘。1988年，宁安县文物管理所在“三陵坟”文物保护围栏施工过程中，于墓道西侧发现了一尊渤海时期镇墓石狮。至此，黑龙江省文物考古研究所对“三陵坟”开始进行较为全面系统的考古清理发掘工作。

1989年，黑龙江省文物考古研究所继续在三陵坟一带开展考古调查与勘探。通过探沟方法，初步探明了“三陵坟”四面的渤海时期的围墙遗迹。石围墙南北长约235、东西宽约112.5米；在石围墙南北之间有一道“腰墙”，前后分为两个区。三陵坟位于后区前部居中位置。1991年春，黑龙江省文物考古研究所又引进地球物理勘探方法，对于三陵村东部一带进行地下墓葬分布情况的调查。现初步查明三陵坟地带有四座墓葬，统一对其进行编号。早年发现的“三陵坟”编为三陵一号墓，一号墓分布于后区前部居中位置，二号和三号墓在其两侧后位排列；三号墓位于其西北约31.2米，与二号墓东西相距57.5米。四号墓在陵园的围墙外，位于一号墓西稍偏北244米处。在陵园的围墙南门外，发现有通往上京的神道遗迹。一、二、四号墓均为石室墓，其中二号墓由墓室、甬道和墓道三部分组成，墓室和甬道绘花卉和人物题材的壁画；三号墓为一座只有填石，没有埋葬人骨和任何随葬品的空墓。

宁安三陵二号墓壁画

宁安三陵二号墓墓室北壁

三陵二号墓，1991 ~ 1992年进行发掘。整个墓室建在地下，地面之上略有凸起，似原有封土。地面上没有发现建筑遗迹，现已辟为耕地，耕土之下为夯土，夯土层下、墓室上部用一层白灰封护。整个墓葬由墓道、甬道、墓室三部分组成，墓向朝南。墓葬由雕凿整齐的玄武岩石块砌就。甬道开在墓室南壁中部，墓室上部为抹角叠涩藻井。墓室内摆放着10余具骨骼，为多人合葬，所出骨骼既有成年人的，也有儿童的。墓室和甬道的壁画、顶部、底部都抹有较厚的白灰层。在墓室四壁、顶部及甬道两侧的白灰层上面均绘有精美的壁画。壁画内容可分为花卉和人物两类。墓室上部抹角叠涩藻井部分的壁画全部为花卉，基本形式为二方连续的团花，图案美观，色泽艳丽。墓室四壁及甬道两侧为人物形象，多已剥落，但人物的姿态和服饰仍依稀可辨。墓室内壁画人物多为女性，面部丰腴，颇具唐风。甬道南端东西两壁的人物为武士形象，造型生动、传神。墓室内没有发现随葬品。在填土中出土了陶兽头、铁镞、蚌壳、陶盆、文字瓦等器物。

三彩陶熏炉
渤海时期 宁安三陵四号墓

三陵四号墓，1996年进行了抢救性考古发掘。此次发掘出土了精美的渤海三彩陶熏炉等遗物。

三陵三号墓，2004年进行了全面系统的考古发掘，三号墓却为一座只有填石的空墓。根据这一特殊情况，本期考古发掘主要是清理了该墓东侧的盗坑，并墓圹内东半部分由上至墓底的填石层。同时，对于墓葬周边一带进行了详细的钻探。通过钻探得知墓圹周边为原生土层，无任何异常现象。经初步认定，三号墓属于一座象征性的陪葬墓。

2. 墓葬（平民墓葬）

集中在牡丹江流域发掘了海林山嘴子、北站、三道河子中学、二道河子、羊草沟，牡丹江桦林石场沟，东宁大城子、宁安虹鳟鱼场等渤海平民墓地。松嫩平原的拉林河流域近年也有新发现。

虹鳟鱼场墓群＼

虹鳟鱼场墓群位于宁安市渤海镇虹鳟鱼场北1公里处小芹菜河南岸的沙丘上，因常年的水土流失和当地居民取沙烧砖，使墓地的东、西、北三面遭到严重破坏。1992 ~ 1995年，黑龙江省文物考古研究所连续四年对虹鳟鱼场墓群进行抢救性发掘。此次发掘对整个墓地进行了全面揭露，共清

虹鳟鱼场M1

虹鳟鱼场M161

理出323座墓葬，7座祭祀坛，发掘面积达1万余平方米，出土文物标本2000余件。

墓群建在熔岩台地的沙丘中，发掘之前多数墓葬在地面之上略有凸起，基本保持完好状态，只是原有封土多已不存。墓葬形制复杂，按其建筑材料可分为石墓、砖墓、砖石混筑墓3大类，其中以前者为大宗，后2种相对较少。石墓又可分为石室墓、石椁墓。按形状区分，石室墓可分为铲形、刀形、长方形、双室；石椁墓皆成长方形。砖室墓和砖石混筑墓有铲形、刀形、长方形3种。大型墓葬墓室一般规格为3.5×4米，中型墓为2×3米，小型墓为0.5×1米左右，墓道宽0.3～1.5米，长0.5～2.8米左右。墓底情况不一，大致有四种情况：第一种是原生沙土层；第二种为铺一层白浆土；第三种是铺一层砖；第四种为铺一层石板或鹅卵石。

墓葬习俗较为复杂，多数为多人二次葬，有个别的单人葬和火葬；单人葬多数为一次葬，墓主人仰身直肢。

随葬品有生活用具、生产工具、兵器、马具、装饰品等，其中陶器占多数，其次为铜器、铁器、玉器、金银器、玛瑙饰件等。陶器种类较多，有短颈壶、长颈壶、鼓腹罐、敛口罐、折肩罐、重唇罐、小口罐、板状耳罐、碗、盅、器盖等。出土文物不乏精品，如金带饰、金带扣、金花饰、银饰品、铜镜、铜牌饰等具有

陶罐
渤海时期 宁安虹鳟鱼场墓葬

陶罐
渤海时期 宁安虹鳟鱼场墓葬

陶罐
渤海时期 宁安虹鳟鱼场墓葬

陶罐
渤海时期 宁安虹鳟鱼场墓葬

陶罐
渤海时期 宁安虹鳟鱼场墓葬

陶罐
渤海时期 宁安虹鳟鱼场墓葬

陶罐
渤海时期 宁安虹鳟鱼场墓葬

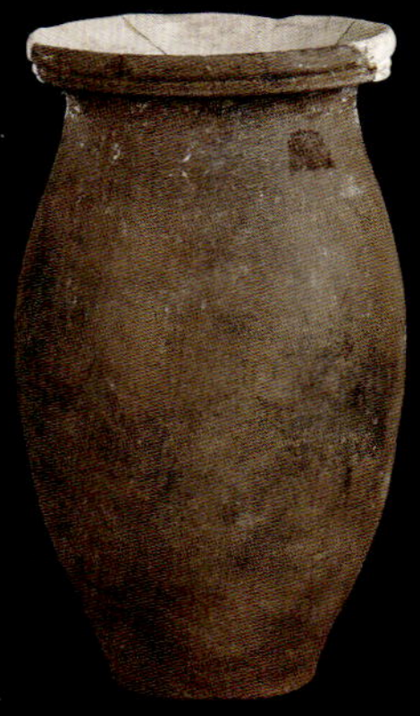

陶罐
渤海时期 宁安虹鳟鱼场墓葬

陶罐
渤海时期 宁安虹鳟鱼场墓葬

陶罐
渤海时期 宁安虹鳟鱼场墓葬

陶罐
渤海时期 宁安虹鳟鱼场墓葬

陶壶
渤海时期 宁安虹鳟鱼场墓葬

陶壶
渤海时期 宁安虹鳟鱼场墓葬

陶壶
渤海时期 宁安虹鳟鱼场墓葬

陶壶
渤海时期 宁安虹鳟鱼场墓葬

陶壶
渤海时期 宁安虹鳟鱼场墓葬

陶壶
渤海时期 宁安虹鳟鱼场墓葬

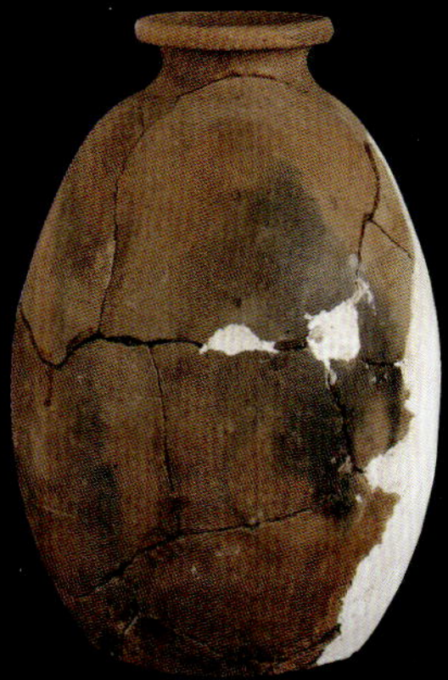

陶壶
渤海时期 宁安虹鳟鱼场墓葬

陶壶
渤海时期 宁安虹鳟鱼场墓葬

陶瓶
渤海时期 宁安虹鳟鱼场墓葬

陶瓶
渤海时期 宁安虹鳟鱼场墓葬

陶盂
渤海时期 宁安虹鳟鱼场墓葬

玉耳珰
渤海时期 宁安虹鳟鱼场墓葬

虹鳟鱼场M169

虹鳟鱼场M7

铜镜
渤海时期 宁安虹鳟鱼场墓葬

铜镜
渤海时期 宁安虹鳟鱼场墓葬

重要的文物价值和艺术价值。

虹鳟鱼场墓群发掘为我国迄今渤海墓群发掘中清理墓葬数量最多、延续时间最长、形制最复杂、出土文物最丰富的一次，并且首次发现与墓葬有关的祭祀坛等重要遗迹。此次发掘被评为1995年中国考古十大发现。墓葬的年代自靺鞨晚期约至渤海中期，呈现出连续不断的发展过程，通过对该墓群的发掘及研究，可以为渤海时期文化分期树立一个可靠的标尺。

羊草沟墓地\

羊草沟墓地位于海林市柴河镇头道河子村羊草沟屯东北约1公里，牡丹江左岸的阶地上。为配合莲花水库工程建设，1996年黑龙江省文物考古研究所对该墓地进行了发掘，清理墓葬26座。

墓葬排列较为有序，已揭露的墓葬基本分为南、北两区。北区墓葬濒临江边，南区墓葬位于北区的东南部，两区墓葬相隔约100余米。南区清理墓葬19座，有两种墓向。西侧一组墓有11座，为东南向；东侧一组墓有8座，为西南向。墓葬皆为封顶石室墓，在低于地面的土坑内以石块垒砌四壁，一侧壁中部留有墓门，门外接墓道，门和墓道用碎石封堵。墓底多用河卵石或碎石铺砌，有的用页岩或青砖拼砌，个别的墓底则直接利用黄土或沙土。葬式皆为二次葬，且多被扰乱。发掘的26座墓葬，大多数墓葬有随葬品，仅个别的墓葬由于扰动严重，未见随葬品。主

陶罐
渤海时期 海林羊草沟墓葬

陶罐
渤海时期 海林羊草沟墓葬

陶罐
渤海时期 海林羊草沟墓葬

陶罐
渤海时期 海林羊草沟墓葬

陶罐
渤海时期 海林兰草沟墓葬

陶罐
渤海时期 海林羊草沟墓葬

陶罐
渤海时期 海林羊草沟墓葬

陶罐
渤海时期 海林羊草沟墓葬

陶罐
渤海时期 海林羊草沟墓葬

陶罐
渤海时期 海林羊草沟墓葬

陶瓶
渤海时期 海林羊草沟墓葬

陶壶
渤海时期 海林羊草沟墓葬

陶壶
渤海时期 海林羊草沟墓葬

要有陶器、铁器、铜器等。根据墓葬形制及随葬品特征分析，羊草沟墓地的年代为渤海中期前后。

香水河墓地 \

香水河墓地位于五常市沙河子镇沈家营村东南约5公里，拉林河左岸一级阶地上，拉林河支流香水河在墓地北侧由西南向东北注入拉林河。为了配合哈尔滨市磨盘山水库工程建设，2004年黑龙江省文物考古研究所对该墓地进行了揭露发掘。发掘面积2800余平方米，清理墓葬48座，灰坑9个，出土陶器、铁器、铜器等遗物100余件。墓葬可分为土坑墓、石构墓、土石混筑墓三种类型，其中土坑墓45座、石构墓2座、土石混筑墓1座。土坑墓又可分为火烧墓和非火烧墓两种，火烧墓多残留棺木焚烧后的木炭、棺钉等。墓葬中尸骨多已无存，有的墓中可见零星人骨碎渣。出土完整或复原陶器30余件，陶质主要为夹砂灰褐陶和夹砂红褐陶，器形主要有陶罐、陶瓮等。陶罐特征多表现为重唇、深腹、小平底。陶器器表以素面为多、少量饰弦纹和阴刻水波纹。有的陶瓮等较大型陶器随葬时往往将底部打掉，表现了毁器的丧葬习俗。依据陶器等出土遗物特征判定该墓地的年代为渤海早期。

香水河墓地的发现和发掘是近年来黑龙江省渤海考古取得的新成果，对研究渤海国早期历史及渤海遗存分布的西界提供了新资料。

香水河墓地发掘现场

陶罐
渤海时期 五常香水河墓葬

陶罐
渤海时期 五常香水河墓葬

陶罐
渤海时期 五常香水河墓葬

陶罐
渤海时期 五常香水河墓葬

陶罐
渤海时期 五常香水河墓葬

陶罐
渤海时期 五常香水河墓葬

陶罐
渤海时期 五常香水河墓葬

陶罐
渤海时期 五常香水河墓葬

陶罐
渤海时期 五常香水河墓葬

陶罐
渤海时期 五常香水河墓葬

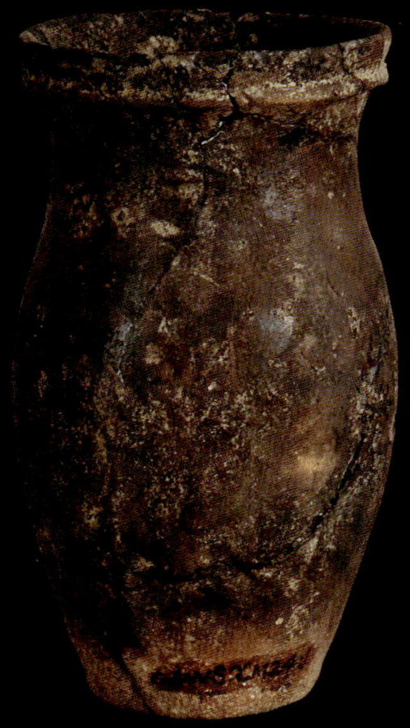

陶罐
渤海时期 五常香水河墓葬

陶罐
渤海时期 五常香水河墓葬

陶罐
渤海时期 五常香水河墓葬

陶罐
渤海时期 五常香水河墓葬

捌 辽代考古

捌

辽代考古

一 考古工作概况

黑龙江省的辽代考古开展得不是很充分，工作只限于个别地区。由于辽代遗存发现的不多，对之进行的研究尚显不够深入。

涉及辽代考古学研究，新中国成立前就已开始进行了。20世纪20 ~ 40年代，一些俄、日学者曾对黑龙江境内的辽代遗存进行过调查，由于认识的局限，许多遗存的年代笼统地定为辽金时期。新中国成立后，所做的有限的辽代考古工作，主要集中于嫩江下游、松花江下游、黑龙江中游等区域。有几项代表性的工作和发现：1956年，泰来县塔子城内出土辽大安年刻残石碑，由于有明确纪年，对于确认塔子城的年代等有重大价值；1956 ~ 1957年，在泰来县塔子城镇西南的平等村、平安乡后窝堡等地发现辽墓，进行清理发掘。这批墓葬，对于研究黑龙江西部地区辽墓的类型与演变，奠定了基础；1974年，发掘绥滨县永生墓地，确认为辽金时期女真人墓地，成为探索三江平原女真人葬制葬俗的基础材料；1975年，发掘绥滨县三号墓地，根据地理位置和出土遗物特征，并结合相关文献，考证该遗存为辽五国部文化；1985年，发掘黑河市卡伦山墓葬，根据出土遗物和墓地布局，推断为辽代女真人墓地。这一发现，进一步明晰了对辽代女真遗存分布的范围及文化内涵的认识。

二 重要遗存

辽代考古主要在松嫩平原和三江平原进行，主要遗存是城址和墓葬；前者主要是和契丹族遗存相关，后者是早期女真遗存。其他地区发现有少量的辽代遗存。

（一）松嫩平原

墓葬

主要发现于嫩江中下游流域。主要墓葬发现有龙江县朱家坎墓地、西甸子墓葬、泰来辽墓、齐齐哈尔三合砖厂墓葬、泰来塔子城墓葬、后窝堡墓葬、平等村墓葬、大庆沙家窑墓葬、龙江县新丰砖厂墓葬、富拉尔基墓葬、齐齐哈尔长岗子墓葬、龙江县二村墓葬等。墓葬形制结构包括石室墓、砖室墓、砖椁墓、土坑木棺墓、土坑墓等。葬俗皆为尸骨葬，有单人葬、双人合葬，为仰身直肢。石室墓中有三人和五人合葬。随葬品有釉陶器、陶器、瓷器、铜马具、铁兵器等。有釉陶长瓶、鸡冠壶、陶罐、陶壶、白瓷碗、瓷葫芦瓶、铜镜、铁锅、铁矛、铁刀等。这些墓葬的墓主人有契丹人、汉人以及室韦等其他北方部族。其年代的推断，主要以墓葬中出土的遗物及墓葬的形制和葬俗等特征为依据，结合和其他地区相关遗存的对比分析。墓葬的年代从辽早期至辽末期均有发现。从墓葬表现的文化特征看，文化面貌复杂多样，不同文化交错存在，表明辽代这一地区居民成分的复杂性。

城址

泰来塔子城\

塔子城位于齐齐哈尔市泰来县塔子城镇，嫩江支流绰尔河畔。塔子城略呈正方形，周长4563米。城墙由夯土筑成，顶宽1 ~ 1.25 、底宽20 ~ 30 、残高5 米。城内南北五条街道纵横相通，四面正中各有1座瓮门，城墙设有马面、角楼，城外有两道护城壕。马面大部分被破坏，现存较明显的有19个（北、南、西墙各5 ，东墙4 ），平均间距70 ~ 80 米。马面近圆形，直径5 ~ 8 米。角楼呈圆形，比马面大，高出城墙。瓮门呈圆形，宽 40 ~ 44、长36 ~ 38米。城内地表散布大量陶瓷、砖瓦等辽金时期遗物。城外西南部曾有一座六角形密檐砖塔，塔身中部每面的小龛中雕有坐式佛像，今已倒塌。城内出有“大安七年”（1091年）刻残碑，碑系用青灰色的泥灰岩石刻成。碑长23.4、宽16.9、厚3.6厘米。因其残断，原碑正文已失，只剩下碑记16行文字，文字中刻有“泰州河堤”、“建办塔事”和47个汉人姓氏。

从城址形制和出土物结合文献等考察，城址始建于辽代，为辽泰州治所。辽泰州属上京道辖，隶兴宗延庆宫，兵事属东北统军司，控制着大兴安岭东西地区的少数民族。金灭辽后，仍称泰州。元代，塔子城为“斡赤尔斤分地”。明代，此处设福余卫。清代前期称之为绰尔城。塔子城为研究辽金时期的

泰来塔子城城墙

泰来塔子城南城门

行政建置、历史地理奠定了一定基础，而且还对元、明时期的历史研究有一定的参考价值。

（二）三江平原

墓葬

绥滨三号墓群\

墓群位于绥滨县高力河注入黑龙江以东1公里的沿江沙丘地带。墓葬分布在东西相距约50米的两座沙丘上，其中东区墓葬已被破坏。1975年重点对西区墓葬进行发掘，发掘墓葬14座。从清理的墓葬分布现象分析，墓葬排列有规律，呈南北分排排列。墓葬均为长方形土坑竖穴墓，以尸骨葬为主，多数墓穴有烧烤过的迹象，未见木棺葬具。M5随葬陶罐内有骨灰，表明当时存在火葬的习俗。墓中出土的随葬品有陶器、铁器、铜器、玉石器等。陶器数量最多，共出土完整或可复原者32件，有泥质和夹砂陶两种，泥质陶器大致可分为大口鼓腹罐和小口长颈壶两类，其中有施小方格纹的罐和瓜棱装饰的壶。夹砂陶器中多为重唇深腹罐。铁器主要有小铁削、匕首、镞、腰带、环等；铜器有带銙、铃、扣、佩饰等。此外还有玉璧、玛瑙珠、料珠等饰品。依据墓葬形制结构、出土遗物特征等，推定墓地的年代为辽代，并结合历史地理文献等，推断绥滨三号墓群为辽五国部女真遗存。

永生墓群\

墓群位于绥滨县北岗乡永生村北，松花江左岸的漫岗上。1974年在基建施工中发现了14座墓葬，之后在其附近又发掘清理了12座，墓葬分布密集，排列有序。墓葬均为长方形土坑竖穴木棺墓，墓葬结构较为简单，木棺采用榫结构的方法组合而成。已清理的12座墓中，仰身直肢葬7座，二次葬4座，火葬1座。出土的随葬品以陶器和铁器为主，玉器和金银器非常少。陶器分泥质和夹砂陶两种，泥质陶多为轮制。器形简单，以罐类居多，少量的钵。分筒形和鼓腹两类，较多器物施排印几何纹和小方格纹，偶见瓜棱装饰，有些器底有刻划符号。有些陶器器底和外壁有烟熏的黑炱。铁器以刀和镞为多。铜器多为佩饰。还有少量的石佩饰等。有3座墓中出土有北宋铜钱，如“景祐元宝”、“咸平通宝”、“祥符元宝”等，据遗物特征等，判定墓葬年代为辽代。永生墓群反映出的文化面貌，与绥滨三号墓群多有相似之处，属早期女真遗存。

城址

五国部和五国城＼

五国部是辽代契丹人对剖阿里、盆奴里、奥里米、越里笃、越里吉等五国（即五部）的统称。分布在约今黑龙江省依兰县附近的松花江下游至黑龙江下游南北两岸地区。五国部族源自于黑水靺鞨，属辽代广义概念上的生女真。其以狩猎、捕鱼为业，亦饲养马等家畜。初期由其首领任“五国酋帅”管理其民。辽圣宗时归附契丹后，为辽镇守东北境，兵事属黄龙府都部署司统辖。

最早对五国城进行考证的是清末学者曹廷杰，其所著《五国城考》一文，对五国部所属的城址进行了地理考证记述，其中涉及九城，有四城基本吻合。

五国部和五国城对应考证如下：

越里吉：今黑龙江省依兰县，为五国城之首，有五国头城之称。

盆奴里：今黑龙江省汤原县西南固木纳城址。

越里笃：今黑龙江省桦川县东北万里霍吞城址。

奥里米：今黑龙江省绥滨县西敖来河畔城址。

剖阿里：在今俄罗斯哈巴罗夫斯克（伯利）域内。

相关城址的情况如下：

（1）依兰县“五国头城”

位于松花江右岸，城址为东北—西南走向，呈四方形，周长约2600米，面积近38万平方米。现存南、北、东三段各自独立的城墙最高可达4米。

（2）桦川县万里霍吞城址

位于桦川县悦来镇东北20公里处的万里河村，松花江右岸。城址依土岗走向筑成，平面呈不规则形，掘土起墙，夯土版筑，周长约3500米，面积约80万平方米。城墙残高4米，最高10米，底宽9米，上宽2.8米，无马面。城东、西、南三面各设城门，均居城垣中间，东、南二瓮城保存完好。正南门址保存完好，呈半圆形，内侧高4.2、外侧高11.8、宽26.4米；东门遗迹清晰可见，呈U形，宽27.8米，西门遗迹已不明显。 城内西偏北为圆形土台，俗称“点将台”，周长40米，中间呈凹形，内径3、深2米。城内曾出土金代铜印“恼温必罕合扎谋克印”

及金代、明代铜钱等。

（3）汤原县固木纳城址

位于汤原县香兰镇双河村东南1公里处，松花江左岸，汤旺河右岸。也称双河城址。城址呈长方形，南北长750、东西宽500、周长2500米，面积约37万余平方米，城墙高约3、基宽5米，夯土版筑。现存北墙100米（附有马面1个）、西墙全部500米（附有马面5个）、西北角楼一个，以及北墙外侧的双道护城河，面积约13万平方米。南城墙因河水改道已被洪水冲毁。城址内出土了铜权、六耳铁锅、勾当公事天字号之印、三足平底铁锅及瓦当等。

（4）绥滨县奥里米城址

位于绥滨县北岗乡永泰村东，松花江左岸。城址呈南北向，平面略呈圆角长方形，北墙保存较完整，夯筑，存高3 ~ 4、长912米，有马面18个。城墙外侧有1 ~ 2米深的护城壕。以北墙、东墙计，周长约3224米。东墙和西墙上也残存有马面。东墙中部偏北有城门并设有瓮城。城址东西两侧原有两座小城，现遭破坏无存。

（三）黑龙江中游

卡伦山墓群

墓群位于黑河市东南15公里四嘉子乡卡伦村北1500米，黑龙江右岸二级台地上。墓葬分布于东西走向的卡伦山坡上，面积约6000平方米。地表暴露出约有30多座墓葬，分布集中，排列有序，间距2 ~ 5米。1985年6月由省文物考古研究所发掘19座。墓葬类型包括长方形竖穴土坑墓和土坑木椁墓。方向均为东北 — 西南向。墓葬有大小两种。大者长3、宽1.3米；小者长1.6、宽0.8米。土坑木椁墓，木椁呈长方形，结构特殊，为紧贴墓圹四边置立木版，无盖和底，个别木椁上铺置桦树皮。一些木椁有火烧痕迹。多二次葬，人骨散乱堆置一起。M 107发现有殉葬马头葬坑。随葬品以陶器、铜铁器、石器为主，少量骨器、银器等。陶器有泥质和夹砂陶，素面居多，个别有纹饰，饰刻划纹、弦纹等。基本组合是罐和壶，有泥质鼓腹瓜棱壶、盘口高领壶、夹砂素面罐等；铜铁器多为马具，如镳、当卢、衔、铃、带扣、环、泡饰等；骨器有匕、锥等；石制品均为装饰品，有玛瑙管、玛瑙珠、绿松石珠、料珠等。卡伦山墓葬的文化特征同三江平原已发现的女真墓葬有诸多相似之处，二者所在同属于女真居住地域，故推定卡伦山墓葬为女真墓葬，其年代约当辽代。

玖 金代考古

玖

金代考古

一 考古工作概况

黑龙江地区金代遗存分布厚重，类型多样。金代考古起步较早，以新中国的成立为界点，黑龙江地区金代考古大致可分为两个时期。

（一）20世纪上半叶考古活动

早在19世纪末，一些中外的史地学者就对个别金代史迹做过调查活动。1885年，曹廷杰亲历阿城调查，首先考证"白城"即金上京会宁府故城；1894年，俄国的 H．P．斯特列里比茨基调查了金东北路界壕。

进入20世纪，相关的考古活动只限于局部的调查，主要是俄、日学者做的一些工作。1909年，白鸟库吉曾调查了被称为"白城"的金上京会宁府故址；1923年，俄国的 B．Я．托尔马乔夫，对金上京城进行了调查试掘，并测绘出城址平面图；1927年，日本学者鸟居龙藏也调查了金上京城址；1936年，日本人园田一龟对金上京城址进行发掘，其成果发表在由满洲国国务院文教部刊印的《满洲国古迹古物调查报告书（第四编）：吉林・滨江两省に於ける金代の史迹》一书里；1936年 B．C．斯塔里科夫调查了拉林河沿岸的4座古城址，1940年又调查了呼兰河口的古城址，并进行了测绘；1936 – 1939年，普尔热瓦尔斯基研究会的成员 B．德斯金和 B．马卡洛夫调查了哈尔滨至宾县一线及玉泉、平山等地，发现了石人、石狮（石虎）、石羊等石象生和龟趺及石棺等；1939年，L．M．雅克弗列夫和 V．N．阿林又调查了阿什河上游右岸一带，在此地区发现了石人、石羊、石狮（石虎）及石棺（石函）等；1940年，B．B．包诺索夫调查了肇东八里城址。在这一时期里，还有一些介绍墓葬、城址、碑刻等方面资料的简报发表，如1940年 B.C. 斯塔里科夫在《哈尔滨附近金代墓地的最初发现》的简报中，介绍了上京城周围的《宝严大师塔铭志》和《道士曹道清碑》的情况；1946年 L．M．雅克弗列夫在《阿什河流域的金代历史遗迹》的简报中，介绍了调查上京城的情况，包括城址的形状、布局等。

这一时期的考古活动主要是由俄、日学者进行的。开展的工作重点是围绕上京城及其周边的一些遗存进行的考察研究。

（二）新中国成立后的主要工作

新中国成立以后，考古工作逐渐步入有序的轨道。这一时期的考古又可分为两个阶段。

第一阶段：20世纪50～80年代。1958年，在肇东县八里城出土了数百件金代铁器，其数量和种类多；1959～1960年，考古工作者调查了东北路界壕与边堡；1961～1962年，考古工作者在阿城小岭地区调查发现金代冶铁遗址；1964年，阿城博物馆对金上京城遗址进行了调查测绘。1978年，黑龙江省测绘局出版了测绘的金上京城垣遗迹。多年来，有关研究涉及金上京城形制方面的数据，多综合沿用这一测绘成果；70年代，发掘了绥滨县中兴、奥里米等墓群，出土一批瓷器、陶器、金银器等；1975年和1979年试掘了克东县蒲峪路城址；1988年，在阿城城子村发掘一座大型石椁墓，墓主人为金齐国王夫妇，墓葬保存完好，出土大量完整华丽的服饰，堪称金代考古的重大发现。

这一时期的金代考古处于缓慢的发展阶段，各方面工作都有所开展，但缺少总体的、持续的规划设计。墓葬的发掘成果是主要的收获内容。

第二阶段：20世纪90年代至现今。1999～2000年，为制订金上京城皇城遗址保护规划，黑龙江省文物考古研究所对金上京皇城址再次进行全面勘探调查，进一步探明皇城城垣遗迹的准确位置、纵横范围，新发现了皇城中轴线上的第五殿址；1999年，配合公路基建工程，抢救性发掘了双城市兰棱镇车家城子城址，此次发掘对研究金代早期中小城址的结构、布局及社会历史状况等提供了新的资料；2002～2003年黑龙江省文物考古研究所对位于阿城亚沟镇刘秀屯的一处金代大型建筑基址进行了大规模发掘，该项目入选2002年度全国十大考古新发现。

这一时期的工作主要是配合基本建设工程和制订文物保护规划而开展的。虽然金代考古方面的项目数量有限，但也不乏具有重大学术价值的发现，如刘秀屯大型建筑基址发掘等。

二 重要遗存

（一）城址

早期都城 —— 上京会宁府城址

公元1115年，女真族完颜部首领阿骨打于其故地按出虎水（今阿什河）之畔建国定都，史称大金国，年号“收国”，都城上京会宁府。

自太祖完颜阿骨打建国称帝，至海陵王完颜亮贞元元年（1153年）迁都于金中都燕京（即今北京），金朝以上京为都城，前后经历四帝统治，历时达38年之久。

海陵王正隆二年（1157年），“命吏部郎中萧彦良尽毁宫殿、宗庙、诸大族邸第及储庆寺，夷其趾，耕垦之。”由此，上京地区皇家宫殿建筑遭到全面破坏。

世宗时期，为了保持女真文化传统，又曾致力于恢复“金源内地”—— 上京城的重要作用，重新修建了主要宫殿等建筑。

先后两个时期的大规模营建和复建，以致上京地区保留了一大批重要的金代城址、宫殿及其贵族墓葬等遗存。

上京城\

位于哈尔滨市阿城区南2公里，东临阿什河，俗称“白城”。

上京城由毗连的南北二城及皇城组成。南城略大于北城，二城均为长方形，平面上一纵一横相互衔接，连为一体，二城整个外围周长约为11公里。城墙夯土版筑，存高约3 ~ 5米，墙基宽7 ~ 10米。城墙断面处，夯土层痕迹依然清晰可辨。外垣平均每隔70 ~ 120米筑一马面。在全城5个城角上各构筑角楼一处，为城墙上的重点防御工事。城门9处，其中7处带有瓮城。城外及二城间的腰垣南侧，均有护城壕。外垣平均每隔70 ~ 120米筑一马面。

皇城建于南城内偏西处，南北长645、东西宽500米。自南向北有五重宫殿基址整齐地排列在皇城的南北中轴线上，东西两侧还有回廊基址，殿基平面呈“工”字形。皇城南门两侧有两个高约7米的土

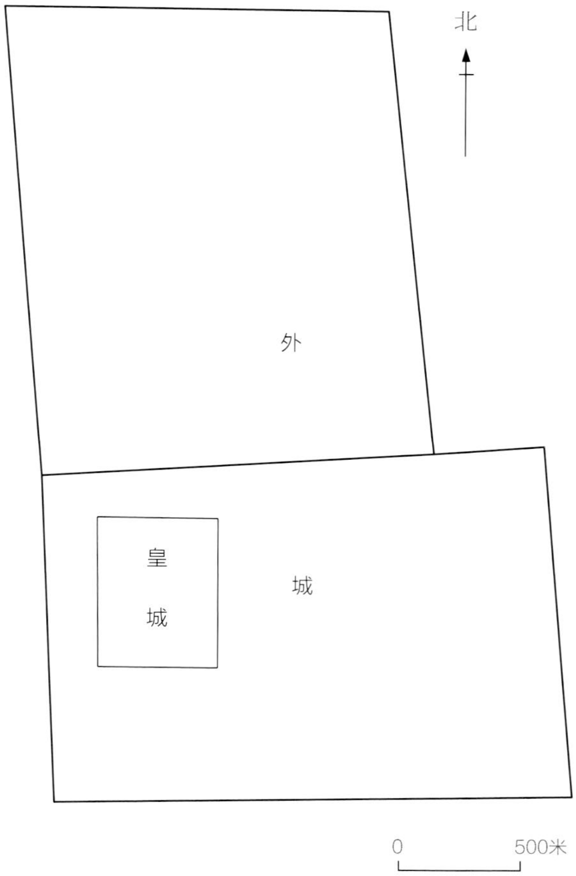

金上京城遗址外城与皇城平面图

（黑龙江省文物考古研究所2010年测绘）

阜，对峙而立，称为阙。两个大土阜间又有两个小土阜，各高约3米。大、小土阜间是皇城南门的3条通道，中为正门（午门），两侧为左右阙门。皇城布局规整、严谨。

金上京城仿照北宋都城——汴京城（今开封）的规模建筑，皇城布局与汴京城基本相同，规模宏伟，雄浑壮观。

对于上京城的考古工作，多年以来，一直停留在调查和勘探的基础上。基础的认识也仅限于这一层面上。20世纪60～70年，文物和测绘部门对其进行了初步的测绘。直到20世纪末和21世纪初，出于城址整体保护的需要，考古部门进行了相关的调查和勘探。近年的工作，形成了对上京城的新认识。一是初步探明、确定了皇城城垣遗迹的纵横范围，新发现皇城中轴线上的第五殿址西北部遗迹；二是进一步确定了金上京城南、北城的建筑时序，重新探查了城门址的数量以及瓮城门址的建筑结构。

上京城东部的大型宫殿址——刘秀屯建筑基址

刘秀屯建筑基址位于阿城区亚沟镇刘秀屯东南约100米处，阿什河右岸约1公里，西距金上京会宁府城址3.6公里，地理位置十分显要。

2002年考古工作者在对绥满公路（301国道）进行基建考古勘查时发现该遗存。2002～2003年黑龙江省文物考古研究所连续两年对刘秀屯建筑基址进行了发掘。

刘秀屯大型建筑基址，朝向正东南，由主殿（前殿）、过廊、后殿、正门及回廊组成，占地面积5万余平方米。正门位于东南回廊正中；主殿与正门对称，位于西北回廊正中；后殿位于主殿之后；过廊为连接主殿与后殿之通道；回廊呈正方形。主殿、过廊与后殿构成“工”字形一体建筑。主殿的面积3823平方米，由正殿、露台、两侧挟屋和后阁组成，总体布局呈对称多角形。出土遗物以灰瓦青砖等建筑构件为大宗，特别的建筑构件主要有石螭虎、石龙螭首、灰陶鸟、人面瓦当等。

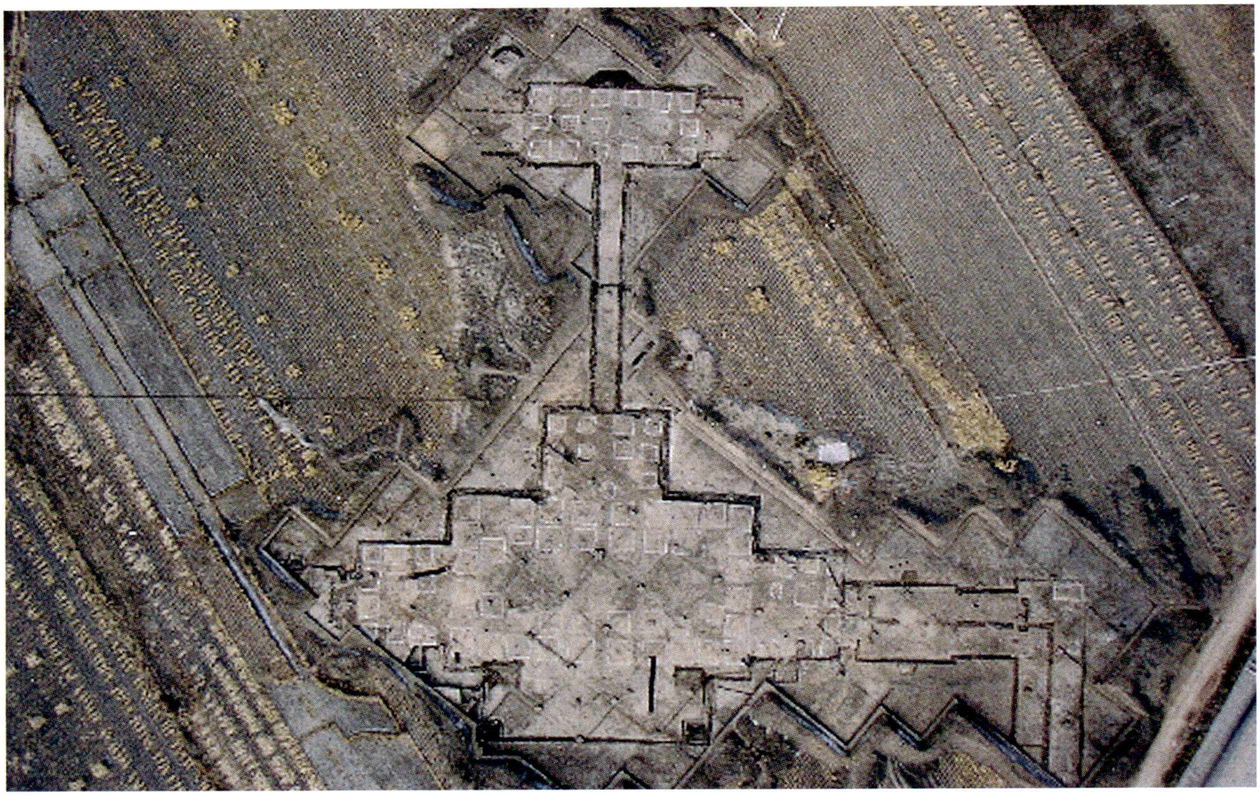

阿城刘秀屯宫殿基址

阿城刘秀屯宫殿基址宫门遗迹

陶鸟
金代 阿城刘秀屯宫殿基址

陶鸟
金代 阿城刘秀屯宫殿基址

陶构件
金代 阿城刘秀屯宫殿基址

陶构件
金代 阿城刘秀屯宫殿基址

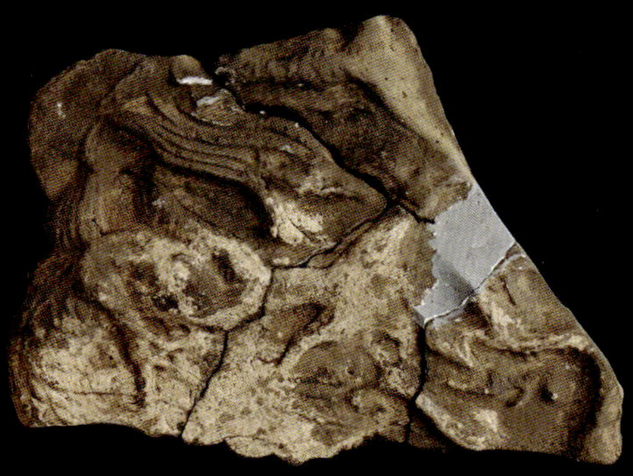
陶构件
金代 阿城刘秀屯宫殿基址

板瓦
金代 阿城刘秀屯宫殿基址

石龙螭首
金代 阿城刘秀屯宫殿基址

人面纹瓦当
金代 阿城刘秀屯宫殿基址

阿城刘秀屯宫殿址御炕遗迹

石螭虎
金代 阿城刘秀屯宫殿基址

刘秀屯建筑基址规模宏大，中央主体殿堂面阔九间、进深五间，其规制和中国古代建筑制度中历代皇帝所用的至尊等级规模相合。刘秀屯金代大型建筑基址，是我国迄今考古发掘所见的宋金时期规模最大、等级最高的皇家宫殿建筑基址，无论对于黑龙江考古，还是全国宋金时期考古，都是极为重要的发现。

该建筑基址朝向正东南，与其他宫殿的方向有着显著的差异。从该建筑基址本身特点、出土文物、地理位置、周边重要遗迹考察，并结合有关文献记载，应是一处金代皇家宫殿建筑。有学者考证其为金熙宗时期所建用于郊祀的“朝日殿”。其建筑年代和使用年代均在金朝早期（大致1115年～1153年）。

数千年以来，宫殿建筑始终是中华民族建筑体系的核心，但较为完整地保存下来的却屈指可数。尤其是两宋时期的宫殿都没有保存下来，迄今已发表的资料中，也没有发掘的实例。刘秀屯大型宫殿建筑基址是我国传统礼制的罕见实例，对研究宋金时期的政治体制、宗教信仰、文化习俗以及建筑风格等，提供了翔实的考古学资料，在中国古代建筑史上亦占有十分重要的地位。

中小城址

都城之外，金朝统辖政区城址的建制，可分为路府城、州城和县城，有些是重要的军政合一的重镇。据调查，黑龙江省境内有金代城址约300处左右，包括了府、州、县、镇及驿站等不同等级的建制。金上京路下辖蒲峪路、胡里改路、速频路和曷懒路，管辖着黑龙江和乌苏里江流域的广大地区。除曷懒路治所不在今黑龙江省辖境外，其余三路治所，均在黑龙江省境内或附近。经考证，克东县蒲峪路城址，为金代蒲峪路治所；依兰县土城子城址，为胡里改路治所；俄罗斯滨海地区双城子城址，为速频路治所。

已做过考古发掘的主要有以下几座城址：

蒲峪路城址 \

城址位于克东县金城乡古城村西约300米，乌裕尔河南岸。20世纪30年代有日本学者对城址进行过考察。70年代，黑龙江省考古工作者对乌裕尔河流域的城址进行了勘查。1975年和1979年黑龙江省文物考古工作队对城址进行了两次发掘，发掘面积约700平方米，包括对城门的揭示和城内遗存的揭露。城址平面呈椭圆形，东西长1100、南北宽700、周长2850米。城墙夯土版筑，残高3～4、顶宽约1.5～3、基宽约18～20米。附有马面40个，每个间距约70米。城只设南、

克东蒲峪路城址城墙

克东蒲峪路城址城墙

北二门，遥相对应，均附筑瓮城。城墙外10米处有护城壕。

通过发掘得知，南门仅有一个门洞，正中立有挡门石，门洞两壁立有15根排叉柱，中间两侧还有两根大圆柱。据残存遗迹推测，城门为“过梁式”结构。出土遗物有大量的瓦当、筒瓦、板瓦、脊兽、鸱吻等建筑饰件。瓮城内的城门两侧用青砖砌筑，在城墙的转角处立有角柱。

城址内曾出土一方铜质官印，印文为汉字九叠篆书“蒲峪路印”四字。据《金史》记载：“蒲与路，国初置万户，海陵例罢万户，乃改置节度使。”由此可知蒲峪路前身是万户府，海陵王为了加强中央集权制，对地方行政制度做了上述改革。从文献记载看，金代初年已建制城址。从城的规模看，属于金代中型城址。

八里城\

城址位于肇东市四站镇东八里村东八里屯西北300米，南距松花江干流5公里，城址坐落于松花江左岸台地上。

八里城近似正方形，方向135° ，有四门，门皆有瓮城。沿墙外缘有马面，四隅设角楼。八里城周长3681米，东墙964、西墙923、南墙903、北墙891米。城墙为夯土版筑，墙高4 ~ 5、墙基宽12米。墙外10米处有一道护城壕绕城一周。南壕最宽最深，深约7米，上口宽23.5米，底宽约在5 ~ 6米，西壕最浅，深约4米。城壕外有土堤一道环护全城，高出地面1 ~ 1.5、宽约12米。八里城保存完整。城内遗物较多，有石器、骨器、铜器，还发现有唐、北宋铜钱及金代“大定通宝”、“正隆元宝”铜钱等；此外有长砖、花纹砖、兽面瓦当、陶罐、陶杯等；瓷器有黑釉双系小罐、定瓷大碗等；铁器包括兵器、车马具、生产、生活用具等。

根据城内出土遗物的特征，学界倾向性认为八里城为金代城址。有学者认为其为金代肇州，隶属上京路统辖。

奥里米城址\

城址位于绥滨县北岗乡永泰村东，南部濒临松花江，松花江支流敖来河自西北向东南流过，对南城墙及城址南部造成大的破坏。20世纪60 ~ 70年代，考古工作者对城址进行了调查和测绘。城址呈南北向，平面略呈圆角长方形。

为了防止江水对城址的进一步冲刷破坏，2000年文物部门对城墙所在位置的堤坝进行了加固。之前由黑龙江省考古研究所对该城址保护所涉局部区域进行了抢救性考古试掘，试掘面积近400

平方米。包括城外居住址、墓葬的揭露及城墙的解剖等。

该城址濒临河畔，地理位置重要，是通往黑龙江下游的水上交通要冲。学界一般认为，此城是辽代五国部之奥里米国所在地。

绥滨奥里米城址北墙西段及护城河（由西向东摄）

绥滨奥里米城址西墙北段（由北向南摄）

中兴城址\

城址位于绥滨县忠仁镇高力村西500米，其北4公里为黑龙江主流。1973年黑龙江省文物考古工作队调查发现。城址平面近方形，周长1460米，城墙不直，北墙弯曲尤大。南、北城墙各设一门，有瓮城。共三道城墙，一主墙，两副墙。各墙外有壕，构成三条护城壕。城墙外缘设有马面，现存14个。城外西北、西南、东南还各有一周长约200米的小方城。此城尚未进行考古发掘，仅在城址及周围曾出土数件特点鲜明的遗物，有铜印、铜镜、玉马、铜饰件等。再从中兴城址所处的地理环境看，处于黑龙江和松花江环绕交汇处。因此，一般认为该城址为金代具有重要军事意义的一个城镇。

车家城子城址\

位于双城市兰陵镇车家城子村西北，地处拉林河右岸二级台地上。1981年文物普查时发现。1999年，为配合同三公路哈双段工程建设，黑龙江省文物考古研究所对城址进行了发掘，发掘面积1000余平方米，包括城门址、城墙、城壕的解剖、城外遗存的揭露等。

城址方位北偏西15°。平面近方形，南墙、北墙长约209，东墙、西墙长约205，周长约828米。城墙为夯土版筑，最高约4.5米。经勘查，城四角有角楼，西墙和东墙各有马面1个，北墙有马面2个，南墙已毁，相对应地，也应有马面2个。北墙正中有门址1座，宽约4.4米。城外有内外两条护城壕，宽约6米余。城内地表可见布纹瓦片、陶片、青砖残块等，发掘出土有陶、石、骨、铁、铜器，还有唐、宋时期铜钱等。该城址规模不大，发掘者认为，此城系金代早期东北通往中原内地的一处“驿站”性质的城址。

(二)墓葬

由于工作的不平衡，黑龙江地区金墓的材料发现比较零散，并不丰富。多数墓葬发现时已被破坏，其墓葬形制和随葬品等已不能反映其全貌。故有的墓葬的年代的判定等就比较模糊，尚不准确。再加上有些墓葬的材料未予及时报道或报道较为简略，给深入研究带来一定困难。

目前，黑龙江省发现的金代墓地有10余处，但多处墓葬在发掘时已遭破坏，有的甚至无法知墓葬个数，仅少数经过清理、发掘。依据建筑构造及外部形制的差异，分为三大类，即土坑墓、棺椁类墓、室类墓。其中棺椁类墓又分为五种形制，室类墓仅见砖室墓一种。年代包括金代早期至晚期。

至今，黑龙江地区关于金代墓葬的发掘、发现主要有三项较为重要。

第一项是1973～1974年黑龙江省文物考古工作队发掘绥滨县中兴、奥里米等辽金墓群；第二项是1983～1984年黑龙江省博物馆发掘的哈尔滨市新香坊墓群；第三项是1988年黑龙江省文物考古研究所发掘的阿城城子村金齐国王夫妇合葬墓。以上墓葬的发掘，由于墓葬形制类型独特、完整，出土遗物丰富，成为研究黑龙江金墓的标尺性材料，具有重要的学术价值。

中兴墓群\

墓葬位于黑龙江右岸，东南距中兴城址约500米。1973年发掘了12座墓葬，个别墓葬为同坟异穴，如M3～M5、M6～M8。墓葬分为土坑墓、土坑木椁墓、土坑木棺墓。土葬（尸骨葬）和火葬并存。墓葬遭盗扰。出土约300余件随葬品，瓷器数量多，金银器、玉器等精美物品占有一定比例。陶器数量多，以罐为主，其次为壶和钵。有排印和瓜棱装饰，也有用彩绘者，器底多有刻划符号。大致推断墓葬的年代为金代早中期。

奥里米墓群\

墓葬位于奥里米城址西北古河道两岸向阳坡地上。1974年发掘25座；1998年清理了8座。有的墓葬为多座墓共用一个封土。墓葬分为土坑墓、土坑木椁墓、土坑木棺墓、土坑石椁墓。土葬（尸骨葬）为主，个别火葬。土葬有一次葬和二次葬。墓葬多被盗扰。有金银器、玉器、陶器、瓷器等。陶器有罐和壶，也有瓜棱作风。瓷器多为碗和盘。铜钱为北宋钱币及金代“正隆元宝”铜钱等。1998M5～M8年代可早到辽代，其余墓葬年代大致为金代早中期。

新香坊墓群\

墓葬位于哈尔滨市香坊区幸福乡东南，阿什河左岸的二级阶地上。1983年和1984年连续两年对墓地进行勘探、发掘，共清理墓葬13座。这是一处墓葬类型比较丰富的墓地，有木椁木棺墓、石椁木棺墓、砖室墓等形制。葬俗包括土葬（尸骨葬）和火葬两种，随葬品可分为生活用具、生产工具、马具和佩饰品等。其中金佩铃、玉雕佩饰、金镶玉耳坠饰、银钏及饰有龙凤纹图案的镶有银边的鎏金鞍桥等，造型优美，工艺精湛。该墓地地表早年还立有石人、石虎等石象生，表明墓地曾有地面神道设置。由此可见，该墓地应为一处地位较高的贵族家族墓地。多数墓葬的年代在金代中期前后。

城子村金“齐国王”墓＼

墓葬位于哈尔滨市阿城区巨源乡城子村西，阿什河右岸的二级台地上，北去松花江近10公里。1988年发现并对该墓进行了发掘。此墓系棺椁类墓中的土坑石椁木棺墓，墓圹平面呈凸字形，墓圹内南北并列一大一小两具长方形石椁。大石椁四壁由4块花岗岩石板组成，盖、底各由3块花岗岩石板平铺，共10块石板。石椁长2.8、宽1.9、高1.5米；小石椁四壁、盖、底共由6块花岗岩石板组成。石椁长1.78、宽1.17、高1.22米。大石椁内有木棺，为尸骨葬、葬男女夫妇2人、仰身直肢葬；小石椁为附葬墓，内有碎骨，可能为迁葬。墓中随葬出土有墨书“太尉仪同三司事齐国王”字的木牌及压印“太尉开府仪同三司事齐国王”字的银质铭牌，此外还有双鹅玉饰、金项饰、金环饰、金耳坠、金锭、金鞘玉柄刀等。男女墓主人着多层多样式衣饰，男性着8层17件，女性着9层16件。丝织品种类有绢、绸、罗、锦、绫、纱等。这些服饰的发现，填补了中国服饰史有关金代部分实物的空白。根据墓葬形制结构、出土遗物及铭牌等情况分析，该墓年代为金代中期（约1162年）。此墓墓主人身份明确，年代确切，保存完整，在金代墓葬研究中具有重要的标尺意义。该项发现被学术界誉为“塞北马王堆”。

目前的材料表明，黑龙江地区的金代墓葬主要集中发现于黑龙江中下游、松花江及其支流阿什河流域。这些地方乃是女真人最初的发祥地，也是当时人口集中聚居的地方。其中既有一般平民墓，也有王室贵族墓。从发现的墓葬看，土坑墓在该地区是始终存在、长期使用的一种墓葬类型。使用者主要是一般的平民，不用葬具，往往直接入土安葬，即采用天然的土圹下葬，多是仰身直肢葬。随葬品种类数量较少，主要是一些陶器和小件铁兵器和马具等。这类墓应是金代女真人的原始葬俗之一。木棺墓、木椁墓目前在本地区的发现，其年代主要是在金代早、中期。到金代晚期，这类墓（主要是木椁墓）发现就非常少。依发现情况考察，土坑墓和土坑木棺墓、土坑木椁墓等，在地表多数往往还有封土堆。金代中期，出现了体现等级地位的墓葬——石椁墓。这种由数块雕凿平整、厚重考究的石材围砌而成的石椁墓，是女真人特有的墓葬类型，而且只在高级贵族和统治阶层中流行使用。砖室墓的出现也是在中期前后。在埋葬习俗方面，土葬和火葬并存。

黑龙江地区金墓的研究，目前还处于材料的累积阶段，年代学等仍未建立起来。今后需要做一些有目的性的调查和发掘工作，深化墓葬的研究。

金丝玛瑙管项饰
金代 阿城城子村金齐国王墓

褐地翻鸿金锦绵袍
金代 阿城城子村金齐国王墓

竹节形金环饰
金代 阿城城子村金齐国王墓

褐绿地全枝梅金锦绵襜裙
金代 阿城城子村金齐国王墓

绿地忍冬云纹夔龙金锦绵袍
金代 阿城城子村金齐国王墓

紫地金锦襴绵袍
金代 阿城城子村金齐国王墓

紫地云鹤金锦绵袍外襟
金代 阿城城子村金齐国王墓

银铭牌
金代 阿城城子村金齐国王墓

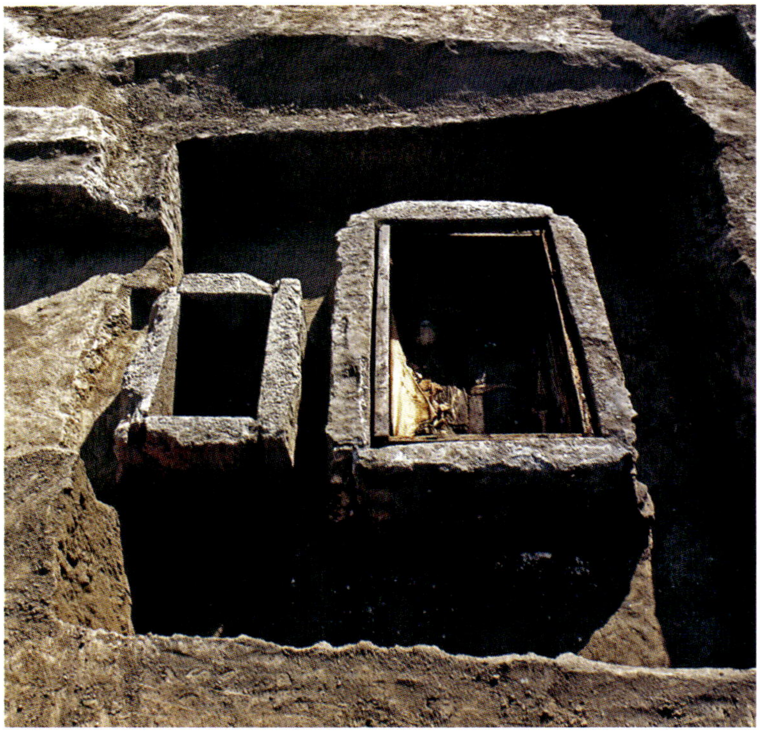

阿城城子村金齐国王墓大小石椁

阿城城子村金齐国王墓主夫妇葬式

（三）界壕

金界壕又称金长城，是规模宏大的古代军事防御工程。其构筑别具一格，金界壕由外壕、主墙、内壕、副墙组成。金长城大约始建于金太宗天会（1123年）年间，至金章宗承安三年（1198年）前后竣工，历时70余年。金界壕全长5500公里，其中在我国境内长约4600公里。

经考古勘查确定的金界壕有两条。一条是金初修建的岭北长城，主要分布在俄罗斯和蒙古国境内；一条是从嫩江到大青山的界壕，主要分布在我国内蒙古自治区境内，在内蒙古阿荣旗、扎兰屯市南部，以界壕为内蒙古与黑龙江省的分界线，南侧的边堡属于黑龙江省。其主要特点是：在地势较平坦之地修建，外壕内墙，不用砖石等建筑材料。我国境内的南部界壕又分南、北线，在重要地方还分出支线，形成双墙双壕。

金界壕包括壕堑、主（副）墙、土堡等设施。壕堑宽8～10、深4～5米。主墙高6～8、宽8～10米。筑堤材料均就地取材，平地挖取土方夯筑，山地用石料垒砌。壕堡建于主墙内侧，设有房舍和营库，可以屯驻少数守军和储备兵器。土堡根据需要，又分为不同的类型和功能，每座土堡之间的距离也不等，位置多选在利于观察敌情和地形条件优越之处。金朝修筑界壕以阻止北方游牧民族南下，在军事上有一定价值。

按照行政建制，文献史料记载，将界壕分为四路，即东北路、临潢路、西北路、西南路。黑龙江省境内分布的界壕，属于东北路北段。

近年来，文物考古部门对界壕的局部做过试掘工作。2009年，黑龙江省文物考古研究所对嫩江左岸甘南县境内的界壕进行了抢救性考古发掘（主要是壕墙解剖）。发掘面积200平方米。这次发掘为进一步了解金界壕的结构特征、筑造特点、墙壕关系提供新的材料。

在国家文物局的总体部署下，自2007年以来，国家启动了“长城保护工程”，对各个时期的长城展开全面的调查和测绘，金界壕的调查亦在其列。这次较为系统的调查，将为金界壕的深入研究提供更为翔实而科学的资料。

（四）碑刻

碑刻包括石刻和碑铭两种。黑龙江地区较为重要的发现有亚沟石刻、宝严大师塔铭志、道士曹道清碑、金源郡□烈王“完颜斡鲁”神道碑残段等。

亚沟石刻像 \

亚沟石刻像，位于阿城亚沟镇东5公里石人山南麓的崖壁上。有两幅摩崖刻画像。左幅为武士装束，头戴盔，上有塔刹状顶，两侧有卷翼。面部丰腴端庄，表情威严刚毅，膀阔腰圆，身材魁梧，穿着圆领窄袖袍，肩着披风，腿左盘右伸，足穿高腰靴，左手抚于靴上，右手握剑，画像线条清晰流畅。右幅为妇人装束，头带帽，神情庄严从容，身穿直领左衽长袖衣，盘膝端坐。由于久经风雨剥蚀，线条有些残缺模糊。两幅图像采用线刻法雕于天然的花岗岩面上，衣饰具有女真人风格。学界认为两幅图像属于金代早期石雕艺术。

宝严大师塔铭志刻石 \

宝严大师塔铭志刻石，出土于金上京会宁府故城西部。宝严大师塔系用花岗岩雕琢而成，采用佛教中的石幢造型。盖、底座呈六角形，塔身呈六棱柱形。塔盖仿古建筑形式，檐部雕出檩、椽形状。高92、上宽56、下宽62厘米，六面皆有汉字楷书铭文，每面7行，全文600余字。该塔式碑铭是专为上京城宝胜寺前管内都僧录宝严大师所刻墓志碑。墓志铭文记录了宝严大师的生平及主要事迹，墓铭刻石的年代为大定二十八年（1188年），是宝严大师的弟子门人为其所立。该铭刻是研究金代上京城及其周围地区佛教文化历史的重要实物资料。

曹道士碑 \

道士曹道清碑原位于哈尔滨市阿城区山河镇松峰山太虚洞内，民国时期遭毁。根据碑铭所记，太虚洞在金代称为“金源乳峰古洞”。碑分三部分，碑首和碑身为汉白玉质，碑座用花岗岩雕成，碑身通高102、宽65、厚13厘米。碑文近450字，系楷书。铭文记录了道士曹道清的生平。曹道清是金代“金源地区”道教发展传播的代表人物，后在乳峰山羽化仙逝。金朝承安四年（1199）其弟子为其立碑纪念。曹道士碑成为研究金源地区金代历史及道教文化的珍贵石刻资料。

曹道士碑原在清代修志书《吉林通志》中有著录，但文字不完整。1962年黑龙江考古工作者重新调查了乳峰山太虚洞。发现有篆书“曹道士碑”四字的雕龙残碑首，并对碑文文字重新进行了补录校误。调查者对碑文涉及有关问题进行了探讨，起到了补史证史的作用。

阿城吉兴屯墓葬神道碑 \

墓葬位于阿城大岭乡吉兴屯，海沟河北岸山坡上。山坡上分布有被毁的墓葬10余座。调查者于墓地地表发现石碑残片三块，其中碑额一块、碑身两块。碑额上部雕饰有龙纹图案，碑额厚42、宽80、高72厘米。碑额正面刻有完整的篆书汉字8个，不完整的篆书汉字4个。两块碑身存留楷书汉字百余字。碑身背面无字。调查者对碑额存留的字辨认释读为“大……仪同……金源郡……烈王完……公神道……”，以此断定为金代贵族墓神道碑。通过和已知的完颜希尹、完颜娄室神道碑碑额书写文字比对，判断其碑额全书为“大金开府仪同三司金源郡□烈王完颜公神道碑”。结合《金史》等文献记载，初步考证墓主人为完颜斡鲁，系女真皇族。此神道碑所立时间不早于大定十七年（1177年）。此碑虽然残缺较多，但它是东北女真故地继完颜希尹、完颜娄室、完颜忠碑发现之后的第四块金代女真贵族神道碑，具有重要的学术研究价值。

上京路都统印
金代 牡丹江市征集

征行万户之印
金代 方正县发现

肇州司侯司印
金代 东宁县发现

勾当公事之印
金代 龙江县发现

副统之印
金代 方正县发现

万户天字号印
金代 海林县发现

拜因阿陵谋克之印
金代 甘南县发现

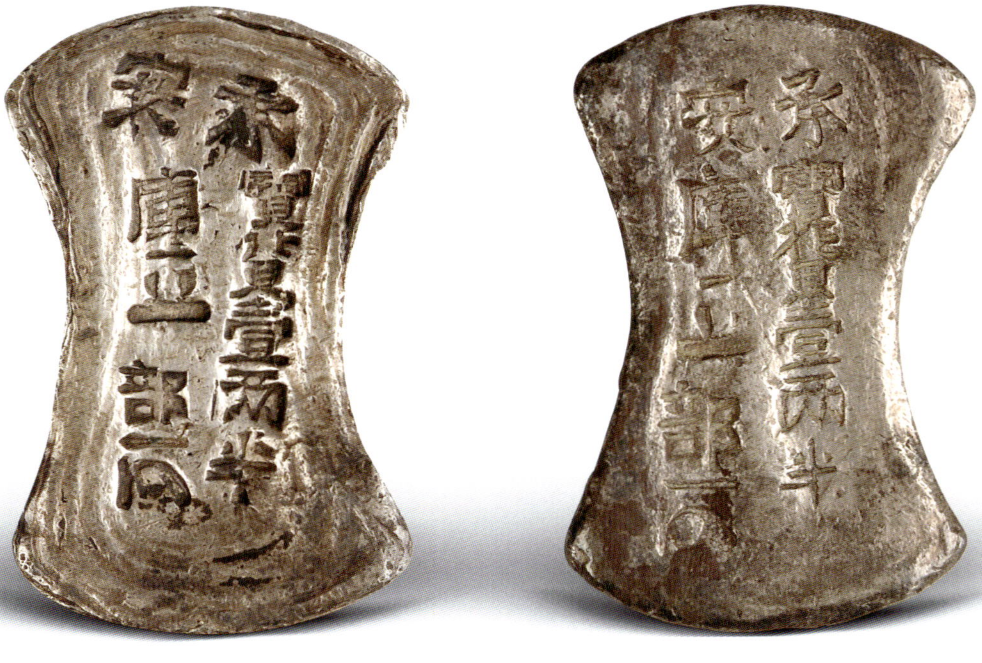

承安宝货银锭
金代

柳毅传书纹铜镜
金代 征集

四鸾凤纹铜镜
金代 征集

童子戏兽纹铜镜
金代 征集

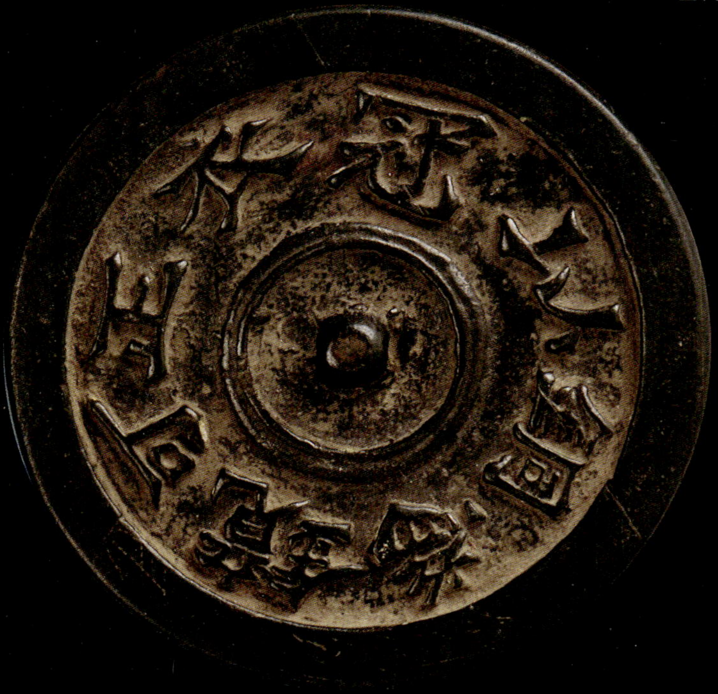

铭文铜镜
金代 征集

双鱼纹铜镜
金代 征集

瑞兽葡萄纹铜镜
金代 征集

三龙纹带柄铜镜
金代 征集

拾 元明清考古

拾

元明清考古

一 考古工作概况

迄今为止，元明两代的考古工作开展得比较少，因而确认的遗存不多，尤其是考古工作确认的元代遗存更少。

近一个时期以来，由于认识上的提升，清代考古也纳入考古学研究的范畴，开展了一些对相关遗存的考古发掘与研究工作。

正式的考古工作只有数项。其中明代考古有一项，即1991年发掘的绥滨县东胜墓地，清理墓葬14座。清代考古工作主要在两个区域进行，即松花江中下游地区和嫩江中下游地区。主要有两项工作，一项是1980年发掘的依兰县永和、德丰两处墓地，清理墓葬12座。另一项是2001 ~ 2004年，配合尼尔基水利枢纽工程，在嫩江中游左岸发掘的平民墓和将军墓，有数十座之多。

属于明代考古学范畴中有一项比较重要的遗存是永宁寺遗迹和永宁寺碑。明代，海西女真人亦失哈，在明永乐九年（1411年）至宣德八年（1433年）间，屡受朝廷派遣出使奴尔干地区，并于永乐十一年（1413年）和宣德八年（1433年）兴建和重建永宁寺于奴尔干所在地（黑龙江下游河口，今俄罗斯境内）。两次皆立碑于寺前，分别题有《永宁寺记》和《重建永宁寺记》，详细记载了奴尔干都司及永宁寺建立经过与亦失哈屡次出使情况。碑上刻有汉、女真、蒙古、藏四种文字。

近年来，文物考古工作者在进行文物普查时，对松花江流域分布的众多的城址做了细致考察，结合文献、地理学等考证，确认已发现的相当一部分城址为明代“海西东水陆城站”的具体地点及所在，引起了学术界的重视和关注。

二 明清时期重要遗存

（一）明代遗存

1. 绥滨县东胜墓葬

墓地位于绥滨县绥东镇东胜村东0.5公里，松花江左岸一条东北—西南走向的沙岗上。1991年黑龙江省文物考古研究所对其进行发掘，清理墓葬14座，墓葬分布比较密集，皆为小型土坑竖穴墓，东西向。其中有木质葬具的有2座。13座为单人一次葬，1座为三人二次葬。随葬器物100余件，以铁器和铜器为主，铁器有刀、剪刀、镞等；铜器包括牌饰、坠饰、环、戒指、花饰等；还有少量的银器、石器等。出土有“大观通宝”、“泰和重宝”等宋、金铜钱，还有1枚“大元通宝”铜钱，正面币文为八思巴文，背面无文字。发掘者认为该墓葬是明代兀的哈人，即清代赫哲族先人的遗存。

2. 三江平原“海西东水陆城站”城址

明朝在黑龙江地区设奴尔干都司和四百多个卫所的同时，设置了“海西东水陆城站”和“海西西陆路城站”两条连接东北与中原地区的交通线路。

“海西东水陆城站”是从海西底失卜站（今黑龙江省双城市附近）开始，基本上沿松花江和黑龙江，直抵黑龙江口的奴尔干都司城。这条驿道始建于奴尔干都司设立之年（1409年），共经过十城和四十五站，合为五十五城站。这条路线沿用了辽、金、元以来的古道，成为明朝经营东北的一条主要交通线路。

在漫长的历史发展中，海西东水陆城站的五十五城站，由于种种原因，大多数城站都已遭到损毁，有的仅存其名而已无遗迹，有的已不在我国境内。

经考证，海西东水陆城站有十六个城站途经三江平原，具体为六城十站。通过考古调查和考证研究，这十六个城站，按自西向东的路线，依次为：斡朵里站（今依兰县西马大屯）—一半山站（今汤原县西南舒乐河镇附近）—托温城、满赤奚站（今汤原县香兰镇东北3公里的固木纳城址）—阿陵站（今佳木斯市西郊敖其镇）—柱邦站（今佳木斯市的沿江公园一带）—弗思木城、古弗陵站（今桦川县东北20公里的万里霍吞城址）—奥里米站（今绥滨县西9公里江畔之奥里米城址）—弗踢奚城、弗能都鲁兀站（今富锦市上街基乡嘎尔当村西200米、松花江南岸的嘎尔当城址）—考郎兀城（今同江市乐业镇团结村西南1.5公里的图斯克城址）—乞勒伊城、乞列迷站（今同江市勤得利农场一分场西南约4公里的勤得利城址）—莽吉塔城（位于今抚远县城东北10公里、黑龙江右岸的城子山上）—药乞站（今抚远县通江乡黑瞎子岛上的木克得赫村）。

考古调查发现，三江平原佳木斯境内的六城多为后世所沿用，保存较为完好。相关城站城址情况如下：

固木纳城址 \

第十五站，即托温城·满赤奚站，海西东水陆城站第五城。城址位于汤原县香兰镇双河村东南1公里，汤旺河右岸。城址呈长方形。始建于辽，金、元、明、清各朝继续沿用。始为辽代盆奴里国部所在，金代屯河猛安，元代桃温万户府，明代为桃温卫，清代称固木纳城。

汤原固木纳城址西侧城墙（由南向北摄）

桦川万里霍吞城址南城墙（由东向西摄）

万里霍吞城址＼

第十八站，即弗思木城·古弗陵站，海西东水陆城站第六城。城址位于桦川县悦来镇东北20公里处的万里河村，松花江右岸。城址依土岗走向筑成，平面呈不规则形。据考证该城址为辽代五国部越里笃故城，金代猛安谋克城寨，元代脱斡怜万户府故城，明代万里河卫故城，清代为赫哲人居住的宛里和屯。

奥里米城址＼

第十九站，即奥里米站。城址位于黑龙江省绥滨县北岗乡永泰村东，南部濒临松花江。城址平面略呈圆角长方形。奥里米城址始为辽代五国部之一的奥里米部故城，是辽金以降通往黑龙江下游的水上交通要冲，“奥里米”为“渡口”之意，驿路由此转松花江右岸行走。

嘎尔当城址＼

第二十站，即弗踢奚城·弗能都鲁兀站，海西东水陆城站的第七城。城址位于富锦市上街基乡嘎尔当村西200米，松花江南岸。城址平面呈长方形，东西长220米，南北宽250米，北墙被松花江江水吞噬已荡然无存，西墙和南墙已夷为平地，但轮廓可辨，现仅存东墙长225、高2、顶宽1.5、底宽5米。城墙为土筑，夯层不明显，未见城门和马面。墙外有壕，宽3～4米，深0.8～1米。“弗能都鲁兀站”是连接松花江下游与黑龙江中下游的重要城站。清代光绪八年（1882年），此设富克锦协领衙门。

图斯克城址\

第二十一站，即考郎兀城·可木站。“海西东水陆城站”的第八城。城址位于同江市乐业镇团结村西南1.5公里。城址大体呈梯形，周长1646米，面积12万平方米。周围地势较为平坦，城东、南、北三面城墙为堆土夯筑。城墙中东墙保存最为完整，南墙保存较好，北墙局部损坏，西部由于受松花江支流（万发河）河水的冲刷，破坏严重。城墙最高处2.5米，城墙无马面、瓮门之设，四角亦无角楼，城门位于南墙中部，东墙外护城壕清晰可见。城内采集到轮制灰陶片和黄褐陶片，纹饰有几何纹、方格纹等，器类有罐、甑及网坠、陶塑等，还出土有铁锅、铜熨斗、铜三足器、铜佛、铜钱等。该城址系辽代所建，为后代所沿用。明代为考郎兀卫所在，此卫地位与作用显赫。

同江图斯克城址北侧城墙（由东向西摄）

同江勤得利城址东侧城墙（由北向南摄）

勤得利城址＼

第二十二站，即乞勒伊城・乞列迷站，“海西东水陆城站”的第九城。城址位于同江市勤得利农场一分场西南约4公里。勤得利城址平面大体呈椭圆形。现存城墙周长1520余米，面积18万平方米。城址城墙中西、北、东侧城墙保存较好，南侧城墙破坏严重，城垣以石为基，其上以土筑墙。城垣及城外无马面、瓮门和护城壕。

莽吉塔城址＼

第二十三站，即莽吉塔城・药乞站，“海西东水陆城站”的第十城。城址位于抚远县通江乡小河子村西1.5公里处城子山上，北临黑龙江。城址平面略呈不规则长方形，周长约920米，面积约6.5万平方米，东南与西南依山势掘壕筑墙，西北端至东北端为圆弧状天然断崖，崖下深约50米为黑龙江水面。东南墙长约330米，西南墙长约190米，二墙连接处呈弧状。城墙为内外二重墙，相距约10米。二墙又各有内外二壕，呈二墙四壕结构。东南墙南段原设一门，现已不存，城墙现存最高处约2米，低处约0.5 ~ 1米。通过考古探查，初步认为莽吉塔城为汉魏时期所建，后代沿用，为辽、金、元、明、清各朝通往黑龙江出海口的咽喉要道。

（二）清代遗存

1. 依兰县德丰、永和墓葬

永和墓地位于依兰县迎兰乡永和村西北，德丰墓地位于依兰县德裕乡德丰村南，两处墓地相距约7.5公里，皆位于松花江左岸的阶地上。1980年黑龙江省文物考古工作队对两处墓地进行发掘，清理墓葬12座，皆为长方形土坑竖穴墓，其中10座有木质葬具。东西向的有11座，南北向的有1座，一般长度在2 ~ 3米之间，现存深度0.9 ~ 1.6米不等。随葬品主要包括瓷器、铜器、铁器、骨器等。瓷器有青花碗、霁蓝碗、酱釉盘、青花盅、白瓷盅等；铁器有镞、匕、腰刀、斧、勺、马镫、马衔、带卡、剪刀、鱼叉等；铜器有吊锅、牌饰、镯、烟具等；骨器有纽扣、环等，此外还有印环、

抚远莽吉塔城址全景（由北向南摄）

木勺、筷子、火镰、火石、玻璃饰珠等。同时出土有“康熙通宝”和“雍正通宝”铜钱。发现的青花瓷器具有明显的清初青花器的特点，其中永和墓地出土的蓝花纹青花瓷盘与德丰墓地出土的龙纹青花盘都是康熙、雍正时期的代表作。据此，判定两处墓葬的年代为清代早期。由于出土的鱼叉、鱼网、吊锅、牌饰、坠饰等具有强烈的渔猎经济色彩，这批墓葬被认为是世居松花江中下游赫哲人的遗存。

2. 尼尔基库区嫩江中游左岸平民墓和将军墓

2001～2004年，黑龙江省文物考古研究所对尼尔基水库淹没区的一批清代墓葬进行了考古发掘。有两类墓葬，一类是清代“将军”墓，包括讷河市托拉苏将军墓、威远将军墓、多福村将军墓、神泉村将军墓、富源村将军墓、嫩江县太子少保京口副都统海全墓、傲拉氏副都统墓、海里图村将军墓等9座;另一类是普通平民墓，其中也包括一些中下级官员墓，有讷河市工农墓葬、沿江墓葬、开花浅墓葬、全发墓葬、团结墓葬、嫩江县铁古拉墓葬等。这是我省为数不多的对清代墓葬的大规模的发掘，在国内也是率先将清代纳入考古学研究体系的重要发掘与实践，取得了清代考古史上的又一重大成果。

（1）托拉苏将军墓\

墓葬位于讷河市二克浅镇沿江村五屯南，嫩江左岸南高北低的缓坡中部。2001年黑龙江省文物考古研究所进行发掘。墓地建有墓园，墓园墙为南北向的正方形，边长23米，门居于北墙正中。墙用红砖摆砌而成，仅存局部基础。出土有兽面纹瓦当、“福寿纹”瓦当和卷草纹滴水等建筑构件。其中的“福寿纹”瓦当的花纹由一只展翅飞翔、造型生动的蝙蝠和图案化的“寿”字组成，暗喻福寿双全之意。墙的东北角出土了饰有吉祥八宝图案的砖雕。墓园内共清理墓葬5座，分两行排列，第一行为一～三号墓，一号墓居墓园南北中轴线的南端，二、三号墓位于其东侧依次排列;第二行由西向东并列为四、五号墓。

一号墓居于墓园正中，南北向，墓室长3.6、宽1.75米，墓底铺砖，墓室四壁用砖砌筑，墓顶用砖拱砌而成。此墓已遭盗扰，墓室内原有的木棺，已被扰乱，不能辨其形制，从碎片可知，木棺外施红漆，局部有雕刻的花纹。人骨已被扰乱，分属男、女两具个体，应为夫妻合葬墓，出土有琥珀珠、铜纽扣、绿松石耳坠、腰刀、料制和铜制烟嘴等。

二号墓紧靠一号墓的东边，与其同向排列，墓室长2.18、宽0.67米，墓底系生土，墓室用砖砌筑而成，墓顶用破成两半的同等长圆木，东西向摆放而成。墓室早年被盗，木棺亦被扰乱，人骨仅余一具颅骨。在墓室西北角出土有五件瓷器。其中官窑福寿彩碗，堪称清代文物中的珍品。

三号墓与二号墓相距较远，仅见木椁，长2.4、宽1.4米，已被盗扰，未发现人骨，出土“乾隆通宝”铜钱、铜饰件各一。

四号墓葬具为一棺一椁，墓长4.2、宽2.45米，已被盗，人骨被扰严重。出土有楠木珠、珊瑚珠、铜扣、铜烟袋锅、嘉庆款官窑青花盘、吉字款彩碟、仿成化粉彩碗等。

五号墓保存完好，葬具为一棺一椁，墓长2.6、宽1.45米，墓主人为女性，为仰身直肢葬。出土有银板簪、银饰、小刀、火镰、荷包、铜吊锅、青花瓷碗、青花瓷盘等。

依据墓地出土的随葬品特征及部分铜钱推断，墓葬的年代为清代中晚期。

（2）威远将军墓 \

墓葬位于讷河市学田乡光明村都拉本浅屯东北1公里，墓地东依大架山，西望嫩江，当地俗称“将军坟”。2002年黑龙江省文物考古研究所进行发掘。威远将军墓系夫妇同穴异室合葬，砖筑墓室，外设砖砌的围墙。

据《讷河县文物志》记载，墓地地表原有砖墙、墓碑等遗迹。发掘前，墓墙和墓的封土已毁，墓碑也被移至它处。发掘探明，墓园墙为东西向的长方形。东西长19.5、南北长16.5米，门居于西墙正中，墙和墓园门均用青砖砌筑而成，仅存基础部分。出土有雕花转、瓦当、滴水等建筑饰件。主墓居于墓园东部正中，地面用砖砌一东西宽4.5、南北长5米的长方形砖框，砖框内偏北处，又砌筑砖室，长方形，东西2.5、南北1.1米，中间用砖隔成南、北双室，南室被盗，北室保存完好，两室内各有小木棺一具，内盛骨灰，表明为火葬。墓室内未发现随葬品。主墓的西北处有一较大土坑，内有大量椁木的碎片，可能为被盗毁的墓葬，形制不明。

威远将军墓碑立于清嘉庆四年（1799年），碑额为九孔透雕龙，有满、汉文镌刻的“圣旨敕封威远将军”字样，碑身用满、汉文记载了墓主的姓氏、官名等。据碑文记载，威远将军系“头等侍卫，副都统，虎枪总领，正黄旗满洲公中佐领，世袭云骑尉，加二级，记录七次，圣旨敕封威远将军，丹尔巴巴图鲁”。

（3）多福村“将军”墓 \

墓葬位于讷河市学田乡多福村神泉屯南1公里，嫩江左岸的阶地上，当地俗称“将军墓”。 2002年黑龙江省文物考古研究所进行发掘。墓葬周围为一呈马蹄形的土垡墙，南北长13、东西宽11米，门址在东南部。其内有2座墓，南北并列，为土坑墓，葬具为一棺一椁，仰身直肢葬，两座墓内的人骨性别为1男1女。出土随葬品有银板簪、鎏金银耳环、火镰、小刀、帽顶翎管、烟具、铜吊锅、民窑青花碗、青花盘、青花碟等。多福村将军墓的情况在《讷河县文物志》有所记述，根据出土遗物情况，判定该墓为中下级官员夫妇合葬墓。

（4）神泉村“将军”墓 \

墓葬位于讷河市学田乡多福村神泉屯东北约800米，嫩江左岸两岗地的缓坡交汇处，当地俗称“将军墓”。 2002年黑龙江省文物考古研究所进行发掘。墓葬周围为一呈马蹄形的土垡墙，东西长14米，南北宽12米，门址在北部。其内发现清理有1座墓，为土坑墓，葬具为一棺一椁。由于盗扰严重，仅存部分椁板。棺长2.36、宽1.1、高0.7米。出土部分衣物残片，铜扣3粒。神泉村将军墓在当地流传甚广，因此屡遭盗扰。根据墓葬特征及规模等情况，判定该墓为达斡尔族上层人员墓葬。

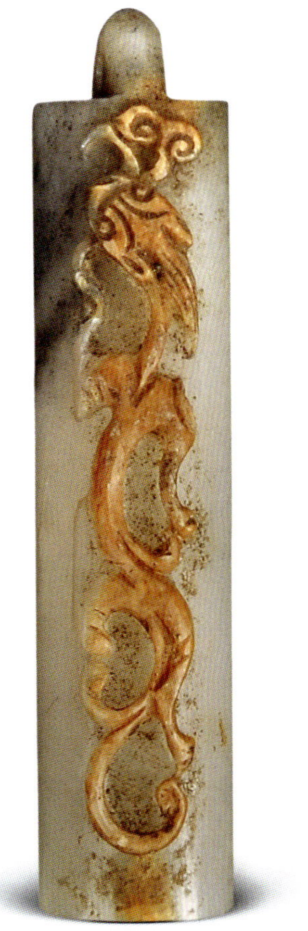

白玉俏色螭龙衔芝翎管
清代 嫩江太子少保京口副都统海全墓

（5）太子少保京口副都统海全墓 \

海全墓，位于嫩江县临江乡赤卫村南一小山的东南坡上。2004年黑龙江省文物考古研究所进行发掘。发现时仅存有土筑围墙，近方形，边长约20米，有石制龟趺置于地表。发掘探明，海全墓居墓园正中，其夫人墓位于东侧，均为土坑墓，葬具一棺一椁。海全以便服下葬，官服随葬脚下，无随葬品，只出土了1件雕龙的帽翎管。海全夫人墓早年被盗，形制已不可辨。海全墓石碑现仅存碑身，已断成两截，碑文满汉文合璧。碑身正面汉字为：“御赐加赠太子少保照忠都统衔京口副都统达充巴图鲁海全谥号壮节”；背面汉字为“大清同治七年十月初一吉日昭宣”。

海全是清中期著名的将领（其事迹见于《清史稿》），亡于战事。

丧事于军中操办，灵柩还乡。

（6）傲拉氏察哈尔副都统墓 \

墓葬位于嫩江县临江乡多金村东南约3公里，其地为一群山环抱的小盆地的边缘，多金河从西向东穿过盆地，在墓地前形成一片池沼，俗名“将军泡”。2004年黑龙江省文物考古研究所进行发掘。墓区有砖砌的围墙，长28、宽21米。发掘探明，墓园中呈3行排列有10座墓葬，全部遭盗扰。均为土坑墓，葬具有棺或椁。随葬品有金耳环、银带饰、“福寿双全”玉牌、玉鼻烟壶、雕花砖和陶偶等。其中雕花砖原置于墓园的两侧，仅存其一侧的3组，每组由中心瑞兽图案和环绕的吉祥八宝图案组成，中间的一组配对联，仅存“河山归统辖”上联。墓碑系花岗岩制，长方形碑座和碑身已断裂分离，碑身长223、宽59、厚25厘米，碑文满汉合璧，正面碑文汉字有“驻防黑龙江打牲处正黄旗满洲住嫩河多金屯达虎尔傲拉氏两任察哈尔副都统加二级记录四次大清道光三年七月十六日吉日”等字样，碑面磨损严重。

（7）工农墓葬 \

墓葬位于讷河市学田乡工农村南200米，嫩江左岸二级阶地上。2002～2003年黑龙江省文物考古研究所对其进行发掘。共清理墓葬57座，出土瓷、铜、铁、金、银、玉石等遗物1200余件。发掘之前所有的墓葬封土已不存，但墓室结构保存完好。墓葬均为长方形土坑木棺墓。其中规模较大的长6.3、宽4.2、深1.1米，木棺长6、宽3.95、高0.4米。小的墓葬长1.45、宽1、深0.5米，木棺长1.15、宽0.65、高0.8米。葬俗较为复杂，有单人葬和合葬，合葬又分二人葬和多人合葬。葬式为仰身直肢，头朝北或朝南。另外发现2座火葬墓，火葬墓中无随葬品。多数墓葬发现有殉马的现象，数量多寡不一，少则一匹，多则四匹。这类殉马的现象在明清墓葬中尚属少见。随葬品十分丰富，有生活用具、生产工具、兵器、马具、装饰品等。其中较珍贵的有瓷器、金银器、翡翠、玉器等，还有数量较多的铁器和铜器。瓷器品种齐全，有珐琅彩碗，青花碗、盘、碟，芝麻酱色碗，五彩盘、碗、碟，虎皮三彩碗，粉彩碗，酱釉瓷瓶，双系黑釉瓷壶等。图案亦十分精美丰富，有山水、花草、诗文、人物、动物纹等。金银器有金簪子、金耳环、金耳坠、银镯、银耳环、银簪子、镶嵌宝石的银戒指等。还有铜吊锅、铁吊锅、铁马蹬等。

（8）沿江墓葬\

墓葬位于讷河市二克浅镇沿江村附近，嫩江左岸二级阶地上，分为两个墓区，分别称之为南山和北山。2002 ~ 2003年黑龙江省文物考古研究所对其进行发掘。共清理墓葬9座，其中南山4座，北山5座。墓葬均为一棺一椁，棺椁已腐朽。随葬品主要有腰刀、火镰、银镯、银簪、银耳环、鎏金耳饰、瓷碗、瓷盘、瓷碟、铜吊锅及烟具等。依据墓中出土物等，推断墓葬为清代中晚期达斡尔族人墓葬。沿江墓地中发现了俄罗斯式瓷碟多件，为研究清代中晚期中俄两国的边贸情况提供了实物材料。

（9）开花浅墓葬\

墓葬位于讷河市清河乡开花浅屯西南1公里，嫩江左岸的一处矮山丘东坡上。2003年黑龙江省文物考古研究所对其进行发掘。共清理墓葬5座，其中3座被围于一土砌的土墙内，围墙南面正中设一门址；2座墓周围为砖砌围墙。墓葬为土坑木棺墓，还有一座是木椁木棺墓。随葬品有瓷碗、瓷盘、木勺、银簪、银耳环、铜吊锅、铁马镫、铁马衔、鞍饰、烟具等。依据墓中出土物等，推断该墓地为清代晚期达斡尔族人墓葬，特别是发现有埋葬马匹的墓葬，为了解达斡尔族人风俗提供了重要的实物资料。

（10）全发墓葬\

墓葬位于讷河市学田乡多福村全发屯东北0.5公里，嫩江中游左岸的二级阶地上。墓葬所在位置为一南北向漫岗南端的东坡，海拔高程为210米，地势由西北向东南倾斜。2002年黑龙江省文物考古研究所对其进行发掘。共清理土坑墓4座，每两座墓为一组，周围有土垡围墙附属建筑。发掘面积400余平方米。每座墓内均有木棺，棺内人骨保存较为完好。初步认定每组垡墙内的两座墓内的人骨性别均为1男1女，属于同坟异穴合葬。每座墓均出土有相同类别的随葬品。出土有瓷、铜、铁等各类随葬品共计约30余件。通过对出土器物及墓葬结构等初步分析，墓葬的年代大约为清代中晚期。

（11）团结墓葬\

墓葬位于讷河市二克浅镇登科村团结屯东南1公里，嫩江中游左岸的二级阶地上。墓葬所在位置为一南北向漫岗北端，海拔高程为205米，地势由南向北倾斜。2002年黑龙江省文物考古研究所对其进行发掘。共清理土坑墓2座，墓的周围有土垡围墙附属建筑。发掘面积500余平方米。每座墓内均有木棺，棺内人骨保存较为完好。初步认定垡墙内的两座墓内人骨性别为1男1女，属于同坟异穴合葬。每座墓均出土有相同类别的随葬品。出土有瓷、铜、铁等各类随葬品约20余件。通过对出土器物及墓葬结构等初步分析，墓葬的年代大约为清代晚期。

（12）铁古拉墓葬 \

墓葬位于嫩江县临江乡铁古拉村西南0.5公里，嫩江中游左岸二级阶地的漫坡上。墓葬所在位置为一东西向漫岗西端的西坡，海拔高程为210米，地势东高西低。西距嫩江约1公里，正对墓地之嫩江右岸，有一独立的突兀而起的小山，当地村民俗称“团山子”。 2004年黑龙江省文物考古研究所对其进行发掘。共清理土坑墓2座，此2座墓大致平行排列，围绕着墓周围有土堆砌的围墙。围墙依地势而堆筑，呈半包围状，西侧坡下向西敞开。两座墓为土坑竖穴，墓内有木棺，其中M1还有木椁。M1内人骨保存较为完好。M2内人骨已被严重盗扰，仅存颅骨及少量肢骨。初步认定两座墓内的人骨性别为1男（M1）1女（M2），属于同坟异穴合葬。两座墓均被扰动，M1随葬品不多，仅发现带鞘的铁刀、火镰等，在上部填土中发现一枚“乾隆通宝”铜钱；M2发现有木杆铜烟锅、银镯、银耳环、银簪、玉簪等，在棺尾外侧右端，还有叠摞在一起的瓷杯、瓷碗、瓷碟、铜吊锅及骨筷等，在上部填土中发现一枚“嘉庆通宝”铜钱和瓷碟残片。墓穴依坡势而建，呈东西向，墓内人骨亦随坡势，头东脚西，正对嫩江及远处的“团山子”，符合古人建墓埋葬风俗。两座墓出土有瓷、铜、银、铁等各类随葬品共计约40余件。通过对出土器物及墓葬结构等初步分析，墓葬的年代大约为清代中期嘉庆年间或略晚。

讷河市和嫩江县在清代系达斡尔族的聚居地。根据发现的碑文和史料对上述将军的记载，这些将军墓属于达斡尔人的墓葬，埋葬时间在清代中晚期。平民墓地根据墓葬形制、随葬器物的比较分析以及出土的清代铜钱等，推断其年代与将军墓同时，也是达斡尔人的墓葬。

嫩江流域发掘的清代墓葬，既有规格等级较高的将军墓，又有普通的中下层平民墓葬，这就为研究黑龙江地区清代各个阶层人民的生活状况提供了珍贵的实物资料。出土的遗物种类齐全。尤其是一批瓷器，花纹图案精美别致，并发现有官窑的制品。进一步丰富了黑龙江省文物资源的内涵，推动了清代考古学的深入研究。

白玉囍字鼻烟壶
清代 嫩江傲拉氏副都统墓

福寿双全青玉牌
清代 嫩江傲拉氏副都统墓

绿玉石刀佩
清代 嫩江傲拉氏副都统墓

黑釉瓷壶
清代 讷河工农墓葬

黑釉瓷壶
清代 讷河工农墓葬

黑釉双系瓷壶
清代 讷河工农墓葬

青花瓷碗
清代 讷河工农墓葬

青花瓷碗
清代 讷河工农墓葬

青花瓷碗
清代 讷河工农墓葬

青花瓷碗
清代 讷河工农墓葬

青花瓷碗
清代 讷河工农墓葬

粉彩瓷碗
清代 讷河工农墓葬

黄褐釉青花瓷碗
清代 讷河工农墓葬

青花瓷盅
清代 讷河工农墓葬

瓷盘
清代 讷河工农墓葬

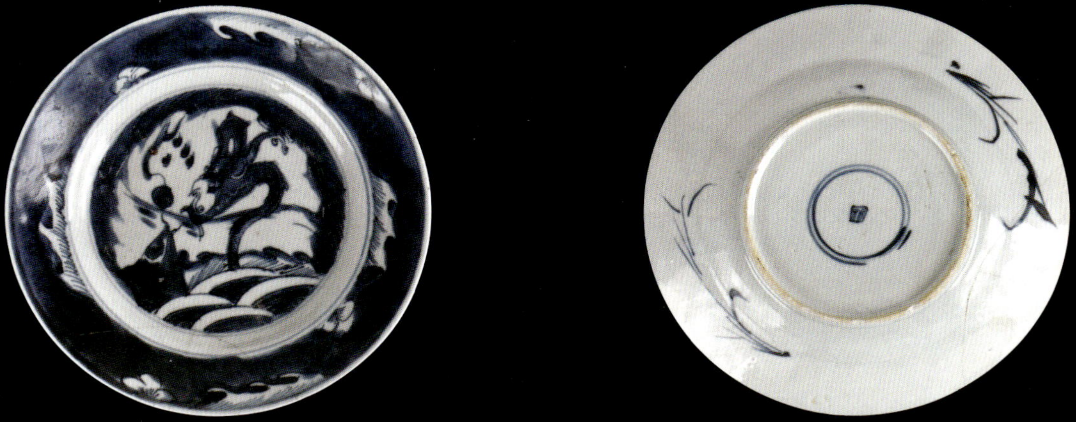

瓷盘
清代 讷河工农墓葬

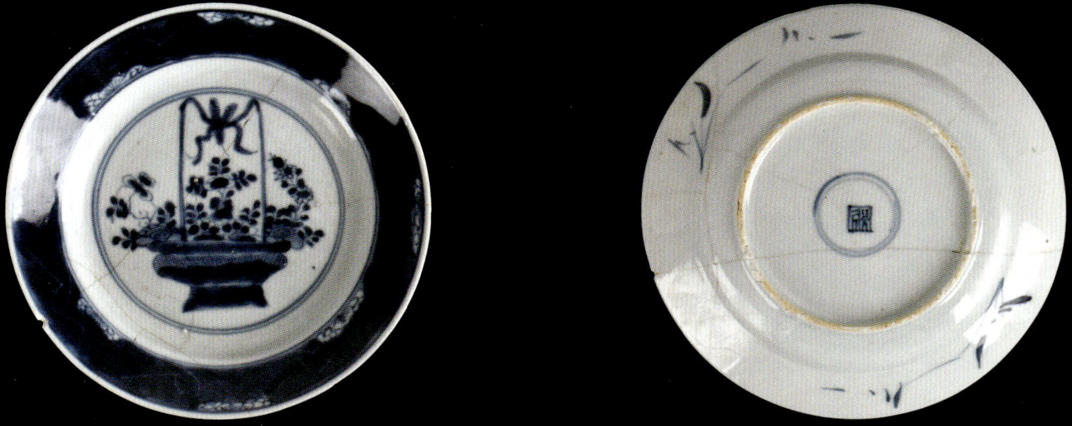

瓷盘
清代 讷河工农墓葬

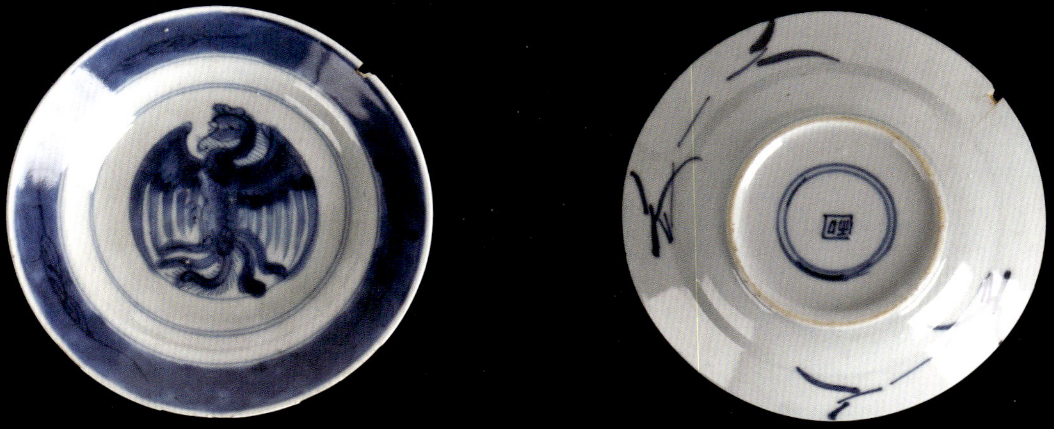

瓷盘
清代 讷河工农墓葬

瓷盘
清代 讷河工农墓葬

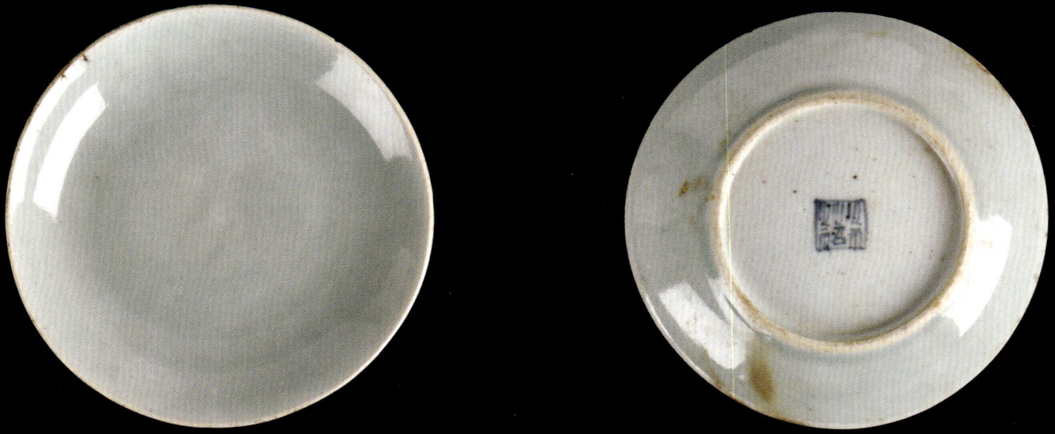

瓷盘
清代 讷河工农墓葬

瓷盘
清代 讷河工农墓葬

瓷盘
清代 讷河工农墓葬

瓷盘
清代 讷河工农墓葬

瓷盘
清代 讷河工农墓葬

瓷盘
清代 讷河工农墓葬

瓷盘
清代 讷河工农墓葬

瓷盘
清代 讷河工农墓葬

粉彩瓷碗
清代 讷河工农墓葬

虎皮釉瓷碗
清代 讷河工农墓葬

青花瓷碗
清代 讷河工农墓葬

青花小瓷碗
清代 讷河工农墓葬

瓷勺
清代 讷河工农墓葬

翡翠环
清代 讷河工农墓葬

青玉鱼形佩
清代 讷河工农墓葬

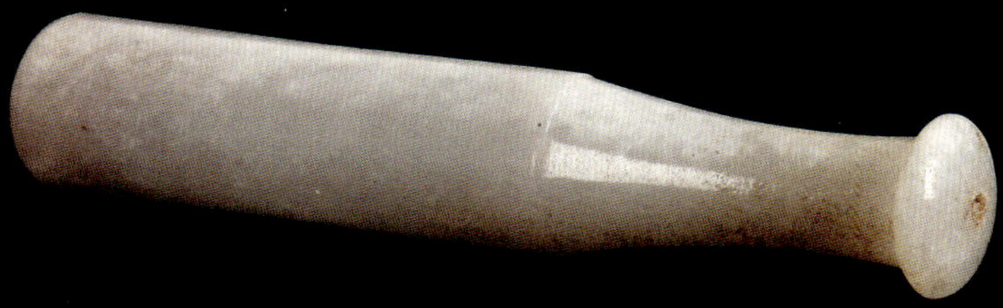

白玉烟嘴
清代 讷河工农墓葬

玛瑙烟嘴
清代 讷河工农墓葬

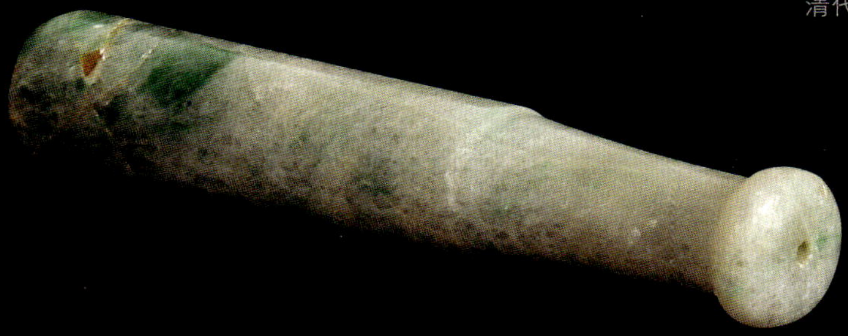

翡翠烟嘴
清代 讷河工农墓葬

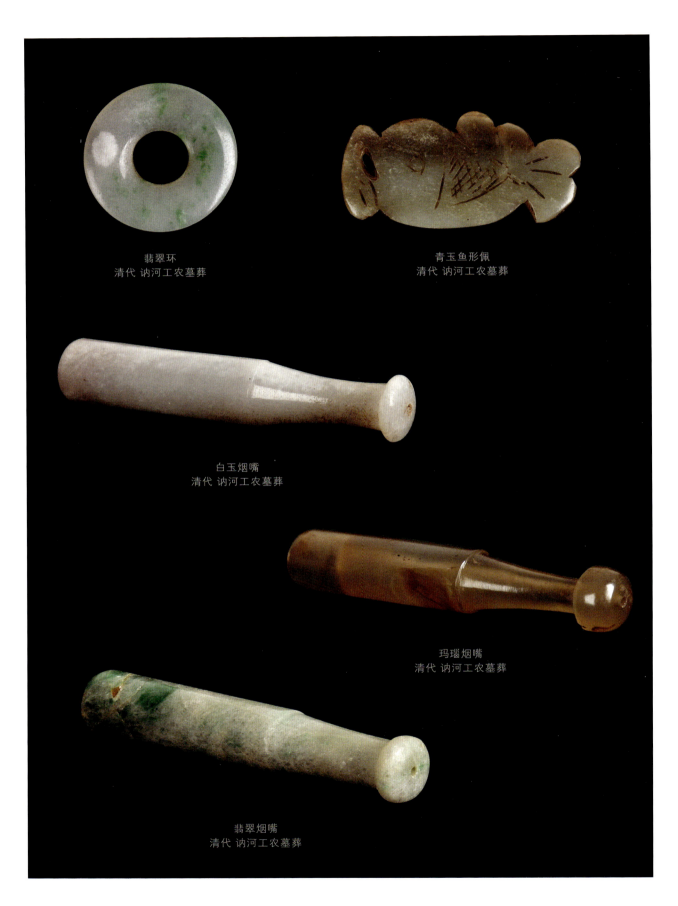

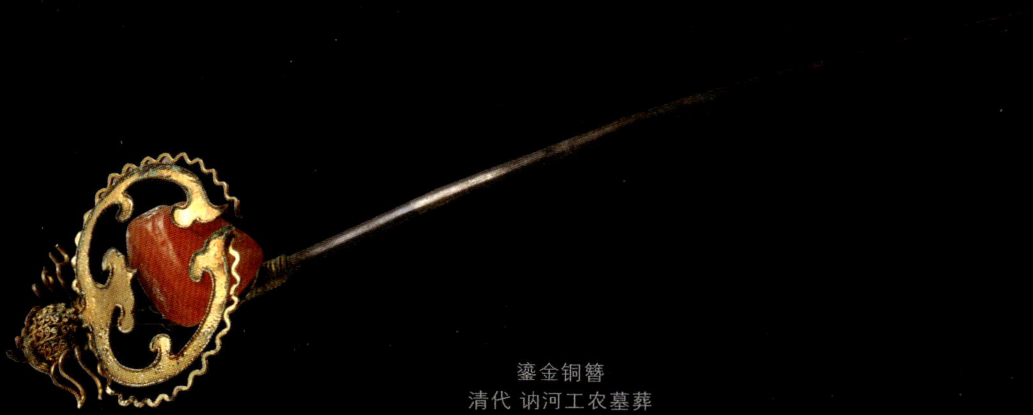
鎏金铜簪
清代 讷河工农墓葬

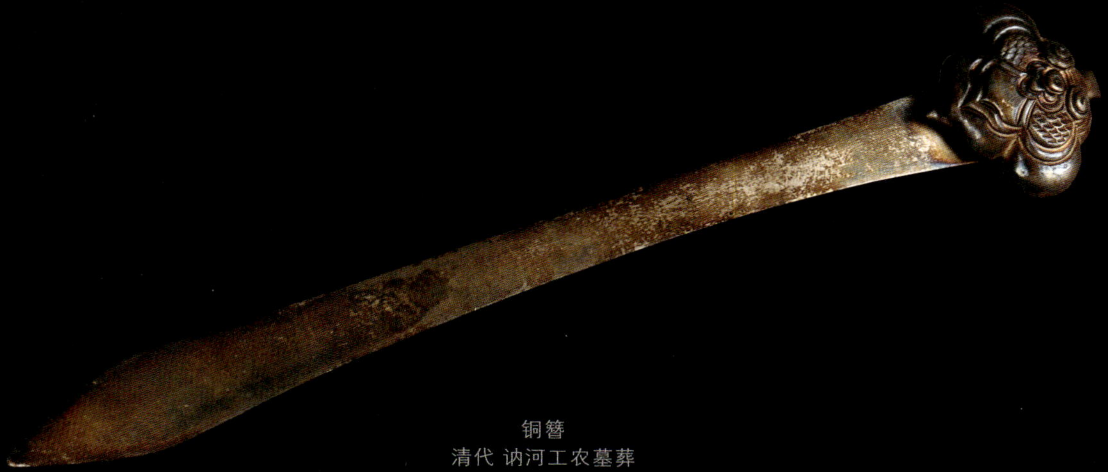
铜簪
清代 讷河工农墓葬

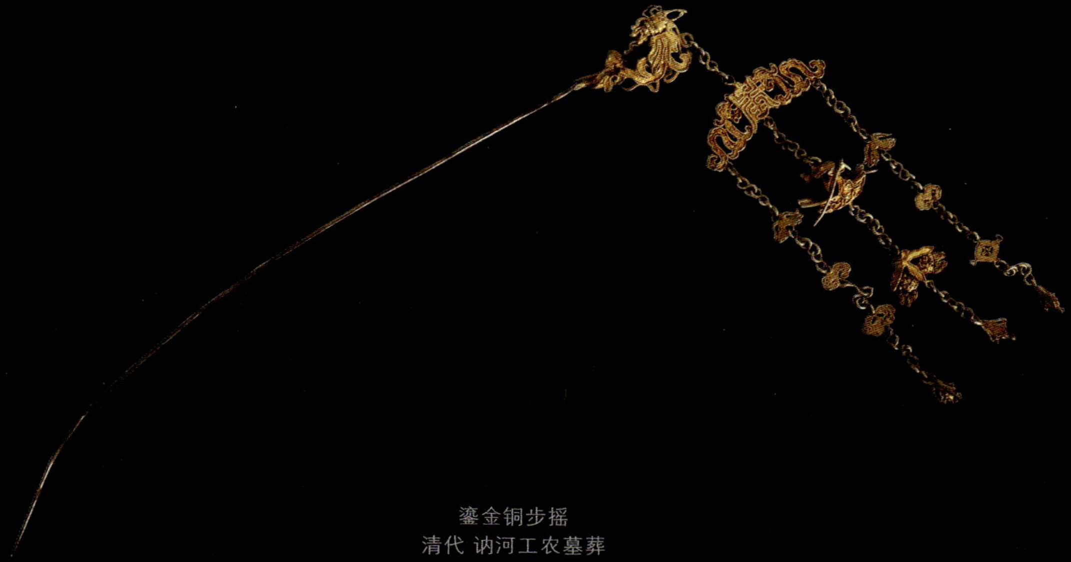
鎏金铜步摇
清代 讷河工农墓葬

镶嵌芙蓉石金耳坠
清代 讷河工农墓葬

金耳珰
清代 讷河工农墓葬

金耳环
清代 讷河工农墓葬

寿字铭文铜饰
清代 讷河工农墓葬

拾壹 结语

拾壹

结　语

通过近百年的发现与探索，特别是新中国成立后的60余年的科学工作和系统研究，黑龙江考古学取得了丰硕的成果，初步建立了较为完善的考古学体系。

其成果主要体现在两个方面。

一方面是考古学的理论方法在考古实践中的具体运用。依照苏秉琦先生区系类型理论，黑龙江考古区域以自然地理指标为依据，结合古代文化分布，可划分为松嫩平原区、三江平原区和牡丹江 — 绥芬河区。旧石器遗存的分布范围进一步拓展，文化类型多样，年代跨度增大。新石器时代至早期铁器时代的考古学文化时空框架体系已构建并趋于完善；渤海、辽金时期考古不断取得新的成果。

另一方面是从考古学研究的视角出发，探讨黑龙江古代文明的起源与形成，进而阐释中华文明多元一体格局的形成。苏秉琦先生关于中国国家起源的三部曲和三模式的理论学说，成为探讨黑龙江文明起源与国家形成的理论基础。从黑龙江考古学文化的内涵及不同发展阶段入手，考察黑龙江区域的文明化进程，现有的认识是：旧石器时代，黑龙江即有人类居住；新石器时代，黑龙江开始步入文明的起步阶段；商周时期，黑龙江已进入了“古国”阶段；汉魏时期，黑龙江已进入了“方国”阶段的前期；唐代（渤海）时期，黑龙江已进入了“方国”阶段的后期——“王国”时期；辽宋时期，女真崛起，建立大金，灭辽伐宋，黑龙江则正式进入了“帝国”阶段；元明清时期，则是多民族融合发展的统一的帝国时期。

黑龙江考古是中国考古的组成部分，中国考古是世界考古的组成部分。了解了黑龙江考古学已取得的学术成果，明确了黑龙江考古学目前所处的发展阶段，从而进一步认识考古学的学科走向，这是我们制定今后黑龙江考古学发展战略的必要的前提条件。

黑龙江考古学未来的发展战略如下：

1. 两步并作一步走。这是张忠培先生提出的21世纪中国考古学的发展战略。所谓两步并作一步走，第一步是考古学文化的谱系研究，第二步是考古学文化的解释研究。黑龙江考古学文化的谱系框架虽已构建，但仍需完善，一方面需要填补缺环，一方面需要增添新的考古学文化遗存。作为考古学文化的解释研究，在黑龙江考古中刚刚起步，这将成为今后相当长的时期内考古工作的重点。

2. 重视理论和方法的建设。在考古学文化谱系研究阶段，层位学、类型学和年代学是基本方法，但仅依靠这三种方法很难对考古学文化遗存做进一步解释，更难依据考古学文化遗存对人类社会的发展规律以及人类的行为法则作出揭示。考古学是一门年轻的学科，其方法论都是源于其他学科。黑龙江考古要更多地运用源于其他学科的或与其他学科相结合产生的用于对考古学文化遗存解释的方法。

3. 加强考古学与其他学科的合作、交流与传播，使考古学研究的主旨和旨趣更加开放，更具包容性。考古学研究手段除常规的考古调查、勘测、试掘、发掘外，又包括遥感考古和环境考古及多种科技方法的介入。在开展多学科结合研究和利用自然科学手段进行考古学研究的基础上，着力深化解释阶段的考古学研究。

4. 牢固树立课题研究的意识。考古学是一门独立的学科，考古学有着其他学科无法替代的作用。在探讨黑龙江流域文明起源和古代民族形成的研究中，考古学尤其要发挥引领作用。

5. 继续加强国际交流和协作。黑龙江位于东北亚地理区域的中心，有着良好的区位优势。同时黑龙江也有着区域、部门间合作交流的良好传统。今后应继续加大学科研究合作的基础，不断拓展研究视角，整体推进黑龙江考古工作。

6. 进一步加强科研队伍建设。黑龙江考古作为边疆考古，能否赶上中国考古学和世界考古学的步伐，能否与中国考古学和世界考古学接轨，关键看人才队伍。黑龙江考古队伍不但要扩大队伍规模，而且要提升素质。未来的黑龙江考古学者需要有宽广的学识和胸怀世界的眼光。

7. 努力推进考古学研究与文化遗产保护相结合。新的历史时期，文化遗产保护工作愈来愈在我国社会发展的各个领域发挥重要的推进作用。不仅仅是要加强考古调查、发掘与研究为手段的复原古代社会历史的纯学术研究，而且特别要通过对文化遗产价值的揭示，对文化遗产的保护、展示与利用等提供有力的学术支撑和基点，使考古学研究与文化遗产保护真正相互结合、相互促进，共同推动学科、学术的进步和社会的发展。黑龙江地处祖国东北边陲，文化遗产表现出鲜明的区域文化特征，加强综合的文化遗产学研究，探索一条适合本省情况的文化遗产保护之路任重而道远。

考古·黑龙江

下篇

黑龙江省文物考古研究所概况

壹

黑龙江省文物考古研究所简介

壹

黑龙江省文物考古研究所简介

一　工作任务

黑龙江省文物考古研究所是黑龙江省唯一具备国家团体考古领队资质的科研机构，担负着全省文化遗产的调查、发掘、考古学研究与保护等任务，并对省内各地市、县的文物工作进行业务指导。

省考古所坚持“以业务工作为中心，一切为业务服务”的工作方针，注入激励竞争机制，重视人才引进，形成了一支以中年学者为学术带头人，以青年学者为骨干的具有坚实专业知识和丰富实践经验的科学研究队伍。新的历史时期，在“走出去、请进来、大动作、高品位”的工作目标引领下，考古所在田野考古调查与发掘、对外学术交流与协作、科学研究等方面取得了丰硕成果。

二　机构设置

黑龙江省文物考古研究所是省文化厅直属事业单位。现有职工51人（在编46人），其中研究馆员10名、副研究馆员14名、馆员6名；博士2名、硕士5名；9人拥有国家级考古领队资格。所内设第一（史前考古）研究室、第二（历史考古）研究室、渤海上京城考古工作站、技术部、文物保护保管部、文物陈列室、资料室、办公室、人事科、保卫科、基建考古办公室等部门。黑龙江省文物博物馆协会和黑龙江省文化厅第三次全国文物普查办公室的日常业务工作均由考古所专门负责。

三　历史沿革

黑龙江省文物考古研究所前身为黑龙江省文物考古工作队，成立于1975年11月，是在原黑龙江省博物馆考古部的基础上划分组建起来的一支科研队伍。

1985年12月更名为黑龙江省文物考古研究所。曾任所长（负责人、队长）为杨虎、赵启富、金革、孙秀仁、殷德明、赵鸿宾、刘家琪。

四 现任领导

现任书记、所长李陈奇，副书记曲守成，副所长张伟、赵永军。

五 学术委员会（2011年）

主　任：李陈奇

副主任：张　伟　赵永军

委　员：李延铁　赵虹光　赵哲夫　刘晓东　田　禾

六 荣誉档案

宝剑锋从磨砺出，梅花香自苦寒来。

10余年来，省考古所赢得了各类荣誉，检索主要如下：2001～2010年考古所连续被省文化厅直属机关委员会授予年度“先进党组织”称号。2002年，李陈奇获国家人事部、国家文物局授予的“全国文物系统先进个人”称号；2003年，赵永军获“湖北省三峡库区文物保护工作先进个人”称号；2005年，李陈奇获国务院政府特殊津贴；2006年，赵评春获国家文物局授予“全国文物保护工作先进个人”称号；2006年，张伟获“文化部优秀专家”称号，同年获第八届“黑龙江省青年五四奖章”；2008年，张伟获黑龙江省政府特殊津贴；2008年，李陈奇获黑龙江省首批宣传文化系统“有突出贡献专家”称号；2009年，李陈奇获国家人力资源和社会保障部、文化部授予的“全国文化系统先进工作者”称号。

考古所2004年获省直机关“文明单位”称号；2006年获省直机关“文明单位标兵”称号；2010年获省级“文明单位”称号。

考古所于2002年被国家人事部、国家文物局授予“全国文物系统先进集体”荣誉称号；2005年被国家人事部、文化部授予“全国文化工作先进集体”荣誉称号。

下篇·黑龙江省文物考古研究所概况

贰

近年主要业务工作及成果

贰

近年主要业务工作及成果

黑龙江省文物考古研究所自创建伊始至今，始终以考古学研究和文化遗产保护为核心，注重加强业务建设，不断拓展业务范围。近年来，在以下几个方面取得了丰硕的成果。

一 主动性课题研究考古

有计划的课题研究是考古所工作的重心。近10余年来，考古所承担了两项国家重点科研项目。

（1）渤海上京城考古

渤海上京城历来备受学界关注。从1998至2007年，黑龙江省文物考古研究所根据国家文物局关于加强大遗址保护的指示，将渤海上京城考古作为重点科研项目，连续10年对其进行了大规模发掘和调查，在此基础上，重新绘制了渤海上京城平面图。这一阶段的工作即被称为渤海上京城考古发掘的第四阶段。

渤海上京城宫城中心区内共有5座宫殿，自南向北排列在中轴线上，按排列顺序编为1～5号。郭城城垣有11座门，南墙3、北墙4、东西墙各2座。皇城城垣有3座门，南、东、西墙各1座。宫城城垣有5座门，南墙4、北墙1座。十年中，先后大面积揭露了第2号宫殿基址、第3和4号宫殿建筑群基址、第5号宫殿基址、宫城第50号建筑基址、郭城正南门基址、郭城正北门基址、皇城南门基址、第1号街基址，并且解剖了城墙。经解剖得知，渤海上京城郭城、皇城、宫城三道城墙采用了不同的

宁安渤海上京城发掘现场

友谊凤林城址发掘现场

建筑方法，这可能与其不同的功能有关。

渤海上京城第四阶段的考古发掘历经十年，其规模是空前的。这一阶段主要围绕上京城中轴线、特别是宫城中心区域开展工作，基本达到了搞清其宫殿和主要门址建筑形制及特点的预期目的，同时纠正了以往的一些失误和错误认识，对推动渤海上京城乃至整个渤海历史考古研究具有重大意义。同时，此项发掘所获成果，为渤海国上京龙泉府大遗址保护规划工作提供了科学的依据。

通过考古资料的对比研究，可以明显看出渤海国的城市建制及其政治制度等，基本是以唐王朝制度为蓝本，很大程度上反映了浓郁的汉唐风格。

（2）七星河流域聚落考古

《七星河流域汉魏遗址群聚落考古计划》是以处于三江平原腹地的汉魏遗址为研究对象而开展的多学科结合、多单位协作的聚落考古尝试。这是一项包括人文科学和自然科学在内的多学科相结合的课题研究，该项目从1998年启动，至2003年开展了6年。这是一次由中国学者独立完成的计划性强、设计科学和操作规范的大规模的聚落考古实践。

“七星河计划”是以重建七星河流域汉魏文明为最终学术目标。分解为四项具体研究目标或研究内容：一是建立七星河流域考古学文化的编年与序列；二是弄

2001年张忠培先生考察七星河流域汉魏遗址群并题词

清遗址群的空间位置关系；三是恢复遗址群产生、存在及消亡的环境背景；四是阐释社会发展阶段、人群结构和经济形态。为实现以上学术目标，我们设计的技术路线有三条：一是田野考古，包括区域调查、遗址测绘、典型试掘和重点发掘；二是环境考古，包括现有成果的资料收集和试掘、发掘中的样本采集；三是航空遥感考古，包括现有成果的资料收集和独立航飞拍摄。

通过六年的工作实施，“七星河计划”取得了预期的学术成果。突出的成果体现在田野考古方面，包括系统的区域调查和大规模的发掘所获资料，为我们科学地认识七星河流域的文化面貌夯实了基础，提供了详实的实物材料。但是六年所做的工作毕竟有限，要想全面认识七星河流域的汉魏遗址群，要想重建七星河流域的汉魏文明，还需要更多的对典型遗址试掘、发掘的认识，以及与环境、遥感考古工作的互验结果，并将各部分成果加以整合。七星河流域只是三江平原三条大江河之一的乌苏里江的一条二级支流，要想全面再现三江平原的汉魏文明，还有待于七星河之外更多流域的聚落考古工作。但是通过“七星河计划”的初步实施，却为三江平原汉魏遗址群的研究打开一扇窗户，使学术界和社会得以正确认识汉魏时期三江平原的原貌。

二 配合基本建设工程考古

配合基本建设的抢救性考古工作是相对有计划考古而言，简称为“基建考古”。基建考古是从属于国家经济建设事业的一项考古工作。我国是一个发展中国家，从20世纪50年代始，就开始了这项专门的考古工作。随着改革开放的推进，经济开发逐年拓展，因而基建考古也一直处于上升发展的态势。

纵观我省基建考古工作，大致可分为三个阶段。

国家文物局专家组视察刘秀屯发掘工地

一为起步发展阶段，即20世纪50年代至80年代。为配合牡丹江莲花水电站建设，20世纪50年代，省博物馆考古部会同东北水电勘探设计院对水库淹没区进行了初步考古踏查，这是我省基建考古的开端。70年代末至80年代初，省文物考古研究所等又对其文物分布情况进行了全面系统的调查，确认各类古代遗存40余处。80年代末至90年代初，为配合中苏黑龙江水电站建设，省文物考古研究所对黑龙江右岸进行了大规模考古调查，确认古代遗址近140余处。这一阶段的主要特点是，其一相关法律法规不太健全，公众文物意识相对薄弱；其二基建考古的范围不大，仅涉及水电工程，且件数较少；其三有些考古调查虽然规模较大，但均未进行正式发掘研究，科研成果亦较少。

二为初步发展阶段，即20世纪90年代。1992年至1996年，省文物考古研究所与吉林大学考古系等合作，对莲花水电站淹没区的38处古代遗址开展了连续、大规模的抢救性发掘，取得了重大学术成果，基本究明了牡丹江中游地区的考古文化面貌与发展序列。其后撰写出版了一批专业报告与论文，其中科学出版社出版的《河口与振兴》专著是其代表作。另外，在全省范围内还与公路、铁路、水电等建设部门紧密配合，先后发掘了多处遗址和墓葬等遗存。这一时期的主要特点是，其一，相关的法律、法规和政策方针得以初步确立和充实，1992年在北京召开的全国文物工作会议上，国家明确提出了“保护为主、抢救第一”的文物工作方针；1996年省文化厅（文物局）、省计委等九个厅局联合签发了《关于加强基本建设中文物保护工作的联合通知》；其二，基建考古的范围扩

阿城刘秀屯发掘工地

大，件数不断增加；其三，除一般的考古勘探调查外，抢救性发掘的比例逐渐加大，科研成果显著。

三为深化发展阶段，即自2000年始至今。代表性的工作是配合嫩江中游尼尔基水利枢纽工程区的调查发掘，省考古所连续五年对库区的43处古代遗址进行了全部揭露。为了及时准确地反映尼尔基库区考古的新发现，各类新闻媒体深入第一线，一直跟踪报道，不但使公众及时了解库区考古进展，而且使《文物保护法》深入人心。2002年，为配合绥满公路建设工程，省文物考古所在阿城亚沟发掘了面积约五万平方米的金代大型建筑基址。国家文物局专家组现场考察后认为，“这是迄今考古发现的宋金时代规模最大、等级最高的皇家建筑基址”。随后相继开展了哈尔滨磨盘山库区38处遗址发掘等项目。这一阶段的主要特点是，其一，相关法律法规得到进一步完善，基建考古逐步走上法制化轨道。2000年，黑龙江省人民政府审议通过并发布了《黑龙江省文物调查勘探管理规定》；2006年，黑龙江省人民政府再次审议通过并发布了《黑龙江省文物调查勘探管理规定（修订）》；2002年国家颁布了新修订的《文物保护法》，使基建考古纳入制度化、法制化轨道，有力地保证了执法和调查发掘的正常开展；其二，近年我省经济的持续发展和建设规模的不断扩大，为基建考古提供了广阔的空间和前所未有的机遇，项目激增；其三，大规模发掘比例大幅度上升，考古科研成果丰富，引起了国内外学界的广泛关注。

怎样使“当前大规模经济建设时期成为发现文物最多、保护文物最有效的时期”，这是摆在各级政府，特别是文物考古战线和基建部门的一个严肃而慎重的课题。

在配合基本建设的考古工作中，提倡“既有利于经济生产，又有利于文物保护”的两利方针。所谓“两利”，看似有些矛盾，实际在很大程度上是哪方让路的问题。应当指出的是，在一般情况下，基建工程如遇到不可移动的重要文物遗存，必须无条件让路，如2002年进行301国道扩建时，于阿城亚沟镇发现的刘秀屯金代大型宫殿基址就是一范例，这一发现被评为2002年全国十大考古新发现，其后即被列为国家重点文物保护单位。而工程重要需文物让路是有条件的，即必须坚持先考古再让路的原则。

为了做好配合基本建设的考古工作，建设单位必须确立文物保护意识，在重大基本建设工程立项时，主动报请文物主管部门。建设单位编制可行性报告，必须有文物保护内容，并依照《中华人民共和国文物保护法》等相关法律、法规列入文物专项经费。在进行可行性论证时，应主动请文物部门参加。建设工程的开工，必须待考古调查勘探、发掘清理结束，接到文物部门出具的《竣工通知单》之后方可进行。

配合基本建设的田野考古工作分为两个步骤。首先是文物主管部门在接到建设单位报请时，应根据其提供的情况提出调查勘探及保护措施的具体意见及时批复，在建设单位经费到位后尽快组织考古专业队伍进行调查与勘探。其次是在调查勘探结束后，文物主管部门会同建设单位议定考古发掘保护方案，在取得共识、签订《合同书》的基础上进行正式发掘。考古单位应充分考虑建设单位的利益，在严格执行《田野考古工作规程》，保证发掘质量的前提下，按规定日期完成任务。在田野考古发掘结束后，仍有三方面任务，其一是要在短时间内尽快向建设部门提交工作结项报告；其二是立即向文物行政部门提出相关保护意见；其三是要及时转入发掘资料的整理、测定、研究，并在规定的期限内发表出版正式考古专题报告。

进入新的历史时期，考古所坚持“保护为主，抢救第一，加强管理，合理利用”的文物工作方针，确定了“配合基本建设考古为新时期田野考古工作的主战场”的思路和理念。近一个时期以来，先后对牡丹江莲花水库淹没区、嫩江尼尔基水库淹没区、拉林河磨盘山水库淹没区、松花江大顶子山航电枢纽工程区等数百处遗址进行抢救性发掘；并配合数百处公路工程、发电场等基建工程进行考古勘探与发掘。既保证了各项工程的顺利实施，同时在基建考古工作中，获取了大量的实物资料和文化信息，为深入发掘我省的历史文化内涵和加强文化遗产保护，提供了丰富的考古学资料和依据。

三　支援三峡工程和南水北调工程考古

长江三峡水利枢纽工程是我国最大的水利工程，举世瞩目。南水北调工程是继三峡工程之后，我国又一项跨地区、跨流域的巨大水利工程，同样引人瞩目。这两项巨大工程区域，是我国古代文化形成与发展和中华文明繁盛的核心地区，也是我国历史文化遗产分布最为密集的地区，工程建设将涉及的文物点多面广，价值重大，工程建设过程中的文物保护工作时间紧迫，任务艰巨。

为支援三峡工程建设，考古所先后四年六次组队赴重庆和湖北三峡库区进行考古工作。1998年，考古所承担了重庆市云阳县旧县坪遗址的发掘，发掘面积1000平方米；2000年考古所承担了湖北省巴东县西瀼口墓群的发掘，发掘面积2000平方米；2001年，考古所承担了湖北省巴东县老屋场墓群的发掘，发掘面积2000平方米；2001 ~ 2002年，考古所连续两年承担了重庆市云阳县杨沙墓群的发掘，发

湖北丹江口连沟墓群勘探现场

湖北丹江口红庙嘴墓群发掘工作现场

湖北丹江口红庙嘴墓地俯瞰

掘面积8000平方米；2002年考古所承担了湖北省秭归县老坟园墓群的发掘，发掘面积5000平方米。

为支援南水北调工程建设，考古所又组队赴湖北丹江口库区进行考古工作。2008年，考古所承担了湖北省丹江口市连沟墓群和红庙嘴墓地的发掘，发掘面积2700平方米。

考古所多次组队参与国家重大建设工程考古会战，充分展示了我省的考古科研实力和研究水平，增进了与国内其他考古科研机构的互动交流，增强了课题意识、文物保护意识，达到了锻炼队伍、学习经验、开展科学管理、不断完善自我的目的。同时进一步扩大和提升了黑龙江省文物考古研究所在全国文物战线的影响与地位。

四 国际协作联合考古

考古所历来重视加强国内、国外学术交流与协作。长期以来，一直倡导加强东北区域的考古合作与交流，注重借鉴学习先进省份的有益经验。同时，放眼世界，与国外考古机构展开学术合作研究。

旧石器时代考古始终是东北亚考古关注的前沿学术课题。1993年和1996年，省考古所与加拿大阿尔伯塔省博物馆联合对五常市学田旧石器时代遗址进行考古发掘与研究。通过两个年度的发掘研究，推进了对五常学田遗址的年代和内涵的新认识。

科学而完整地揭示黑龙江流域史前时期考古学文化面貌，一直是东北亚考古界探索的主要课题之一。2001年，省考古所又与俄罗斯哈巴罗夫斯克地志博物馆组成联合考古队，对哈巴罗夫斯克亥赫清尔考古区域奥西诺瓦亚列西卡遗址群第10、11号遗址进行发掘。这次发掘，再一次发现新石器时代早期文化 —— 奥西波夫卡

中俄联合考古发掘哈巴罗夫斯克奥西诺瓦亚列西卡遗址现场

文化遗存，推定其年代约为距今9000年以上。发掘所获成果，将为黑龙江流域旧石器时代晚期向新石器时代早期过渡的探索研究，提供新的资料。省考古所赴俄考古发掘队成为中国为数不多的赴国外考古的专业队伍之一。此次合作考古发掘的成功实施，为国际间考古学研究领域合作交流提供了一种有益的经验和借鉴。

五　推进“侵华日军第七三一部队旧址”保护工程

大遗址保护工作已经成为我国文化遗产保护领域的热点。随着社会对于文化遗产概念的理解的逐步深入，一些近现代史迹的保护已纳入到文物考古部门的视线范围。尤其是对一些具有重大历史意义的近代遗存的保护，已是刻不容缓之事。

配合“侵华日军第七三一部队旧址”保护工程而开展的科学的考古工作，是黑龙江省文物考古研究所近年来正在进行的一项重要项目。侵华日军第七三一部队是人类历史上最大规模的细菌战部队。20世纪30～40年代，侵华日军在我国哈尔滨市平房区设立了生物武器研究、试验和生产基地，并成为日军在东南亚战场进行生物战的指挥中心，其核心是人体实验及细菌战。“七三一部队旧址”现保存较为完好的遗址有30余处，大部分分布在哈尔滨市平房区，其中主要遗址有“七三一”部队本部大楼旧址、南门卫兵所旧址、动力班遗址、黄鼠饲养室遗址等。2006年国务院将其公布为全国重点文物保护单位。

2008～2010年省考古所对“七三一”部队遗址进行了全面勘探，并对动力班锅炉房、蓄水池、晾水池等区域进行考古发掘。初步了解了这些遗迹的形制和结构及使用情况等，为全面开展保护与展示等工程，提供了准确而详实的资料。

六　完成黑龙江省第三次全国文物普查工作

文物普查是国情国力调查的重要组成部分，是确保国家历史文化遗产安全的重要措施，是我国文化遗产保护的重要基础工作。开展文物普查，全面掌握不可移动文物的基本情况及其生存状态，将为准确判断文物保护形势、科学制定文物保护政策和中长期规划提供依据。20世纪50年代和80年代，我国先后开展了两次全国文物普查，对文物保护事业的发展产生了巨大的推动作用。按照国务院部署，第三次全国文物普查分三个阶段进行：2007年4月至9月为普查第一阶段，主要任务是确定技术标准和规范，开展培训、试点工作；2007年10月至2009年12月为普查第二阶段，主要任务是以县域为基本单元，开展实地文物调查；2010年1月至2011年12月为普查第三阶段，主要任务是进行调查资料的整理、汇总、数据库建设和公布普查成果。

第三次全国文物普查由国务院统一部署领导，采取部门分工协作、地方分级负责、各方共同参与的原则确定普查的组织方式。我省相应地成立了各级普查机构，黑龙江省第三次全国文物普查领导小组办公室设在省文化厅。

按照省文化厅部署，“省文化厅第三次全国文物普查办公室”设在省考古所，全面负责我省“三普”工作的日常业务管理。在培训人员、协助调查、检查督导、表彰鼓励、加强宣传、促进全民参与等各个方面积极努力推进三普工作的开展。2009年三普工作已全面完成第二阶段田野实地调查工作，2010年顺利通过国家文物局整体验收，并督察各地市，完成了数据的修正工作。进入2011年我省全面转入第三阶段工作。

经过国务院第三次全国文物普查领导小组办公室和国家文物局普查办公室验收核定，我省共调查登记不可移动文物10759处（古遗址6537处；古墓葬341处；古建筑126处；石窟寺及石刻37处；近现代重要史迹及代表性建筑3484处；其他234处）。其中新发现不可移动文物7065处，复查不可移动文物3694处。另登记消失不可移动文物599处。

七　承担黑龙江省文博协会工作

省文博协会即成立之初的“黑龙江省文博学会”，是我省文博界的群众性学术团体。省文博协会的办事机构 —— 秘书处，设在省考古所，负责日常工作。多年来，协会（学会）在业界内外组织开展了大量工作，包括各种形式的学术交流与合作，促进科研成果的产出以及人才的培养等，为全面提升和扩展文物考古及博物馆界的影响力作出了贡献。组织编辑出版了《黑龙江省文物博物馆学会第五届年会论文集》（黑龙江人民出版社，2008年）。

八 科学研究工作

新中国成立60多年来，省考古所在全省大部分区域进行过田野考古工作，考古人员的足迹遍布全省的山山水水。很多发掘项目受到国内外学术界的普遍重视，已取得的考古成果令国内外学术界瞩目。1988年发掘的阿城金代齐国王夫妇合葬墓，以其独特的墓葬形制、出土完好的丝织品及其他珍贵文物，凸显出重要的学术价值。该项考古发现被学界誉为“塞北马王堆”；从20世纪90年代至今，先后有3个考古发掘项目被评为“全国十大考古新发现”，分别是：宁安三陵二号渤海贵族墓（1991年）、宁安虹鳟鱼场渤海墓群（1995年）、阿城刘秀屯金代大型宫殿基址（2002年）。2006年，我省评选出十四项“黑龙江省建国以来重大考古发现”，其中由省考古所主持的

考古所编著出版的部分学术著作

十三项位列其中，分别是：阿城交界旧石器时代洞穴址、密山新开流新石器时代遗址、肇源小拉哈新石器—早期铁器时代遗址、海林河口与振兴新石器—辽金时代遗址、肇源白金宝青铜—早期铁器时代遗址、泰来平洋青铜—早期铁器时代墓群、三江平原七星河流域汉魏时期遗址群、宁安渤海国上京龙泉府城址、宁安三陵渤海时期墓群、宁安虹鳟鱼场渤海时期墓群、阿城金“齐国王”墓、阿城刘秀屯金代大型宫殿基址、嫩江流域尼尔基库区清代墓群。其他获奖项目还有：宁安渤海上京城第50号建筑址的发掘荣获国家文物局2003～2004年度“田野考古三等奖”；2008年在湖北南水北调考古发掘中，我省承担发掘的红庙嘴墓地作为广义的龙口墓群的重要组成部分，被评为“南水北调中线工程湖北丹江口库区2008年度重要考古发现”。

在科研成果方面，先后出版了《黑龙江古代文物》、《黑龙江古代官印集》、《阎家岗——旧石器时代晚期古营地遗址》、《平洋墓葬》、《河口与振兴——牡丹江莲花水库发掘报告》、《七星河——三江平原古代遗址调查与勘测报告》、《黑龙江古代玉器》、《肇源白金宝——嫩江下游一处青铜时代遗址的揭示》、《宁安虹鳟鱼场——1992～1995年度渤海墓地发掘报告》（上、下）、《渤海上京城——1998～2007年度考古发掘调查报告》（上、下）、《海曲华风——渤海上京城文物精华》等多部考古报告和学术专著。其中《渤海上京城——1998～2007年度考古发掘调查报告》（上、下）一书获首届“紫禁城杯”全国文化遗产优秀图书奖（2009年），同时获黑龙江省第十四届社会科学优秀科研成果特别贡献奖（2010年）；《海曲华风——渤海上京城文物精华》一书获第二届“紫禁城杯”全国文化遗产十佳图书奖（2010年）。

多年以来，省文物考古研究所协助《北方文物》杂志社编辑出版了《北方文物》（季刊）学术期刊和《东北亚考古资料译文集》（不定期，已出版7辑）学术刊物，促进了学术的繁荣与发展。

叁

著述目录

叁

著述目录

（1975 ~ 2010年）

1. 黑龙江省文物考古工作队编著：

《黑龙江古代文物》，黑龙江人民出版社，1979年。

2. 黑龙江省文物考古工作队编著：

《黑龙江古代官印集》，黑龙江人民出版社，1981年。

3. 黑龙江省文物管理委员会等编著：

《阎家岗 —— 旧石器时代晚期古营地遗址》，文物出版社，1987年。

4. 黑龙江省文物考古研究所编著：

《平洋墓葬》，文物出版社，1990年。

5. 黑龙江省文物考古研究所、吉林大学考古学系编著：

《河口与振兴 —— 牡丹江莲花水库发掘报告》，科学出版社，2001年。

6. 黑龙江省文物考古研究所编著：

《七星河 —— 三江平原古代遗址调查与勘测报告》，科学出版社，2004年。

7. 黑龙江省文物考古研究所编著：

《黑龙江古代玉器》，文物出版社，2008年。

8. 黑龙江省文物考古研究所、吉林大学考古学系编著：

《肇源白金宝 —— 嫩江下游一处青铜时代遗址的揭示》，科学出版社，2009年。

9. 黑龙江省文物考古研究所编著：

《渤海上京城 —— 1998 ~ 2007年度考古发掘调查报告》（上、下），文物出版社，2009年。

10. 黑龙江省文物考古研究所编著：

《宁安虹鳟鱼场 —— 1992 ~ 1995年度渤海墓地发掘报告》（上、下），文物出版社，2009年。

11. 黑龙江省文物考古研究所编著：

《海曲华风 —— 渤海上京城文物精华》，文物出版社，2010年。

后记

后　记

编撰本书主要出自两个目的。

一是学术研究的需要。作为区域考古学——黑龙江考古学与中国考古学同步，走过了近百年的历程，也取得了一定的成就。在当前学术发展、繁荣的社会背景下，如何使黑龙江考古沿着健康有序的轨道继续阔步前行，是我们需要深思的课题之一。为此，我们首先需要对以往的工作做一宏观的总结。书中所叙，仅是择其精要，而非黑龙江考古学的全部内容。有些论断，也仅是代表一说，并非就是定论。尚需考古工作的持续深入开展去探究和检验。

二是公众考古学传播的需要。进入21世纪，公众考古学的传播，成为社会进步的一种标志。如何将考古学的发现与研究成果全面地公诸社会，让民众及时地共享这些文化的盛宴，也是我们考古专业工作者多年来努力追求的目标和理应担当的责任。

从以上两方面需要出发，我们成立了专门的编辑委员会，组织编写了这本名之为《考古·黑龙江》的书稿。我们的目标是希望达到“雅俗共赏”。所谓的“雅”，是希望通过我们的概述，为学术界的深度研究提供基础性的资料；所谓的“俗”，是希望通过我们的介绍，让大众对黑龙江考古学成果有所直接的感受和体会。为此，考虑到受众面的不同，我们在写作过程中，尽可能采取一种简练、概括、总结性的语言，介绍黑龙江考古成果中最基础的发现或趋于普遍性的一种认识和结论。许多认识尚待未来实践的进一步检验，因为考古学研究本身就是一门需要不断修正的学问。读者能从中对黑龙江考古学有一个较为科学和基本的认识与了解，作为基层的考古工作者，我们也就感到十分欣慰了。

需要说明的是，作为一种阶段性的学术总结和介绍，书中参考了大量的考古报告、简报等考古学文献资料及众多相关的学术成果，未能一一注明，谨此致谢。

由于时间紧促，本书难免存在某些疏漏和差误，尚祈读者、同仁批评指正。

编者

2011年6月